Megan Jayne Crabbe

Body Positivity –
Liebe deinen Körper

Vergiss Diäten und begrüße dein Leben

Aus dem Englischen von
Brigitte Rüßmann und Wolfgang Beuchelt

KNAUR ✹
BALANCE

Die englische Originalausgabe erschien 2017 unter dem Titel
»Body Positive Power« bei Vermilion, an imprint of Ebury Publishing.

Besuchen Sie uns im Internet:
www.knaur-balance.de

Deutsche Originalausgabe 2018
© 2017 Megan Jayne Crabbe
© 2018 Knaur Verlag
Ein Imprint der Verlagsgruppe
Droemer Knaur GmbH & Co. KG, München.
Redaktion: Michaela Zelfel
Covergestaltung: ZERO Werbeagentur, München
Coverabbildung: © FinePic / shutterstock
Illustrationen von Kelly Bastow alias Moolekleenex
(Kellys Werk ist auf Etsy zu kaufen)
Grafiken auf den Seiten 32 und 240 erstellt im Verlag
Satz: Adobe InDesign im Verlag
Druck und Bindung: CPI books GmbH, Leck
ISBN 978-3-426-67564-9

2 4 5 3 1

Inhalt

Einleitung

Vor drei Jahren saß ich meinem Vater gegenüber und malte mit dem Finger Muster auf das dunkle Holz des Tisches. Wir hatten uns zum Mittagessen verabredet, um uns gegenseitig auf den neuesten Stand zu bringen und weil ich eine wichtige Neuigkeit für ihn hatte. Ich riss mich zusammen und begann.

»Hey, Dad …«

»Ja, Megan?«

»Du weißt doch, was ich immer für Probleme mit meinem Selbstbild hatte?«

Dazu hätte meinem Vater einiges einfallen können, zum Beispiel, wie ich eines Tages mit fünf Jahren in meinem blau karierten Kleid aus der Schule kam, meinen Bauch umklammerte und ihn fragte, warum der so viel dicker war als der der anderen Mädchen. Er hätte sich daran erinnern können, wie er zehn Jahre später an meinem Krankenhausbett stand und hoffte, dass es ab diesem Tag mit mir bergauf ginge. Er hätte sich an zahllose Gelegenheiten in den folgenden Jahren erinnern können, in denen ich neun unterschiedliche Kleidergrößen und Gewichtsschwankungen vieler Hundert Pfund durchlief.

Natürlich erwähnte er nichts davon, sondern antwortete nur mit einem vorsichtigen »Ja …?«.

»Ich habe sie jetzt bewältigt«, sagte ich und wartete auf seinen ungläubigen Gesichtsausdruck. Er erwartete sicher, dass ich ihm von meiner neuesten Diät erzählte und dass es die sei, mit der endlich alles besser würde (nicht so wie bei den vorherigen). Ich bin sicher, dass er nicht mehr zu hoffen wagte.

Ich erklärte ihm, dass ich etwas gefunden hätte, das in nur wenigen Monaten mein Leben völlig verändert hatte: Es nannte sich Body Positivity.

Jener Tag im Sommer 2014 war ein ganz normaler Donnerstag für mich gewesen. Ich wachte morgens auf, nahm meine zwei Diätpillen, spülte sie mit einem Apfel-Beeren-Kohl-Smoothie runter und zwang mich zum üblichen Ganzkörper-Work-out. Zwei Stunden später hockte ich im Wohnzimmer auf dem Boden und versuchte, wieder zu Atem zu kommen. Dann folgte die tägliche Suche nach Bildern von Waschbrettbäuchen und straffen Schenkeln auf Instagram, um mich daran zu erinnern, dass all die Schmerzen, der Schweiß und der unterdrückte Hunger es wert waren.

Nur dass ich an jenem Tag wunderbarerweise über etwas ganz anderes stolperte: eine Frau in einem leuchtend roten Bikini, die darüber schrieb, dass sie ihren Körper so liebte, wie er war. Sie war nach ihren eigenen Worten fett, body-positive und wagte es, sich in einem Körper sichtlich wohlzufühlen, in dem sich meiner Meinung nach niemand wohlfühlen durfte. Sie akzeptierte Teile von sich, für die ich mich ein Leben lang gehasst hatte: ihren weichen Bauch, der beim Sitzen Röllchen warf, die Cellulite, die ihre dicken Schenkel bedeckte, ihre Arme, die wabbelten, wenn sie sie bewegte.

Ihre Zufriedenheit fühlte sich für mich an wie ein Riss im Fundament meines Weltbilds. Ich sah zum ersten Mal in meinem Leben jemanden, der sagte, dass man nicht beständig hungern, schwitzen und sich hassen muss. Dass man seinen Körper so akzeptieren und sogar lieben kann, wie er eben ist.

Für mich war das nie eine Option gewesen. Niemand hatte mir je gesagt, dass mein ultimatives Lebensziel nicht darin bestehen musste, meinen Körper zu schrumpfen. Ich habe immer gelernt, dass Selbstliebe mit der richtigen Zahl auf der Waage kommt.

Ich verließ ihre Seite und schaute wieder die vertrauten #fitspo-Bilder, um diesen roten Bikini und seine mögliche Bedeutung aus dem Kopf zu kriegen. Aber mein Denken hatte sich schon irgendwie geändert.

Mit der Zeit stellte ich meine tägliche Routine immer mehr

infrage. Konnte ich das wirklich auf ewig durchziehen? Für den Rest meines Lebens Diät und Sport, bis ich jeden Tag aufs Neue auf dem Boden zusammenbrach? Denn genau das war es letztlich, was nötig war, um den »perfekten« Körper zu bekommen.

Das Thema Body Positivity nagte an mir, bis sich der Riss in meinem Fundament einige Wochen später zu einer Schlucht ausgewachsen hatte. Ich stand mittendrauf und versuchte verzweifelt zu entscheiden, auf welche Seite ich springen sollte.

Irgendwann stand ich mit meinem Bruder im Garten und fragte ihn um Rat. Traute er mir das zu? Konnte ich wirklich alles aufgeben, was ich jemals über Gewicht und Selbstwert und Schönheit geglaubt hatte, und lernen, mich mit anderen Augen zu sehen? Ich erinnere mich nicht mehr an seine genauen Worte, aber er versprach, mich bei allem zu unterstützen, was mich wirklich glücklich mache. In diesem Moment wusste ich: Wenn ich nach all der Zeit des täglichen Wiegens mein Glück nicht gefunden hatte, würde ich es niemals finden.

Ich wagte also den Sprung und tauchte ein in die Body-Positivity-Gemeinde im Internet. Ich sammelte alle Informationen, die ich finden konnte, und lieh mir zwei Wochen später *The Body Myth* von einer Freundin aus. Der Rest ist Geschichte …

… und steht in diesem Buch. Alles, was ich in den letzten drei Jahren darüber gelernt habe, warum wir gegen unseren Körper kämpfen und wie wir endlich Frieden mit ihm schließen können, steht auf den folgenden Seiten. Ich hoffe, es hilft Ihnen dabei, wieder zufriedener und selbstsicherer zu werden. Das Leben ist nämlich viel zu kurz, um hungrig zu sein und seinen Körper zu hassen.

PS: Papa, ich habe es dir ja gesagt.

Nimm ab oder stirb!

Wie uns das Streben nach dem »perfekten Körper« kaputt macht

»Es sind nicht unsere Körper, die wir ändern müssen, sondern die Regeln.«

– Naomi Wolf, Der Mythos Schönheit

Obsession

Wir sind besessen von unserem Körper oder, genauer gesagt, von allem, was an ihm nicht stimmt. Wir sind besessen davon, unseren Körper zu schrumpfen, zu straffen und zu formen, schlank und fest zu werden, Fett zu verbrennen und abzunehmen, einen flachen Bauch zu bekommen, Kurven zu betonen und Unschönes zu verbergen, die Röllchen zu bekämpfen und möglichst zum Idealbild unserer selbst zu werden!

Und wofür das alles? Was versuchen wir damit zu erreichen? Es muss etwas Tolles sein, weil das alles so gar keinen Spaß macht. Fragen Sie irgendjemanden am fünften Tag seiner Kohlsuppendiät, wie viel Spaß er hat – viel Glück dabei! Natürlich sollen wir niemals zugeben, wie wenig Freude das alles macht, und belügen uns dabei sogar selbst: Ich lebe wirklich gern von Cayennepfeffer-Ahornsirup-Drinks, das ist das Beste, was ich je für mich getan habe! Die Fassade bröckelt aber, wenn wir beim Anblick der Pizza unserer Freundin in Tränen ausbrechen und überlegen, ob man Papierservietten essen kann und wie viele Kalorien sie wohl haben. Warum belügen wir uns selbst und tun uns so viel Unangenehmes, sogar Schmerzen an? Wozu?

Wir tun all das für den perfekten Körper. Manche von uns verbringen ihr gesamtes Leben mit der Jagd nach diesem makellosen Körper, der uns endlich schön macht, der uns endlich glücklich sein lässt. Diesen Körper stellen wir uns vor, während wir verzweifelt auf dem Laufband keuchen, bis die Knie aufgeben. Nur noch einen Kilometer mehr! An diesen Körper denken wir, wenn wir uns mal wieder unser Lieblingsdessert verwehren. Das landet doch direkt auf der Hüfte! Diesen Körper haben wir vor Augen, wenn wir auf die Waage steigen und die Zahlen an uns vorbeirauschen. Bitte nur noch zwei Pfund diese Woche, wir haben doch so hart dran gearbeitet! Wir hungern, schwitzen und weinen auf dieser Waage und verlieren beim Blick in den Spiegel die Nerven. Wir schwören, nächste Woche wird es besser gehen.

Wir tragen beständig das Gefühl des Nichtgenügens in uns, und das beeinflusst alles, was wir tun. Das kann ich mit meiner Figur nicht tragen! Ich bin nicht hungrig, ich habe schon gegessen, ehrlich! Schau mich doch an, die interessieren sich nicht für mich! Das mache ich, wenn ich erst mal abgenommen habe. Unser ganzes Leben wird vom Körperideal in Geiselhaft genommen und muss sich seine Freiheit erarbeiten. Nur Perfektion zählt. Und die ist immer gerade so unerreichbar. Nur noch ein Pfund, nur noch eine Problemzone (die sind wirklich überall, als ob sie jemand extra erfinden würde …). Aber wir glauben fest daran, dass wir es erreichen können. Wir glauben nach all der Zeit immer noch, dass wir uns nur ausreichend selbst hassen müssen, um uns irgendwann zu lieben. Wir merken nicht, dass wir hinters Licht geführt wurden.

Wie konnte es dazu kommen, dass wir es absolut normal finden, unseren Körper zu hassen? Alle Frauen, die ich kenne, lehnen ihren Körper ganz oder in Teilen ab. Man hat uns davon überzeugt, dass unser Lebensziel darin besteht, unseren Körper zu verändern. Das hat im vergangenen Jahrhundert zwar vor allem den Frauen gegolten, aber heute ist kein Körper mehr davor sicher. Männer hören zunehmend, dass ihr Wert in ihren Muskeln liegt und dass sie nicht genügen, wenn sie nicht mindestens wie das Covermodel eines Fitnessmagazins aussehen. Dank eines toxischen Bilds von Maskulinität dürfen sie auch nicht über Probleme mit ihrem Körperbild sprechen. Es ist ganz normal geworden, seinen Körper zu hassen.

Die meisten von uns kennen jemanden mit einer Essstörung, jemanden, der beim Schönheitschirurgen war, jemanden, der die immer gleichen 20 Pfund ab- und dann wieder zunimmt. Menschen leiden unabhängig von Größe, Alter, Geschlecht, Hautfarbe und Fähigkeit unter einem gestörten Körperbild. Wir sind zu fett, zu faltig, zu männlich, zu weiblich, zu dunkel, zu blass, zu queer, zu anders. Wir sind immer »zu« irgendwas im Vergleich zum Idealkörper, und dieser Druck wird übermächtig. Unser Selbsthass breitet sich aus wie ein Buschfeuer und setzt im Dienst der Perfektion langsam, aber sicher alles in Brand.

Das ist Ihnen sicher alles nicht neu. Sie sehen es jeden Tag in den Anzeigen für den »Neuen! Einfachen! Schnellen! 10-Pfund-in-10-Tagen-Abnehmplan«. Sie sehen es auf den Riesenplakaten, auf denen Models alles bewerben, von Burgern bis zu Parfüm. Sie hören es im unablässigen Geraune in der S-Bahn, im Büro, auf der Party, wie viele Pfund jemand diese Woche wieder abgenommen hat. Sie sehen es in den Magazinen im Wartezimmer, wo der neueste Hype über Saftdiät oder Detox durchgehechelt wird.

Es sind die hinterhältigen Komplimente, wie gut Sie doch »für Ihr Alter« aussehen, und die besorgten Fragen aus dem Familienkreis, wann Sie denn mal was wegen … na, du weißt schon … tun wollen. Es sind die Supermarktregale voller fettarmer, zuckerfreier, kalorienloser Produkte aus Luft und Wasser, die Sie ohne »schlechtes Gewissen« essen dürfen. Dann wollen Sie sich bei Ihrer Lieblingsserie im TV entspannen und dürfen eine endlose Parade dürrer, weißer, schöner, junger und fitter Körper abnehmen.

Sie merken es nicht, aber Sie lernen daraus. Sie erfahren jeden Tag auf unzähligen kleinen Wegen, dass es ein Ideal gibt, dem Sie nicht entsprechen. Wenn Sie dem Geraune entkommen und zu Hause all die Bilder, Anzeigen und Spots ausblenden und ganz allein mit sich, Ihrem Körper und Ihren Gedanken sind ... wissen Sie es immer noch, denn da hängt ein Spiegel, dessen Bild gnadenlos alle Mängel zeigt, alles, woran Sie arbeiten müssen, alles, was an Ihrem Körper nicht stimmt. Sie wissen es einfach.

Wenn es Ihnen wie mir geht, wissen Sie das schon lange. Seitdem Sie alt genug waren, die Wörter, Bilder und Lektionen in sich aufzunehmen. Ich war gerade einmal fünf, als ich das erste Mal dachte, ich bin zu fett. Länger hat es bei mir nicht gedauert, bis ich wusste: Ich bin zu viel. Ich war zu fett, zu weich, zu braun, zu hässlich, mein Bauch war zu rund, und meine Haare waren nicht blond genug.

Ich fantasierte stundenlang, wie ich wohl als Erwachsene aussehen würde, im festen Glauben, dass ich eines Tages schön (also dünn) sein würde. Das war die einzige Option. Natürlich würde ich dünn werden, denn schließlich waren alle Vertreterinnen schöner Frauenkörper, die ich kannte, dünn: Barbie, Disney-Prinzessinnen, Rachel, Monica und Phoebe. In meinem fünfjährigen Kopf mussten Frauen so aussehen. Da hielt mich der Umstand, dass ich ein Kind war, nicht davon ab, mich mit ihnen zu vergleichen.

Neueren Studien zufolge haben schon Dreijährige ein gestörtes Körperbild, und Vierjährige wissen bereits, wie man abnimmt.[1] Dabei sollten die größten Sorgen in diesem Alter sein, ob man Rad schlagen oder sich das Alphabet merken kann, nicht, ob man zu fett ist oder wie viele Kalorien es braucht, seinen Körper zu verändern. Diese Obsession beginnt immer früher, und das sind die Folgen:

- 97 Prozent der Frauen gaben in einer Umfrage des Magazins *Glamour* zu, mindestens einmal pro Tag ihren Körper zu hassen, der Durchschnitt lag bei 13-mal pro Tag.[2]
- In einer Umfrage des Magazins REAL mit 5000 Teilnehmerinnen gaben 91 Prozent an, unglücklich mit ihrem Körper zu sein.[3]

○ Das Centre for Appearance Research befragte 384 britische Männer, von denen 35 Prozent ein Jahr ihres Lebens gegen einen perfekten Körper eintauschen würden.[4]
○ Nach einer Umfrage des Magazins *Esquire* würden 54 Prozent der Frauen lieber überfahren werden, als fett zu sein.[5]

Tausende von Studien und Umfragen enthüllen die Wahrheit hinter unserem Körperbild. Wir befassen uns tagein, tagaus mit unseren Mängeln. Wir bremsen unser gesamtes Leben aus, weil wir uns unseres Körpers nicht würdig fühlen. Wir würden Lebenszeit opfern, Schmerzen, Krankheit und sogar Tod riskieren, um unsere Körper liebenswert zu machen. Und wir bringen unseren Kindern bei, genauso über sich selbst zu urteilen. An Statistiken kann man leicht heruminterpretieren, deshalb hier die hässliche Wahrheit: Wir zerstören uns selbst für einen unerreichbaren und wirklichkeitsfremden Körpertyp.

Was wir im Interesse des perfekten Körpers zu tun bereit sind, spricht für sich selbst. Wir hungern und verwehren uns wichtige Nährstoffe und Grundbedürfnisse. Wir treiben uns über die Grenzen unserer körperlichen Leistungsfähigkeit hinaus an. Wir verbringen Stunden damit, uns mit Lotionen und Salben einzureiben, die uns wahre Wunder versprechen. Wir quetschen uns in elastische Hüllen, die unsere Silhouette formen, und streben nach einer Taille, die so von der Natur nie vorgesehen war. Wir trinken Tees und schlucken Pillen, die Herzrasen machen und uns die ganze Nacht auf der Toilette festhalten.

Wir sitzen jede Woche in Selbsthilfegruppen, fantasieren über unsere Ziele und tun so, als hörten wir den knurrenden Magen der Sitznachbarin nicht. Wir leben von Luft und Säften in der Überzeugung, dass unser Körper voller Toxine steckt, die wir ausscheiden müssen. Wir bezahlen Unsummen dafür, dass jemand an unserem gesunden Körper herumschneidet, ihn tackert, umformt und wieder zusammennäht. Und es sind nicht nur einige wenige, die alles für ihren Traumkörper zu tun bereit sind, das betrifft uns alle: die alleinerziehende Mutter ein paar

Häuser weiter, die ehemalige Mitschülerin, die alte Englisch-lehrerin, die Spitzensportlerin, die clevere Geschäftsfrau, die A-Prominente, die Selfmade-Millionärin. Der Druck der Perfektion lässt niemanden unberührt.

Zu den körperlichen Dingen, die wir uns jeden Tag antun, kommt noch die finstere Besessenheit von der Perfektion, die unseren Geist gefangen nimmt. Die wirklichen Kosten einer Diät sind nicht etwa die Hungergefühle, die man ignorieren muss, es ist die unablässige Beschäftigung mit Essen, das nie enden wollende Zählen und Wiegen und Feilschen, das unser gesamtes Denken beherrscht. Der Hass, den wir für unseren Körper empfinden, endet nicht bei den Schenkeln, er bestimmt unser Selbstempfinden.

Er beherrscht unsere Beziehungen, wie wir andere behandeln, und unser Selbstwertgefühl. Er beeinflusst unser Berufsleben, unsere Kraft und unsere Ziele. Er lässt neben dem Abnehmen keinen Platz für anderes. Man kann nicht davon träumen, eine Künstlerin, Forscherin oder Anführerin zu werden, wenn die Träume vom Dünnsein beherrscht sind. Wir glauben, so, wie wir sind, verdienen wir es noch nicht einmal, auf der Welt zu sein, gesehen, gehört und geschätzt zu werden. Es raubt uns all unsere Kraft.

Weil wir den gesellschaftlichen Schönheitsidealen nicht entsprechen, sehen wir uns als klägliche Versager und als eine Last. Wir hassen nicht nur unser Äußeres, wir hassen unser ganzes Selbst. Das macht uns fertig. Ich bin keineswegs die Einzige, die sich davon komplett ausgepowert fühlt.

Diese zusätzlichen Pfunde, die wir als Makel zu sehen gelernt haben, werden zur Last der Welt auf unseren Schultern. Können Sie den Druck fühlen? Das ist das Gewicht Ihres anerzogenen Gefühls des Nichtgenügens. In unserer heutigen Welt von Schönheitsvorstellungen kann keiner von uns genügen.

Wir spielen weiter nach den Regeln, weil man uns versprochen hat, dass es sich am Ende lohnt. Selbst wenn wir bei der Diät stolpern und wieder zunehmen, versuchen wir es immer wieder aufs Neue, weil wir das Körperbild vor Augen haben, das uns endlich glücklich machen wird.

Ich will Ihnen ein Geheimnis verraten, das mir niemand auf meiner Jagd nach dem perfekten Körper genannt hat: Zufriedenheit hat keine Kleidergröße. Man findet sie nicht beim Kalorienzählen und ganz sicher nicht auf dem Display der Waage. Ich weiß, das ist schwer zu glauben, schließlich erzählt man uns immer wieder das Gegenteil.

Man hat uns so lange erzählt, wir müssen nur hart genug arbeiten, um den perfekten Körper zu bekommen. Wenn wir den erst einmal haben, sind wir schön, begehrenswert, erfolgreich und endlich würdig. Vielleicht dämmert Ihnen, dass Sie schon sehr lange nach diesen Regeln spielen, eigentlich so lange, wie Sie denken können. Sie haben wirklich alles versucht, Zeit, Kraft und Lebenszeit investiert, um den perfekten Körper zu bekommen, und sehen im Spiegel doch nur Ihre Mängel. So fehlerhaft, so menschlich. Wie ist das nur möglich?

Ich will es Ihnen sagen, Ihnen die Last abnehmen. Wenn Sie dieses Buch in Händen halten, haben Sie die Jagd nach dem Unerreichbaren vielleicht schon satt. Sie wollen keinen Krieg mehr gegen Ihren Körper führen und sich beständig ungenügend fühlen. Sie sehen nur keinen Ausweg. Wie können Sie sich selbst davon überzeugen, dass Sie schon längst gut genug sind? Wie mit Ihrem Körper Frieden schließen?

Zunächst einmal müssen wir all die Lügen über unser Aussehen hinter uns lassen und stattdessen die Wahrheit lernen. Wenn das nicht von jetzt auf gleich geht oder zu schwer erscheint, denken Sie immer daran, dass Sie gegen eine lebenslange gnadenlose Konditionierung kämpfen. Es ist nicht einfach, das abzulegen und sich neuen Ideen zu öffnen. Haben Sie Geduld mit sich selbst, seien Sie nett zu sich, und denken Sie vor allem immer daran, dass Sie wie wir alle Besseres verdienen, als Ihren Körper zu hassen.

Lektion Nummer eins: Ihr ein Leben lang gepflegtes Bild vom perfekten Körper ist eine Lüge.

Die fünf Prozent

Wir erlernen unser Ideal von dem, was wir sehen, und wir sehen es überall. Die Bilder, die vor unserem geistigen Auge entstehen, wenn wir an Schönheit denken, entstammen nicht etwa unserer Fantasie, sondern den Medien, denen wir jeden Tag ausgesetzt sind. Wir sehen es auf jeder Magazinseite, in jedem Film, jeder Fernsehshow und auf jedem Plakat. Wir sehen *sie*.

Das Model, den Hollywoodstar, das Mädchen mit den goldenen Haaren und der makellosen Haut. Manchmal ist ihr Haar glatt und dunkel, manchmal sieht man andere Augen- oder Hautfarben, aber zwei Dinge sind immer gleich: Sie ist schön, und sie ist dünn. Wenn das Gesicht der schönen Helena von Troja tausend Schiffe in Bewegung setzte, so haben wir heute Gesichter, die tausend Diäten, tausend Schönheitskuren und tausend Arten von Selbsthass hervorrufen. Wir sehen ihre Körper an jeder Ecke und lernen, was in unserer Kultur als schön gilt, welche Körper begehrenswert sind und wonach wir alle streben sollen. Das lässt man uns nie vergessen.

Wenn jemals Aliens auf der Erde landen und die Menschheit nur aus dem Fernsehen und einem Stapel Magazine kennenlernen sollten, bevor sie sich selbst in diese Gemeinschaft integrieren, was werden sie denken? Wahrscheinlich, dass unsere Frauen alle über 178 cm groß sind, weniger als 50 kg wiegen, der Schwerkraft trotzende, runde Brüste und makellose Gesichtshaut haben, von der Nase abwärts haarlos sind und praktisch samt und sonders nach dem 35. Lebensjahr aussterben (außer den paar, die Mütter, Milfs oder traurige alte Frauen sind). Sie werden vermutlich auch glauben, dass ein überproportionaler Anteil unserer Männer steinharte Sixpacks und ein strahlend weißes Lächeln hat, wobei vielleicht auffällt, dass Männer zumindest sichtbar altern dürfen und eine Identität besitzen, die über ihr attraktives Äußeres hinausgeht.

Sie werden vermutlich annehmen, dass farbige Menschen ein

seltenes Spektakel sind und Behinderte viel zu selten, als dass man sie jemals sehen würde. Sie könnten auch nicht ahnen, dass es Menschen außerhalb des binären Geschlechterbilds gibt. Stellen Sie sich ihre Überraschung vor, wenn sie ihr Schiff verlassen und vor allem uns Frauen in all unserer Pracht zu Gesicht bekommen. Nach dem ersten Schock werden sie sich wohl fragen, warum unsere Medien immer nur einen Körpertyp zeigen, dem 95 Prozent von uns nicht entsprechen, und die anderen ignorieren. Vielleicht finden sie diese Verzerrung der Realität sogar lustig. Das Problem ist nur, dass wir diese Verzerrung nicht erkennen.

Statt einen universell gültigen Körpertyp als falsch, irreführend oder manipulativ zu begreifen, sehen wir unseren Körper als das Problem an. Warum sind unsere Beine nicht so lang und wohlgeformt? Warum ist unser Haar so schlaff und leblos? Warum hat unsere Haut Falten? Wir vergleichen uns mit diesen Bildern, bis wir uns wertlos fühlen. Diese Bilder sind uns nicht einmal ähnlich.

Das sollen sie auch gar nicht sein. Sie sollen übermenschlich und übernatürlich sein, um uns zu faszinieren, aber gleichzeitig ein Schönheitsziel abbilden, das wir für erreichbar halten. Auf diese Weise kann man uns die Illusion verkaufen, genauso schön werden zu können. Wir können die Wunderpille kaufen, die uns schlank macht. Wir können Geld für Shampoo ausgeben, das uns dichte Locken schenkt. Wir können in das Outfit investieren, das wir an den schönsten (dünnen) Körpern gesehen haben, weil wir dann vielleicht auch so aussehen! Vielleicht können wir auch schön sein! Alle Werbung verkauft uns zwei Dinge: das Idealbild und das Produkt, mit dem wir es erreichen.

Das weibliche Schönheitsideal ist das beste Marketingprogramm der Welt. Man muss nur der Hälfte der Welt einreden, sie sei hässlich, und ihr dann die Lösung verkaufen.

Abseits der Werbung stellen die Medien sicher, dass wir nicht vergessen, dass nur der ideale Körper es wert ist, gefeiert und geliebt zu werden. Wann haben Sie das letzte Mal eine weibliche Hauptrolle gesehen, die glücklich wird, ohne zuvor den üblichen Schönheitsidealen zu entsprechen? Ein Happy End gibt es nur für die Schönen. Wann haben Sie das letzte Mal ein Zeitschriftencover gesehen, das einen »Makel« einer Prominenten deutlich präsentiert? Der dazugehörige Artikel beschreibt, wie sie die Kontrolle über ihr Leben verloren hat, weil ihr Bauch beim Bücken Falten wirft. Sie kann doch nicht glücklich sein! In der nächsten Ausgabe kämpft sie dann darum, ihre Figur und ihr Leben zurückzugewinnen.

Wir lernen schnell, dass wir nur auf der Jagd nach dem perfekten Körper glücklich sein können. Es ist eine Jagd, weil nur fünf Prozent von uns den Körpertyp besitzen, den die Medien so lieben.[6] Selbst die äußerlich scheinbar so Perfekten sind verunsichert. Beim Blick in den Spiegel sehen wir nicht wirklich uns, weil wir uns durch den Filter des Idealbilds betrachten. Diesen Bildern gegenüber sind wir immer zu fett, zu hässlich, zu dunkel, zu unvollkommen.

Eine Studie zu den Auswirkungen des weiblichen Idealbilds im Fernsehen auf unser Selbstbild fand heraus, dass 95 Prozent der Frauen ihre Kleidergröße überschätzten, nachdem sie Bilder von Frauen mit Idealfigur gesehen hatten.[7] Wenn wir also immer Bilder des idealdünnen Körpers sehen, halten wir uns am Ende für dicker, als wir wirklich sind. Was wir tagtäglich vor Augen haben, formt unser Selbstbild.

Wir können unsere eigene Schönheit nicht erkennen, weil wir gelernt haben, zuerst unsere Fehler zu sehen. Alle Regeln, wie wir auszusehen haben, haben unserem Aussehen seinen Zauber geraubt. Jes Baker fasst es in ihrem Buch *Things No One Will Tell Fat Girls* schön zusammen:

Das Schreckliche ist, dass wir in den Spiegel und auf Bilder schauen und erwarten, ein dünnes Model zu sehen. DAS WIRD ABER NUR DÜNNEN MODELS GELINGEN. Hört auf mit dem Scheiß! Sucht nach euch selbst, dann werdet ihr euch selbst auch schätzen lernen.

Die Sache wird noch komplizierter, wenn wir erkennen, dass der perfekte Körper, nach dem wir im Spiegel suchen, für den wir uns fast umbringen, noch nicht einmal existiert. Das Ideal ist keine echte Frau mit einer Geschichte, die sich auf ihrer Haut zeigt, mit einem sich stetig verändernden, lebendigen Körper. Das Ideal ist eine Photoshop-Schöpfung. Niemand kann dem Ideal entsprechen, nicht einmal die fünf Prozent.

Illusion

Vor 14 Jahren schrieb Susan Bordo im Vorwort zur Jubiläumsauflage ihres Buchs *Unbearable Weight:*

> Heute, in 2003, ist praktisch jedes Promibild, das man in Videos, Magazinen und sogar Filmen sieht, digital manipuliert. Lassen Sie das mal sacken. Nehmen Sie es nicht nur zur Kenntnis, sondern machen Sie sich die Konsequenzen klar: Hier geht es nicht nur um Wahrnehmung, sondern um Wahrnehmungspädagogik, Grundkurs *Wie interpretiere ich meinen Körper.* Diese Bilder lehren uns zu sehen. Gefiltert, geglättet, poliert, weichgezeichnet, geschärft und neu arrangiert, trainieren sie unsere Wahrnehmung dessen, was mangelhaft und was normal ist.

14 Jahre später ist alles nur schlimmer geworden. Wir vergleichen uns selbst mit Körpern, die noch nicht einmal existieren, und investieren Zeit, Energie und Geld, um einer Illusion zu entsprechen. Als ich jünger war, träumte ich davon, meinen freien Wunsch bei der guten Fee für einen perfekten Körper zu nutzen – mich wie Knete formen zu können, indem ich das Fett von meinem Bauch in meine Brüste hochschob, damit sie fest und rund würden und stolz über meiner immer schlankeren Taille thronten. Ich würde meine Schlüsselbeine senken und meinen Bauch formen, meine Augen dreimal größer machen und mein Kinn dreimal kleiner.

Genau das macht Bildbearbeitungssoftware mit nahezu jedem weiblichen Körper, den wir in den Medien sehen, nur dass sie dabei noch einen Schritt weiter geht, als ich je gedacht hätte. Sie eliminiert alle Anzeichen von Alter, Müdigkeit und Charakter aus Frauengesichtern. Sie macht routinemäßig dunkle Haut heller und helle Haut sonnengebräunt. Sie verkleinert Ohren, Nasen, Fesseln und Zehen. Sie nimmt nicht nur Pfunde von Taille und Schenkeln ab, sondern auch da, wo man es gar nicht erwartet hätte: von Hals, Unterarmen, Rücken, Knien und allem dazwischen. Nicht einmal die Achselhöhlen sind sicher, damit es nur ja so aussieht, als hätte es dort noch nie auch nur ein einziges Härchen gegeben. Das ist die ideale Achselhöhle, kein Scherz.

Liebe deinen Bauch – Tipp 1

Mein Bauch war immer mein schlimmster Feind. Ich habe ihn zu jeder Zeit und in jeder Größe abgrundtief gehasst. Ich habe geglaubt, ohne Waschbrettbauch nicht glücklich werden zu können. Ich habe mich geirrt. Heute ist mein weicher, wabbeliger Bauch einer meiner Lieblingskörperteile, und ich will Ihnen zeigen, wie Sie Ihren Bauch auch ohne Sit-ups lieben lernen können. Schließen Sie endlich Frieden mit Ihrem schönen Bauch.

Anfassen

Hören Sie auf, an Ihrem Bauch herumzudrücken, ihn zu kneifen und zu ziehen, als müssten Sie nur fest genug zupacken, um ihn wegreißen zu können. Hören Sie damit auf.

Berühren Sie ihn sanft, fühlen Sie seine Textur, ohne beständig daran zu denken, wie er sich anfühlen sollte. Stellen Sie sich vor, wie gemütlich man seinen Kopf auf ihn legen oder ihn streicheln könnte. Hören Sie auf, sich selbst wehzutun, und beginnen Sie, Ihren Körper mit Liebe neu zu entdecken.

Jüngst berichtete ein früherer Photoshop-Experte für Victoria's Secret in einem Artikel bei Refinery29, dass alle Models bei Aufnahmen Push-up-BHs unter ihren Bikinis trugen, die dann wegretuschiert wurden[8], aber ein Dekolleté hinterließen, das anatomisch schlicht unmöglich ist. Ein Freund aus der Fotobranche erzählte mir, manche Frauen würden verlangen, dass er auf Fotos die Brüste einer anderen Frau über ihre eigenen kopiert. 2013 haben sich mehr als drei Millionen Frauen ihre Brüste operieren lassen.[9]

Das sind nicht einfach harmlose Bilder, die wir alle als unrealistisch erkennen und abtun. Diese Bilder lehren uns, wie wir uns selbst und all unsere Makel sehen sollen. Es spielt noch nicht einmal eine Rolle, ob wir wissen, wie sie manipuliert wurden, wir vergleichen uns trotzdem mit ihnen, weil sie uns schlicht und ergreifend überall begegnen.

Dieses Spiel können wir nicht gewinnen. Egal, wie viele Sit-ups wir machen, wie viele Mittagessen wir auslassen und was wir alles an Hilfsmitteln kaufen – wir werden nie aussehen wie das Model auf dem Magazincover. Man sagt: »Selbst das Mädchen auf dem Cover sieht nicht so aus wie das Mädchen auf dem Cover«, und das geht weit über die Hochglanzseiten hinaus.

Mithilfe von Computergrafik kann man in Musikvideos, Filmen und Fernsehserien sogar sich bewegende Körper manipulieren. Britney Spears hat mit 34 immer noch denselben gestylten Bauch wie mit 19. Die einzigen Anzeichen einer Bearbeitung sind leicht verschwommene Bildpartien oder lancierte unbearbeitete Aufnahmen aus dem Studio von einem Körper, der auch so all die Mühen wert war, die er gekostet hat. Wir können uns mit kostenlosen Apps fürs Smartphone um drei Kleidergrößen schlanker machen, bevor wir unsere Selfies ins Netz hochladen. Wir können den manipulierten Bildern einfach nicht mehr entkommen.

Das hat gewaltige Auswirkungen. Wie Susan Bordo schreibt, geht es nicht mehr um attraktive (bearbeitete) Fotos, die uns nicht beeindrucken. Diese Bilder sind der Standard, an dem wir uns messen und dem wir niemals gerecht werden können. Ein Bild sagt wirklich mehr als tausend Worte, und wenn Millionen das digital manipulierte Bild eines Frauenkörpers sehen, sagen all diese Worte nur: »Du bist nicht gut genug.«

Ungeachtet des offensichtlichen Schadens, den diese Bilder verursachen, behaupten die Verantwortlichen (allen voran die Bildredakteure), dass sie völlig harmlos seien. Als die Sängerin Kelly Clarkson 2009 auf dem Cover des Magazins *Self* erschien, dauerte es nicht lange, bis die Ersten bemerkten, dass sie digital deutlich verschlankt worden war. Ein Video vom Fotoshooting und Fernsehaufnahmen aus der gleichen Zeit zeigten, wie sie tatsächlich aussah. Der Chefredakteur des Magazins verteidigte das Cover mit der Aussage, die Fotos sollten ja gar nicht »lebensecht« sein und die Bearbeitung diene »nur dazu, sie möglichst gut aussehen zu lassen«.[10] Was für eine Botschaft ist das denn?

Vor einiger Zeit besuchte ich eine Podiumsdiskussion, an der auch die Herausgeberin eines beliebten Frauenmagazins teilnahm. Auf meine Frage, wie sie die toxische Seite der Medien besonders im Hinblick auf das Körperbild von Teenagern einschätze, antwortete sie, dass wir die Kinder unterschätzten. Sie seien intelligent genug, zu wissen, dass die Bilder bearbeitet sind, und könnten selbst steuern, wie stark die Medien sie beeinflussten.

Nun haben einige der intelligentesten Menschen, die ich kenne, die größten Probleme mit Essstörungen und Selbsthass. Intelligenz hat also nichts damit zu tun. Wir sollten jeden Menschen wertschätzen, der Tag um Tag in diesem Krieg gegen seinen Körper überlebt, ausgelöst durch das Gedankengift, das diese Magazine verspritzen, sei es durch unrealistische Retuschen, Ausgrenzung oder einen weiteren Artikel mit der Schlagzeile »So bekommen Sie Ihre Traumfigur!«.

Ich war entmutigt, dass jemand mit der Macht, die Dinge zu ändern, lieber abwiegelt und der Wahrheit ausweicht, dass durch das Bild, das er verkauft, intelligente, kreative, außergewöhnliche Menschen jeden Tag aufs Neue verletzt werden.

Magazine sind nicht allein verantwortlich, aber sie sind Teil der Maschine, die uns zu unwerten Gestalten herabstuft, um uns dann die Lösung zu verkaufen. Leugnen wird das nicht ändern.

Merken wir, wenn ein Bild manipuliert ist? Mir ist das mit acht Jahren bestimmt nicht aufgefallen. Ich kann mich noch daran erinnern, welchen Zauber die Hochglanzseiten in den Magazinen meiner Mutter auf mich ausübten, die mir zeigten, wie eine Frau sein muss. Ich konnte es gar nicht erwarten, so auszusehen – makellos, sorgenfrei und vor allem dünn. Dünner als jede Frau, die ich kannte. Ich habe mich nicht gefragt, wie das sein konnte. Selbst wenn ich um die Manipulation gewusst hätte, hätte mich das nicht interessiert.

Mit 17 hatte ich ein ganzes Buch mit Ausschnitten von Frauenbildern. Ich betrachtete sie jeden Morgen und sammelte dabei Kraft für einen weiteren Tag im Kampf gegen den Hunger und für die perfekte Figur. Ich wusste, dass die Bilder retuschiert waren, dass die Körper schlanker gemacht und kleine Makel verdeckt wurden, aber das änderte nichts daran, dass diese Körper mein Traumziel waren.

Wenn wir so fest an den idealen Körper glauben, sind wir bereit, fast alles zu ignorieren, was gegen dieses Bild spricht. Deshalb glauben wir immer noch, dass die richtige Diät funktioniert, auch wenn die anderen 372 das nicht getan haben. Deshalb kaufen wir Lotionen, die uns jünger und glatter machen sollen, obwohl wir eine ganze Schublade mit Mittelchen haben, die alle nicht helfen. Deshalb vergleichen wir uns mit dem Bild eines unmöglich perfekten Körpers, auch wenn wir wissen, dass es manipuliert ist. Wir versuchen es weiter, wissend, dass kein echter Mensch so makellos sein kann. Wir wollen und können den Glauben ans Ideal nicht aufgeben.

Was wäre, wenn morgen alle Bilder anders wären? Kein Photoshop mehr. Keine Ausgrenzung. Echte Vielfalt und echte Körper vor aller Augen. Stellen Sie sich vor, jeder könnte ein Magazin aufschlagen oder den Fernseher anschalten und sich selbst sehen, Körper wie der eigene, die als schön und erstrebenswert gefeiert werden. Ich glaube, dass das eine unbestreitbare Wirkung auf unser Selbstwertgefühl hätte. Dann müssten all diejenigen, die sagen, dass Bilder bedeutungslos sind, sich mit Millionen starker und selbstsicherer Frauen auseinandersetzen, die zu wissen verlangen, warum sie so lange belogen und im Glauben belassen wurden, dass sie alles andere als perfekt sind.

Dünn ist in

Haben Sie sich je gefragt, woher Ihr Körperbild überhaupt kommt? Wer entscheidet eigentlich, was Schönheit ist? Wir betrachten den idealen Körper als geheiligte Wahrheit, die als göttliches Gebot über Generationen weitergereicht wurde: *Du sollst dünn sein.* Unser heutiges Schönheitsideal scheint in Stein gemeißelt: Dünn ist schön, fett ist hässlich. Daran zu zweifeln gilt fast schon als Blasphemie! Ich tue es trotzdem. Wenn nämlich der ideale Körper eine ewige Wahrheit ist, wie kommt es dann, dass er sich mit der Zeit so sehr verändert hat?

Man mag kaum glauben, dass es eine Zeit gab, in der dick in und dünn out war. Dabei gibt es in der Geschichte zahlreiche Zeiten, in denen unsere Schönheitsideale geradezu bizarr gewirkt hätten. In der westlichen Kultur galten dicke Menschen als gesund und schön. Dick zu sein bedeutete, dass man genug zu essen hatte und nicht arm war.

Unsere jagenden und sammelnden Vorfahren mussten Fett effizient einlagern können, um zu überleben. Die Fettpolster waren eine Reserve für Notzeiten. Heute verfluchen wir unseren trägen Stoffwechsel und betrachten uns als ineffizient, wenn wir Fett speichern. Ja, wir müssen nicht mehr jagen, Nahrung ist für die meisten reichlich vorhanden, also ist viel Körperfett nicht mehr überlebenswichtig. Aber warum soll es denn hässlich sein? Und warum gab es allein in den letzten 100 Jahren so viele unterschiedliche Sichtweisen auf Umfang und Attraktivität des Dickseins?

Ab und an kommt ein zorniger Jüngling, der es hasst, wenn dicke Frauen sich selbst lieben, auf meine Instagram-Seite und erzählt mir, dass wir uns dahin entwickelt haben, dünne Körper als schön zu empfinden, und ich nichts gegen das instinktive Empfinden tun könnte (ich kürze hier, meist steht da noch mindestens einmal »Du bist eine fette Sau!«). Diese Typen argumentieren, dass das Bild vom idealen Körper entwicklungsgeschichtlich in uns verankert ist, um den perfekten Geschlechtspartner zu finden. Natürlich sind einige unserer persönlichen Präferenzen fest eingebaut, aber die decken nicht einmal ansatzweise das Ausmaß unseres kulturell bedingten Schönheitsbilds ab.

Wenn wir die typischen sekundären weiblichen Geschlechtsmerkmale betrachten, wie Brüste und Hüften, und die Teile, die eine entscheidende Rolle in jedem evolutionsbedingten Idealbild spielen sollten, sehen wir auch, dass uns diese Teile heute am ehesten als makelbehaftet verkauft werden. Die Körperteile, die wir entwicklungsgeschichtlich am meisten bewundern sollten, sind die, die wir am stärksten hassen sollen.

Eine breite Hüfte und Fettansätze in Oberschenkeln und Gesäß sind Zeichen für eine gesunde Östrogenproduktion, die für die Fortpflanzung wichtig ist. Wenn der ideale Körper also mit evolutionären Instinkten zu tun hat, müssten uns diese Eigenschaften doch eigentlich am stärksten anziehen. Dabei ist seit den 1990er-Jahren genau das Gegenteil der Fall.

Damals lautete die Standardfrage aller Frauen: »Sieht mein Hintern darin fett aus?« In der Hoffnung, dass die Antwort »Nein« lautete, zwängten sie sich bis in die Nullerjahre in zu enge Kleidung. Warum? Weil das das gängige Schönheitsbild war: groß, gerade und flach. Dicke Schenkel feiern erst gerade ein Comeback, aber auch nur, wenn sie frei von Cellulite sind. Und was ist mit Bauchfett?

Frauen lagern genetisch bedingt mehr Fett ein als Männer[11], und das Fett im Bauchbereich soll die Fortpflanzungsorgane schützen[12]. Es gehört also dahin. Diese wabbelige Tasche im unteren Bauchbereich, die Sie so hassen, dient einem Zweck.

Selbst die schlankesten, sportgestähltesten Frauenkörper weisen zumindest eine kleine Beule an dieser Stelle ihres Bauchs auf. Wenn unsere Schönheitsideale von unserer Entwicklungsgeschichte geprägt wären, wären wir alle ganz wild auf das Bauchfett unseres perfekten Geschlechtspartners. Stattdessen werden wir täglich mit Möglichkeiten bombardiert, wie wir unser Bauchfett loswerden und uns im Handumdrehen und drei einfachen Schritten einen Waschbrettbauch zulegen.

Bei der Recherche zu diesem Kapitel habe ich auf Google nach »Bauchfett bei Frauen ist gut« gesucht und fand beinahe ausschließlich Artikel darüber, wie man das hartnäckige Bauchfett loswerden und schnell und einfach einen perfekten Waschbrettbauch bekommen kann. Ich fand tatsächlich nur einen Artikel, in dem es darum ging, dass die Frage, wie man den Speck loswird, schon darauf programmiert, aus etwas Natürlichem und Normalem wie Bauchfett die ultimative weibliche Sünde zu machen, der man einfach nicht entgehen kann. Wir haben entwicklungsgeschichtliche Erwägungen schon lange hinter uns gelassen und spielen heute nach ganz anderen Regeln. Abgesehen davon weiß ich nicht, welcher evolutionäre Instinkt gesteigerten Wert auf gezupfte Augenbrauen und Thigh Gaps legen sollte.

Schönheitsideale wandeln sich, weil sie immer aufs Neue von sehr mächtigen Menschen festgelegt werden, ähnlich wie in einem Jahr Kunstleder schick und im nächsten Jahr eine Kulturschande ist, nur dass diese Leute nicht mit Modestoffen spielen, sondern mit unserem Selbstbild. Die Regeln werden schnell verbreitet, und bald spielen alle die mit, die bestimmen, was wir tagtäglich zu sehen bekommen. Sie überfluten unsere Umwelt mit Bildern des neuen Schönheitsideals, verkaufen uns Wundermittel, mit denen wir es erreichen können, und schreiben Schlagzeilen, die das neue Bild zu einem Fakt zementieren, auch wenn die Grundlagen dafür auf tönernen Füßen stehen.

Es gibt keinen tieferen Grund dafür, dass die Körper, die wir heute verehren, so anders sind als die, die wir vor 50 Jahren toll fanden, so, wie es keinen tieferen Grund dafür gibt, dass Röhrenjeans nach und nach von Skinny Jeans verdrängt wurden. Es ist schlicht eine Mode, eine kulturell bedingte Vorliebe, die uns eingeredet wird. Wir hassen unseren Körper dafür, dass er nicht in einen Standard passt, der von vorn bis hinten erfunden ist. Dieser Standard sähe zu einem anderen Zeitpunkt in der Geschichte völlig anders aus.

Eines meiner liebsten Kunstwerke hinsichtlich Body Positivity ist *Wrong Century* von Tomas Kucerovsky. Es zeigt eine wunderbar dicke Frau in einem roten Pulli, die in einem Museum steht. Ein Mann geht vorbei, hebt seine Brille und starrt sie mit grimmig gerunzelter Stirn an. Zwei junge Männer tuscheln hinter ihrem Rücken und zeigen lachend auf ihre Figur. Dann sehen wir ihr Gesicht, wie sie traurig auf Peter Paul Rubens' *Der Raub der Töchter des Leukippos* schaut, in dem die Frauenkörper weich und dellig sind, mit dicken Schenkeln und wabbeligen Bäuchen. Sie weiß, dass die Dinge einst anders waren. Man denkt sich, wenn die Leute, die sie nach ihrer Figur bewerten, nur wüssten, dass sie nur blind einem Trend folgen, würden sie sie mit ganz anderen Augen sehen. Öffnet eure Augen: Körper wie dieser wurden früher mit großer Kunst gefeiert.

Botticellis *Die Geburt der Venus* zeigt die römische Göttin des Sex, der Liebe und Schönheit in einer Seemuschel. Ihr Bauch bildet eine fleischige Tasche, und ihre Schenkel stehen eng zusammen. Sie ist faszinierend. Es gibt eine griechische Statue namens *Kniende Venus,* die dieselbe Göttin mit drei unverkennbaren Röllchen am Bauch zeigt. Die Darstellung der Schönheitsgöttin dieser Zeit hatte also Bauchröllchen. Und wir sollen heute davon angewidert sein.

Die *Venus von Willendorf* ist eine kleine Statuette aus der Altsteinzeit (vor rund 25 000 Jahren), eine Frauenfigur mit riesigen runden Brüsten, die auf einem sogar noch dickeren Bauch ruhen. Würde sie heute so in ein Diätzentrum marschieren, würde man sie als krankhaft fettleibige Frau mit Apfelfigur kategorisieren, die sofort ihre Kalorien reduzieren muss. Dabei stellte sie wohl in ihrer Zeit ein Symbol für Fruchtbarkeit und Sexualität dar. Mann, wie die Zeiten sich geändert haben.

Seit Beginn des 20. Jahrhunderts wurden zu verschiedenen Zeiten ganz unterschiedliche Figuren gefeiert. Wir dürfen nicht vergessen, dass unser aktuelles Schönheitsideal nicht in Stein gemeißelt, sondern eine Mode ist. Warum nehmen wir etwas so ernst, das sich jedes Jahrzehnt wandelt? Sehen wir nicht, wie bedeutungslos das Körperideal ist, das sich beständig verändert und uns stets aufs Neue diktiert wird?

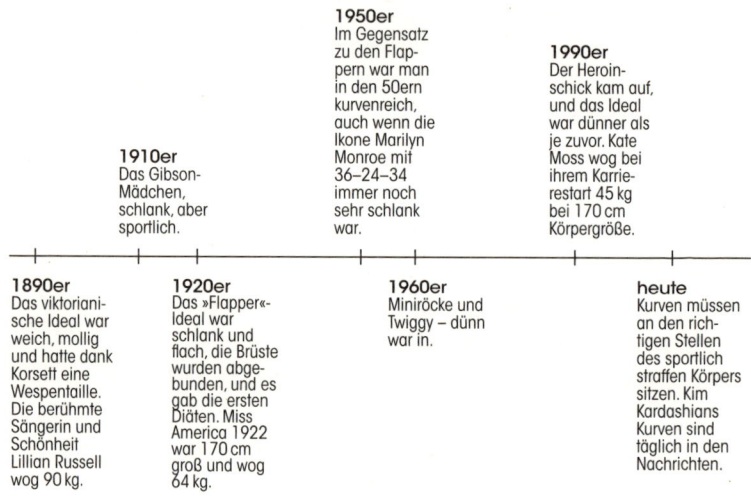

1910er
Das Gibson-Mädchen, schlank, aber sportlich.

1950er
Im Gegensatz zu den Flappern war man in den 50ern kurvenreich, auch wenn die Ikone Marilyn Monroe mit 36–24–34 immer noch sehr schlank war.

1990er
Der Heroin-schick kam auf, und das Ideal war dünner als je zuvor. Kate Moss wog bei ihrem Karrierestart 45 kg bei 170 cm Körpergröße.

1890er
Das viktorianische Ideal war weich, mollig und hatte dank Korsett eine Wespentaille. Die berühmte Sängerin und Schönheit Lillian Russell wog 90 kg.

1920er
Das »Flapper«-Ideal war schlank und flach, die Brüste wurden abgebunden, und es gab die ersten Diäten. Miss America 1922 war 170 cm groß und wog 64 kg.

1960er
Miniröcke und Twiggy – dünn war in.

heute
Kurven müssen an den richtigen Stellen des sportlich straffen Körpers sitzen. Kim Kardashians Kurven sind täglich in den Nachrichten.

Body Positivity wird oft als der Versuch missverstanden, ein neues Körperideal einzuführen, das einfach größer und kurviger ist und diejenigen repräsentiert, die sich jahrelang ausgegrenzt gefühlt haben. Dabei wollen wir das Ideal gar nicht ersetzen, wir wollen es ganz abschaffen. Wir wollen, dass man alle Figuren feiert, zeigt und bewundert. Die Frauen auf den Coverfotos können ruhig bleiben, aber sie sollen uns anderen auch ein wenig Platz einräumen. Wir wollen nicht mehr hören, dass es nur eine Art von Schönheit gibt, wenn wir offensichtlich alle in das Schönheitsspektrum passen, egal, wie weit wir den heutigen Standards entsprechen.

Das heutige Körperideal ist trügerisch. Es erlaubt Frauen vordergründig Körperfett und Kurven. Es sagt, Fitness ist genauso wichtig wie Schönheit, Stark ist das neue Dünn! Es tut so, als sei es eine Befreiung vom Diktat der Kate-Moss-Maße. Die Wirklichkeit sieht anders aus. Ja, Kurven sind wieder erlaubt, aber nur an den richtigen Stellen und nur in den richtigen Proportionen. Das Internet wimmelt nur so von Leuten, die bestimmen, wer sich »kurvig« nennen darf und wer nicht (»das ist nicht ›kurvig‹, das ist einfach nur fett«).

Wir dürfen unsere Hüften und Brüste wiederhaben, aber unsere Bäuche, Beine, Arme und Gesichter müssen auf Spur bleiben, von unseren Hintern ganz zu schweigen. Fitness gilt nur, wenn man sie auch sieht, wenn der Torso definiert und die Gesäßmuskeln hoch und fest sind. Das heutige Ideal ist eine Extremform der alten Stundenglasfigur. Soll es wirklich einfacher sein, einen Körper zu bewahren, der an bestimmten, festgelegten Stellen dünn, straff und fest ist und überall sonst üppig, als es war, von oben bis unten dünn zu bleiben? Oder ist das für die meisten von uns nicht genauso unerreichbar?

Heute muss jedes Mädchen kaukasische blaue Augen, volle hispanische Lippen, eine klassische Knopfnase, unbehaarte asiatische Haut mit kalifornischer Bräune, einen jamaikanischen Dancehall-Hintern, lange schwedische Beine, kleine japanische Füße, die Bauchmuskulatur einer lesbischen Fitnessstudio-Besitzerin, die Hüften eines neunjährigen Jungen, die Arme Michelle Obamas und Puppentitten haben.

– Tina Fey, *Bossypants*

Wenn man in der genetischen Lotterie nicht den Jackpot geknackt hat, kostet es heute viel mehr Zeit und Energie, den idealen Körper zu erzielen, als jemals zuvor. Die Arbeit an einer Figur, die nur sehr wenige von uns je erzielen werden, ist zum

Fulltime-Job geworden. Jede wache Stunde dient dem Kampf gegen das eigene Fleisch und wird zur Besessenheit. Vielleicht ist das ja das Ziel?

Der Mythos

Beim weiblichen Schönheitsideal geht es nicht einfach nur ums Schönsein. Es geht auch darum, wie eine Frau sich verhält und wie sie sich in die Welt einfügt. Weil der Weg zur Idealfigur über so oberflächliche Dinge wie den richtigen fettarmen Joghurt, die richtige Kleidergröße, den richtigen Lidschatten und das richtige Magazin führt, vergisst man leicht, dass es um so viel mehr geht.

Wenn wir unsere eigene Erfahrung betrachten, erkennen wir schnell, dass das Streben nach der perfekten Figur weit über das Körperliche hinausgeht. Es bestimmt, wie wir Zeit, Geld und Energie investieren. Es wird zum Fokus unseres Lebens, über den wir sprechen und nach dem wir uns mehr sehnen als nach irgendetwas sonst. Es wird zum Teil unserer Identität, sodass wir uns fürchten, es aufzugeben – was soll ohne dieses Streben nur aus uns werden? Was immer zum Teufel wir wollen! Weibliche Schönheitsideale haben schon immer dazu gedient, uns in jeder Hinsicht einzuschränken und kleinzuhalten. Hier ist eine kleine Geschichtsstunde, die zeigt, wie abgefuckt Schönheitsideale wirklich sind:

In China waren abgebundene Frauenfüße einst das ultimative Symbol weiblicher Schönheit und Stellung. Frauen mit nur noch sieben bis zehn Zentimeter langen Füßen galten als unglaublich attraktiv und unter reichen Männern als begehrenswehrte Ehefrauen. Um dieses Ziel zu erreichen, brach man ihnen alle Zehen, bis auf den großen Zeh, und band sie flach unter die Fußsohle. Dann brach man das Fußgewölbe in zwei Teile und band beide Teile eng zusammen.

Diese Frauen waren auch ein Symbol für den Reichtum ihres

Mannes. Da sie vor Schmerzen nicht einmal richtig laufen konnten, konnten sie auch nicht arbeiten, und ihre Lotusfüße bewiesen, dass sie nicht mitverdienen mussten. Dieses Schönheitsideal führte zu Bewegungsmangel, Schmerzen und manchmal zum Tod.[13,14] Nicht nur die Füße der Frauen waren winzig und gebrochen, sie selbst waren es auch. Aber sie waren zumindest schön, oder?

Das viktorianische Korsett hatte die gleiche Wirkung. Eine Wespentaille stand für Schönheit und Klasse. Es war »für wahre Weiblichkeit unerlässlich«, obwohl es »häufig Lunge, Leber und Dünndarm zusammenpresste, den Magen hob und die Blase einschnürte. Manche Korsetts waren so eng geschnürt, dass die Rippen mit der Zeit in Leber und andere Organe einwuchsen.«[15] Sollen wir wirklich glauben, dass es dabei nur um Schönheit ging? Warum soll weibliche Schönheit mit solchen Schmerzen erkauft werden? Hierbei ging es längst nicht nur um das ästhetische Ideal der schmalen Taille – die Frauen sollten in ihre Rolle im Haus eingeschnürt und dabei zu kurzatmig sein, um das zu hinterfragen.

In ihrem Buch *Der Mythos Schönheit* von 1991 schreibt Naomi Wolf, dass das Idealbild extremer Magerkeit mit dem Aufstieg von Frauen in gesellschaftliche, ökonomische und politische Machtpositionen zusammenfiel. Extremes Dünnsein lässt Frauen beständig hungern, lenkt sie ab und raubt ihnen die Kraft für den Kampf um echte Gleichstellung. An der Oberfläche geht es ums Aussehen, aber in Wirklichkeit geht es um Kontrolle. Es geht nicht um Schönheit, sondern um Fügsamkeit.

Die ideale Figur erfüllt eine fundamentale gesellschaftliche Rolle. Was hat das mit dem heutigen Ideal zu tun? Wir sind immer noch hungrig und abgelenkt und so von unserem Körper besessen, dass wir unser wirkliches Potenzial gar nicht erkennen. Ich wünsche mir den Körper, den ich in ganz seltenen Momenten in meinen Diätjahren näher ans Ideal herangezwungen hatte, nicht mehr zurück. Ich möchte aber die Zeit zurückhaben. All diese Zeit, in der ich die Welt und mich selbst hätte entdecken können, habe ich darauf verschwendet, mich zu schrumpfen. Wir könnten alles erreichen, wovon wir träumen, wenn wir nur aufhörten, so viel Zeit auf die Optimierung unseres Körpers zu verwenden.

Ein weiteres Motiv, ein unerreichbares Körperideal aufrechtzuerhalten, ist der schnöde Mammon. Einige der größten Industrien der Welt verdienen Milliarden an unseren Minderwertigkeitskomplexen. Wie viel Geld geben wir für Diätpläne, Kosmetika, Sportgeräte, Anti-Aging-Produkte und das ganze andere Zeugs aus, das unsere mangelhaften Körper endlich aufwerten soll?

Die dünne Idealfigur begleitet uns schon so lange, weil sie so profitabel ist. Nur wenige von uns können sie je erlangen, und wir sind bereit, jede erforderliche Summe für sie auszugeben. Dazu kommen wir etwas später noch einmal. Bis jetzt ist uns aber klar, dass der Schönheitsmythos uns fest im Griff hat. Das wird auch so bleiben, solange wir glauben, dass Schönheit das Wichtigste an einer Frau ist, egal, wie das derzeitige Ideal gerade aussieht.

Klartext

Reden wir Klartext: Das Ideal ist Mist. Es repräsentiert uns nicht, es versucht es noch nicht einmal. Es ignoriert hartnäckig, dass Menschen sich in Aussehen, Geschlecht und Fähigkeiten unterscheiden und alle es gleich wert sind, gehört, gesehen und geschätzt zu werden. Es ist noch nicht einmal real, sondern beruht auf Manipulation und Täuschung. Und doch sollen wir alles in unserer Macht Stehende tun, um einem Photoshop-Bild gerecht zu werden.

Das Ideal verändert sich mit der Zeit, damit es bei aller Anstrengung für uns stets unerreichbar bleibt. Das zeigt, dass es hier nur um von Menschen gemachte Mode geht und nicht um Wahrheit, Notwendigkeit oder Evolution. Es ist eine Regel, die uns gefangen, klein und voller Minderwertigkeitskomplexe hält. Warum spielen wir da immer noch mit?

Hauptsächlich, weil es uns so viel verspricht. Es verkauft uns nicht nur ein Bild, sondern einen Traum. Alles, was wir je wollten, in einer hübschen Verpackung. Aber wie das Bild selbst, so sind auch die Versprechen Lügen. Von allem, was es verspricht, nimmt es mehr weg.

O **Ziel:** Der perfekte Körper bietet uns ein Ziel im Leben, etwas, das wir erreichen können. Er verspricht uns Lohn für harte Arbeit. Er verleiht uns Ehrgeiz. Aber was für ein Lebensziel ist es, zehn Kilo abzunehmen? Wir verschwenden unseren Ehrgeiz auf Dinge, die nicht zählen. Wir könnten nach wahrer Größe streben, nach beruflichem Erfolg, nach Reisen, danach, anderen zu helfen, Liebe zu verbreiten, nach spiritueller Erleuchtung, einfach nach allem, was uns Erfüllung bringt. Stattdessen streben wir nach hohlen Zahlen und reden uns ein, dass uns das reicht.

O **Identität:** Das Schönheitsideal stiftet uns Identität. Wir sind diejenigen, die ins Fitnessstudio gehen, die die besten Kleider tragen, die den geilsten Körper und die Willenskraft eines Engels besitzen. Allerdings lenken all diese Äußerlichkeiten davon ab, was wir wirklich erreichen könnten. Eine Identität, die auf Kalorienmengen beruht? Was passiert mit unserer Identität, wenn sich unser Körper verändert, wenn wir bei der Diät versagen, den Sport schwänzen, wachsen oder altern? Möchten Sie nicht viel lieber als freundlich, talentiert, fürsorglich, mitfühlend, intelligent, lustig, umsichtig, mutig, abenteuerlustig, ausgeglichen, selbstbewusst oder zuverlässig gelten? Sie sind so viel mehr als nur ein Körper.

O **Liebe:** Wir alle wissen, wie das läuft: Mit der perfekten Figur kommt auch der perfekte Partner. Nun finden entgegen landläufiger Meinung alle möglichen Menschen die Liebe. Es gibt Menschen, die noch nicht vollständig der Gehirnwäsche eines exklusiven kulturellen Schönheitsstandards erlegen sind. Außerdem, warum sollten Sie mit jemandem zusammenleben wollen,

dem Ihr Aussehen wichtiger ist als Ihre Persönlichkeit? Sie verdienen jemanden, der Ihre wahre Identität liebt und nicht die
künstliche Hülle, mit der Sie in einer von Bildern besessenen Welt
zu überleben versuchen.

O **Glück:** Das ist die größte Täuschung von allen. Wir glauben sie
mit jeder Erfolgsgeschichte von jemandem, der abgenommen
und sein ganzes Leben umgekrempelt hat. Die Tausenden von
Anzeigen mit Frauen, die glücklich ihren Salat anstrahlen oder
mit einer Schale pappiger Frühstücksflocken in der Hand durch
Felder tänzeln, zeigen uns, dass all unsere Probleme verschwinden und wir unser Traumleben leben werden, sobald wir das
Idealbild erreicht haben.

Selbst Oprah Winfrey, Medienmacht, in aller Welt beliebt und
eine der einflussreichsten Gestalten des 20. Jahrhunderts, hat
immer wieder gesagt, dass das alles nichts bedeute, wenn sie
nicht abgenommen hätte. All dieser Erfolg, und doch kann nur
der perfekte Körper sie glücklich machen. Das einzige Problem
ist, dass sie wie wir alle immer wieder zunimmt. Keiner von uns
erreicht das Ideal, weil es sich, wie bereits erwähnt, fortwäh-
rend verändert und die meisten von uns genetisch einfach nicht
dafür geschaffen sind. Wenn wir weiter nach diesen Regeln
spielen, werden wir nie glücklich werden. Was wäre also, wenn
wir das Glück so annehmen würden, wie wir sind? Gewicht
löst keine Probleme, Kleidergrößen bringen keine Erfüllung.
Ein lebenslanges Gefühl des Nichtgenügens macht niemanden
glücklich. Ich hoffe, Oprah erkennt das auch irgendwann.

Das Ideal arbeitet hart daran, uns einzureden, dass das alles
unsere Schuld ist. Dass der Grund, warum wir nicht schön genug, erfolgreich, glücklich oder verliebt sind, darin liegt, dass
wir uns nicht genug anstrengen. Wir halten uns nicht an die
Regeln, sind undiszipliniert und faul. Wir sind Versager. Wir
sind das Problem. Und wir glauben das auch noch, verachten
uns selbst und stellen uns nie die Frage, ob das Problem vielleicht gar nicht bei uns und unserem Körper liegt.

Ich möchte, dass Sie sich selbst von etwas überzeugen, es immer wieder lesen, bis es endlich einsickert:

Sie sind nicht das Problem. Ihr Körper ist nicht das Problem. Das Problem ist die Kultur. Das Problem sind die Regeln. Das Problem ist das Ideal. Aber nicht Sie. Ihre Einstellung zu Ihrem Körper ist nicht Ihr Fehler. All diese Unsicherheiten sind nicht auf Ihrem Mist gewachsen, sie wurden Ihnen und uns allen von außen aufgedrängt. Es gibt ein Problem, aber Sie sind es nicht.

Es wird Ihnen vermutlich immer noch schwerfallen, das zu glauben, nachdem Sie sich so lange selbst die Schuld gegeben haben. Sie haben aber nicht darum gebeten, in eine Kultur hineingeboren zu werden, die Aussehen über Persönlichkeit stellt und das Dünnsein so schätzt. Wenn Sie immer noch zweifeln, wie schädlich das Ideal ist, schauen Sie in eine der berühmtesten Studien zu Essstörungen, in der Anne Becker untersucht, wie stark westliche Körperbilder das Selbstbild junger Mädchen auf Fidschi beeinflusst haben.[16]

Bis 1995 gab es in der Provinz Nadroga auf Fidschi keinen Fernsehempfang. Das traditionelle Körperbild bevorzugte robuste, kräftige Körper und beförderte bei Festen einen gesunden Appetit. Man machte sich Sorgen, wenn jemand keinen Appetit hatte oder abnahm. Die Miss Fiji dieser Zeit beschrieb, wie man schlanke Frauen als schwach betrachtete und sie immer aufforderte, doch zuzunehmen.[17] Bevor es auf Fidschi Fernsehen gab, waren Essstörungen praktisch unbekannt, mit der Ausnahme eines Falls von Magersucht Mitte der 1990er, und es gab auch keine Diäten … bis das Fernsehen kam.

Binnen drei Jahren voller Fernsehshows aus Großbritannien, den USA und Neuseeland gaben 74 Prozent der befragten Mädchen an, sich »zu fett« zu fühlen. 15 Prozent der Mädchen brachten sich bereits selbst zum Erbrechen, um ihr Gewicht zu kontrollieren. Sie wollten den Figuren im Fernsehen nacheifern.

Die Studie ist ein perfektes Beispiel dafür, wie schädlich Bilder von der idealen Figur sein können. Sie haben in nur drei Jahren und in nur einem Format riesige Schäden verursacht. Überlegen Sie jetzt mal, wie lange Sie schon täglich solchen Bildern in allen möglichen Formaten ausgesetzt sind, und fragen Sie sich selbst, ob es da noch ein Wunder ist, dass unser Selbstbild so ist, wie es eben ist.

Wir wurden nicht mit dem Hass auf unseren Körper geboren. Die Mädchen auf Fidschi hassten ihren Körper erst, als sie mit dem Idealbild konfrontiert wurden. Es mag lange her sein, aber es gab eine Zeit, in der Ihr Körper noch nicht Ihr schlimmster Feind war, eine Zeit, bevor die Makel sichtbar und die Diäten zur Pflichtübung wurden, bevor die Welt Ihnen vorschrieb, wie Sie zu sein haben. Ich weiß, dass ich mich einmal absolut sicher und zufrieden in meinem weichen, faszinierenden Körper gefühlt habe. Ich habe den Selbsthass, der mein Leben beherrscht hat, erst langsam gelernt. Wenn dieser Hass aber erlernt ist, kann man ihn mit Sicherheit auch wieder verlernen.

Ein neues Ideal

Das neue Ideal wäre gar keines. Es ginge darum, alle Körper zu feiern und zu zeigen. Es würde uns lehren, die Schönheit, die uns umgibt, zu erkennen und netter zu uns selbst zu sein. Es wäre kein weiteres exklusives Bild, das uns trennt, indem es fett für »in« und dünn für »out« erklärt. Es wäre nicht das Diktat, das manche Menschen hinter Body Positivity vermuten: »Echte Frauen haben Kurven«. Es würde anerkennen, dass Frauen, wie Hanne Blank schrieb, »fett und dünn und beides und anders« sind. Es würde uns keine Gefühle des Nichtgenügens bereiten. Es würde uns nicht miteinander konkurrieren lassen. Es würde uns alle erheben, statt 95 Prozent von uns zu erniedrigen. Wir haben die Macht, das wahr zu machen.

Ich möchte, dass Sie sich rettungslos in Ihren Körper verlieben. Ich möchte, dass Sie fasziniert davon sind, wie er arbeitet, um Sie am Leben zu erhalten. Ich möchte, dass Sie ehrfürchtig beobachten, wie Ihr Leben sich auf Ihrer Haut abzeichnet. Sie sollen sich wie eine Göttin fühlen, wie ein Gott oder wie eine genderneutrale Gottheit. Ich möchte, dass Sie die allumfassende Schönheit Ihres Körpers erkennen.

Ich weiß natürlich auch, dass diese Art von Körperliebe für manche von uns unmöglich scheint und nicht einmal denkbar ist. Das ist für den Moment völlig in Ordnung. Niemand kann von lebenslangen Selbstzweifeln einfach so auf Selbstliebe umschalten. Wir können es aber Schritt für Schritt angehen und damit anfangen, unseren Körper zu akzeptieren.

Dabei geht es darum, den Körper, den wir nun mal haben, wertungsfrei anzunehmen. Es geht nicht darum zu denken, Sie seien makellos und rundum zum Anbeißen, sondern darum, sich nicht mehr für entsetzlich zu halten. Eigentlich sollten Sie gar nicht mehr groß über Ihren Körper nachdenken, sondern akzeptieren, dass er so ist, wie er ist, und sich Wichtigerem zuwenden.

Der nächste Schritt nach der Akzeptanz ist der Respekt. Es mag Ihnen scheinen, als könnten Sie nie Frieden mit Ihrem Aussehen schließen, als könnten Sie nie die Dehnungsstreifen, die lose Haut und die Weichheit akzeptieren. Stellen wir das Äußere also für den Moment zurück und versuchen wir, dankbar für all die unglaublichen Dinge zu sein, die unser Körper uns ermöglicht.

Wenn Ihre Arme es Ihnen erlauben, Menschen zu umarmen, die Sie lieben, lassen Sie Ihren Körper wissen, dass Sie dankbar dafür sind, statt sich um die Form Ihrer Arme zu sorgen. Wenn Ihr Körper schwer daran arbeitet, Sie zu heilen, wenn Sie krank oder verletzt sind, erkennen Sie die Mühe an und kümmern Sie sich nicht darum, wie er dabei aussieht. Wenn Ihr Körper Sie an interessante Orte auf der Welt trägt, können Sie ihm dafür danken, selbst wenn die Dankbarkeit beim nächsten Blick in den Spiegel verfliegt. Sie können Ihren Körper respektieren, auch wenn Sie keinen Frieden mit Ihrem Spiegelbild schließen können. Hoffentlich führen Akzeptanz und Respekt Sie zu einem positiven Körperbild. Wenn nicht, ist das aber auch okay.

Egal, wo Sie auf Ihrer Reise zum Frieden mit Ihrem Körper landen, denken Sie immer daran, dass es nicht darum geht, für andere schön zu sein oder gängigen Schönheitsregeln zu folgen. Es geht darum zu wissen, dass Sie gut genug sind und dass Ihre äußere Hülle das Unwichtigste an Ihnen ist. Jeder Schritt auf dieser Reise muss mit der Erkenntnis beginnen, dass Sie etwas Besseres verdient haben. Sie verdienen es, dass Ihr Körper in unserer Kultur bedingungslos akzeptiert wird.

Zeigen Sie mir alles. Zeigen Sie mir die fetten und die dünnen Körper, die großen und die kleinen. Zeigen Sie mir die Speckröllchen, die Truthahnflügel, die Satteltaschen. Zeigen Sie mir die Muskeln und das Weiche, die breiten und die schmalen Hüften, die Brüste in allen Formen und Größen. Zeigen Sie mir die Narben, die Streifen, die Sommersprossen und die Unreinheiten. Zeigen Sie mir die dunkelste und die hellste Haut und alle Töne dazwischen. Zeigen Sie mir die ganzen Körper und die nicht so ganzen, die Rollstuhlfahrer, die Amputierten, die Körper mit sichtbaren und unsichtbaren Behinderungen. Zeigen Sie mir alles. Zeigen wir sie der Welt, und rufen wir sie alle zum neuen Ideal aus.

Das F-Wort

Sprechen wir über das Wort »fett«. Sie werden es auf den vorigen Seiten öfter gelesen haben. Vielleicht haben Sie dabei die Nase gerümpft, sich ein bisschen gegruselt, sind errötet und haben sich gefragt, warum ein Buch über Body Positivity so viele F-Bomben schmeißt. Schließlich ist das eine der wirkungsvollsten Beleidigungen der Welt. Wir alle haben schon die brennende Scham gefühlt, wenn jemand diese drei Wörter sagt: »Du bist fett!«

Vor gar nicht langer Zeit konnten diese Wörter mich schneller in eine Spirale des Selbsthasses stürzen, als Sie »Bikinifigur« sagen können. Ich bin ein Leben lang vor »fett« geflohen. Ich floh mit fünf Jahren vom Spielplatz. Ich floh mit zehn Jahren, als ich meine erste Diät machte. Ich floh, als ich mit 14 Jahren im Krankenhaus lag, überzeugt davon, dass »fett« mir immer noch auf der Spur war.

Ich floh beinahe in ein frühes Grab. Als nach meiner Rekonvaleszenz plötzlich all diese weichen Stellen auftauchten, mit denen ich nichts anzufangen wusste, bin ich erneut geflohen. Ich bin viele Jahre vor dem Fett geflohen, habe Crash-Diäten gemacht, war sportsüchtig und habe Hunderte von Pfunden zu- und abgenommen. Das Fett war immer da, als Feind, Drohung und Angst.

Wenn wir das Wort »fett« lesen, denken wir nicht nur an Körpergewicht, eine Lebensmittelgruppe oder die Zellen unseres Körpers. Wir sehen alle Bedeutungen, die unsere Kultur diesen vier Buchstaben beimisst. Fett ist hässlich. Fett ist eine Schande. Keine vier Buchstaben sind kulturell so negativ aufgeladen wie F E T T.

Was hat dieses Wort also in einem Text über Selbstliebe und Akzeptanz verloren? Ich sollte doch wirklich lieber sagen, dass man aufhören soll, sich selbst als fett zu bezeichnen – »Du bist nicht fett, du bist schön!« Aber warum soll nicht beides möglich sein? Wer sagt, dass man nicht fett und schön, fett und erfolgreich, fett und sexy, fett und intelligent, fett und gesund, fett und glücklich sein kann? Fett ist kein böses Wort. Das klingt jetzt schwer verdaulich, aber lesen Sie weiter.

Wörter für uns zurückzuerobern, mit denen man uns zuvor fertiggemacht hat, ist Teil der Reise. Als ich die Body-Positivity-Gemeinde gefunden hatte, konnte ich das Wort »fett« nicht aussprechen, nicht einmal denken. Aber da waren Hunderte von Menschen, die sich selbst als fett bezeichneten. Warum fliehen die nicht, wie ich geflohen bin? Warum verstecken die sich nicht? Warum beleidigen sie sich selbst in aller Öffentlichkeit?

Es stellte sich heraus, dass sie sich gar nicht selbst beleidigten, sondern feierten. Sie eroberten sich die Worte zurück, mit denen man sie erniedrigt und entmachtet hatte. Sie waren fette Chicks in Fatkinis und allen möglichen Klamotten in Übergröße. Sie nahmen ihr Fettsein in jeder Hinsicht an und waren dadurch stärker als je zuvor.

In ihrem Buch *Fat! So? Because You Don't Have to Apologize for Your Size* schreibt Marilyn Wann, dass die »Rückeroberung des Wortes ›fett‹ das lange gesuchte Wundermittel ist, der Zaubertrick, der alle Gewichtssorgen verschwinden lässt«. Ein Wort, das Sie nicht mehr als Bedrohung sehen, kann Sie auch nicht verletzen. Leute können sich den ganzen Tag darüber aufregen, was für eine fette Qualle Sie doch sind, und Sie lassen ihnen einfach die Luft ab, indem Sie sagen: »Na und?« Ausgegrenzte haben immer schon Worte für sich zurückerobert, mit denen die Ausgrenzer sie kleinhalten wollten. So war das Wort »queer« als Beleidigung für nicht heterosexuelle Menschen gedacht, bis es schließlich von der LGBTQ+-Community übernommen und ins Positive gedreht wurde. Warum soll das mit dem Wort »fett« anders gehen?

Ist »fett« wirklich das Schlimmste, was ein Mensch sein kann? Ist »fett« schlimmer als »rachsüchtig«, »eifersüchtig«, »geistlos«, »eitel«, »langweilig« oder »grausam«? Nicht für mich.

– J. K. Rowling

All die negativen Dinge, mit denen die Gesellschaft den Begriff »fett« belegt hat, sind einfach nicht wahr. Fett heißt schlicht und ergreifend fett, nicht mehr, nicht weniger. Manche Menschen haben einen fetten Körper, manche einen dünnen, manche sind mollig, andere sind muskulös und so weiter. Die Menge der Fettzellen eines Körpers definiert nicht die Persönlichkeit, sie entscheidet nicht über Schönheit oder Wert. Man muss vor ihr nicht fliehen.

Fangen Sie an! Sagen Sie das F-Wort laut, sagen Sie es, bis

dieses nervöse Gefühl im Magen weggeht und einfach ein weiteres Wort mit vier Buchstaben übrig bleibt (das auch noch ganz niedlich ist). Treffen Sie stolze fette Chicks, und schauen Sie, wie die ihr Leben ungehemmt leben. Stellen Sie Leute zur Rede, die andere als fett beschimpfen. Nehmen Sie dem nächsten Troll den Wind aus den Segeln, indem Sie das F-Wort als Kompliment nehmen. Nennen Sie aber andere Menschen erst dann fett, wenn Sie wissen, dass diese damit umgehen können – die meisten wissen noch gar nicht, wie toll fett sein kann. Kommen Sie mit sich selbst ins Reine, und erobern Sie sich mit einem Wort ein Stück Macht zurück.

Ich sage es noch mal: »Fett« ist kein Schimpfwort, es beschreibt einfach eine Figur. Es sollte nicht negativer besetzt sein als »brünett« oder »blauäugig«, und es sollte definitiv nicht die Macht haben, Ihr gesamtes Selbstwertgefühl zu zerstören und nur noch Angst vor dem eigenen Körper zu hinterlassen.

Endlich schlank —
für nur 29,99 im Monat!
Die Industrie, die unser mieses Körperbild produziert

»Stellen Sie sich vor, wie viele Industrien pleitegingen, wenn die Frauen morgen früh aufwachten und beschlössen, ihren Körper zu mögen.«

– Dr. Gail Dines

»Diäten sind das Heilmittel, das bei der Krankheit nicht wirkt, die nicht existiert.«

– The Fat Underground

Die Erste

Ich erinnere mich gut an meine erste Diät. Es war etwa die Zeit, in der die Mädchen sich in der Schule in einem separaten Raum für den Sportunterricht umzuziehen begannen. Einige von uns trugen bereits BHs, die nichts hielten außer einem anschwellenden Gefühl des Stolzes, gemischt mit ein bisschen Angst. Ich hatte schon lange gemerkt, dass mein Körper anders war, aber die anderen schienen sich ihres Körpers gar nicht bewusst zu sein. Sie liefen, sprangen und spielten und redeten in der Pause mit Jungs, als verschwendeten sie keinen Gedanken an ihren Körper. Ich dachte bereits die meiste Zeit an meinen Körper.

Jedes Mal, wenn wir im Schneidersitz saßen, starrte ich auf meine angehobenen Schenkel, damit sie sich ja nicht auf dem Boden ausbreiteten wie Teig, der über die Kuchenform quillt. Ich hatte im Unterricht die Haltung einer Heiligen, darauf achtend, dass mein Bauch eingezogen war und nicht gegen mein blau-weißes Schulkleid drückte, wenn ich mich entspannte. Ich habe heute vergessen, wie sich das anfühlt, wenn man jeden Moment ab dem Verlassen des Hauses bis zur Heimkehr fest entschlossen den Bauch einzieht. Fester, wenn man jemandes Blicke spürt, noch fester, wenn man den Auslöser einer Kamera hört, mit erstarrtem Lächeln, bis man endlich wieder einatmen darf. Sollten Sie sich gerade beim Lesen anspannen, damit bloß nichts raushängt … bitte atmen Sie. Lassen Sie los, machen Sie es sich bequem. Es ist nichts verkehrt an Ihrem nicht eingezogenen Bauch!

Ich war ein aktives Kind und bewegte mich viel aus Spaß, bevor die gefürchteten Gedanken an die Kalorien kamen und alles ruinierten. Ich war im Netball-Team, in der Fußballmannschaft, im Tanzkurs und verbrachte den Sommer mit Sport (ich begeisterte mich in einem Jahr für Softball und ließ es genauso schnell wieder bleiben, als der Junge, den ich mochte, sagte, ich sei »gut für ein dickes Mädchen«). Nach der Schule fuhr ich stundenlang mit einem Mädchen aus der Nachbarschaft mit dem Fahrrad unsere steile Straße auf und ab. Ich hatte einen älteren Bruder, der seine Ringergriffe üben musste, was gelegentlich in Tränen endete und einmal damit, dass er sich den Daumen brach – Sie können sich meine Scham darüber vorstellen, dass ich fett genug war, einen Daumen zu brechen, indem ich mich einfach nur draufsetzte.

Dabei war ich nicht wirklich fett. Kein vernünftiger Erwachsener hätte bei meinem Anblick von »Kinderfettleibigkeit« gesprochen und mir den Nachtisch verboten. Ich trug Kleidergröße 140, während meine Freundinnen meist 128–134 trugen. Ich war vielleicht zehn Pfund schwerer als sie. Ich hatte ein rundes Gesicht und kräftige Glieder und die Art Babyspeck, den Erwachsene niedlich finden und den ich sehnlichst zum Teufel wünschte. Denn in meiner Kinderwelt war ich fett.

Es ist erschreckend, wie verzerrt ein kindliches Körperbild

selbst angesichts fremder Körper sein kann. Ich liebte es, nachmittags *Sabrina – Total verhext!* zu schauen und mir auszumalen, wie ich meine Magie fand (Sie dürfen dreimal raten, was mein erster Zauberspruch gewesen wäre). Hilda und Zelda, die beiden Tanten in der Serie, sind perfekte Beispiele dafür, wie verkorkst meine Vorstellungen waren. Zelda war für mich immer die Normale und Schöne, und Hilda war die Fette. Ich habe mir vor einigen Jahren das Box-Set der Serie gekauft und mit meiner besten Freundin alle Folgen noch einmal geschaut. Heute sehe ich, dass Zelda mit vielleicht 50 Kilo tatsächlich extrem dünn war, während Hilda schlicht eine kurvenreiche Frau war, vermutlich noch nicht einmal eine Plus-Größe hatte. Mir aber kam sie gigantisch vor.

Kürzlich geriet Mattel in die Schlagzeilen, als sie die Barbiepuppe nach jahrzehntelangen Vorwürfen, ihre unrealistischen Maße sendeten eine gefährliche Botschaft an junge Mädchen, überarbeiteten. Sie präsentierten stolz die neuen Barbies in verschiedenen Hautfarben und diversen Körperformen: groß, zierlich und kurvig. Auch wenn die Vorstellung einer kurvigen Barbie für diejenigen Frauen, die in Anbetracht von Barbies Perfektion mit Minderwertigkeitsgefühlen aufgewachsen waren, aufregend war, achtete Mattel darauf, die Grenzen des Schönheitsideals nicht zu weit zu strapazieren. Curvy Barbie hat vollere Waden, keine Thigh Gap, einen sehr milde gewölbten Unterbauch, breitere Hüften und Arme mit einer Spur mehr Fleisch daran. Auf Lebensgröße aufgeblasen, trüge sie immer noch Kleidergröße 32/34[1], während die Original-Barbie Größe 30 tragen würde. Hey, das ist doch schon mal ein Fortschritt.

Und was sagten junge Mädchen zu dieser realistischeren Modeikone im Spielzimmer? »Hallo, ich bin eine fette Frau, fett, fett, fett!«, singt eine Sechsjährige beim Spielen. Eine andere buchstabiert »F-E-T-T«, um Barbies Gefühle nicht zu verletzen. Als die Erwachsenen aus dem Zimmer sind, ziehen die Mädchen Curvy Barbie aus und lachen über sie.[2] Das zeigt, wie glaubhaft es ist, dass ich mich mit meinen paar Zusatzpfunden wie ein Wal fühlte. Eine Größe 36 mit Sanduhrfigur ist dick genug, dass sechsjährige Mädchen sie auslachen und verachten. Wenn das nicht krank ist, dann weiß ich auch nicht.

Da war ich also, zehn Jahre und pummelig. In diesem Jahr habe ich mich auch verliebt. Er trug verschiedenfarbig grüne Socken und hüpfte wie ein Frosch über die Schulflure – mit zehn Jahren der absolute Kracher. Mir war klar, dass ich ihm meine Gefühle nie offenbaren würde, wo er doch all meine großen, dünnen Freundinnen mit Pferdeschwänzen und strahlend blauen Augen zur Auswahl hatte.

Wenn ich die wunderschöne, dünne Version meiner selbst werden sollte, die ich mir immer erträumt hatte, musste ich dringend anfangen, daran zu arbeiten. Ich wusste bereits alles über Diäten, hatte genügend »Nehmen Sie zehn Pfund in einer Woche ab«-Artikel in Magazinen gelesen, genügend Werbespots für Diätpulver gesehen und den Gesprächen der Mütter vor der Schule gelauscht. So verkündete ich meiner Mutter eines Tages, dass ich ab jetzt »gesund leben« wollte. Ich wusste, dass es eine Diät war, aber das sollte sie nicht wissen, denn dann hätte ich über meinen Körper sprechen müssen und warum ich ihn so hasse. Dies waren die Regeln des »gesunden Lebens«:

○ KEINE Schokolade
○ KEINE Chips
○ KEINE Kekse oder Kuchen
○ Nur Obst oder kalorienarme Müsliriegel als Snack
○ Kleinere Portionen
○ Mehr laufen
○ Jeden Tag wiegen

Als ich beschloss, mir alle meine Lieblingsspeisen zu versagen, meinte ich das todernst. Ich rationierte sie nicht nur, ich verbannte sie aus meinem Leben. Wenn es »fett machte« (d. h. viele Kalorien, viel Fett, lecker), musste es weg. Das ist ein ernsthaftes Warnzeichen, liebe Eltern. Das war die gleiche

Alles-oder-nichts-Haltung, die dazu führte, dass ich binnen einem Jahr das Mittagessen ausließ, nach zwei Jahren nur noch Frühstücksflocken zu Abend aß und mich nach drei Jahren zwang, jeden Abend Hunderte Sit-ups zu machen, bevor ich mir erlaubte, etwas zu essen. Nach vier Jahren war ich magersüchtig.

Mein erster Diätversuch war erfolgreich. Ich verlor etwas von meinem Babyspeck, und meine Mutter konnte mich davon überzeugen, dass das nun reichte. Ich gab meine grimmige Kalorienzählerei eine Zeit lang auf, aber mein Verhältnis zum Essen war nachhaltig gestört. Ich wusste ja jetzt, wie es geht, welche Lebensmittel fett machen und welche nicht. Ich wusste, dass ich verzichten konnte, wenn ich nur wollte, und ich wusste, wie sich Hunger anfühlt.

Das Diäthungern macht süchtig. Man wird schnell abhängig davon, von der Hoffnung statt von Nahrung zu leben. Die Willenskraft der Verweigerung lässt einen sich unbesiegbar fühlen und vermittelt ein unvergleichliches Gefühl der Selbstbestimmung. An jedem Abend, an dem ich mit halb leerem Magen ins Bett ging, fütterte ich mich mit Träumen, wie toll alles wäre, sobald ich nur dünn war. Ich verdrängte, dass der Sportunterricht ohne die Energie der Kalorien plötzlich anstrengender wurde, und überging die verwirrten Blicke meiner Freundinnen, wenn ich ein Stück Geburtstagstorte ablehnte. Ich ignorierte die deutlichen Anzeichen einer beginnenden Manie. Tschüss, Kindheit. Ich tat, was ich tun musste, was Frauen tun: den Hunger verdrängen, das Aussehen über alles andere stellen und alles dafür tun, dass man jeden Tag ein Stück schlanker wird.

Es dauerte nicht lange, dann bat ich meine Mutter wieder, die Butter auf den Sandwiches wegzulassen, und verbannte mehr und mehr Lebensmittel von meinem Speiseplan. Als bei mir die Anorexie einsetzte, hatte ich bereits Kleidergröße 36. Meine Oma schickte mir Klamotten, die zwei Nummern zu groß waren, und wünschte sich, dass ich mal ein bisschen zulegte. Aber ich würde für niemanden mehr zunehmen. Alles, was ich im Spiegel sah, war, was ich noch alles loswerden musste. Dann ging es sehr schnell. Man müsste eigentlich annehmen, dass mein Hungern bis beinahe zum Tod meine Sicht auf meinen Körper und auf Diäten verändert hätte. Hat es aber nicht, die Diät war meine Religion. Dass ich beinahe gestorben wäre, änderte daran nichts.

In den Jahren nach meiner angeblichen »Gesundung« versuchte ich alles, um wieder abzunehmen. Ich hungerte bis zur nächsten Fressattacke, lebte nur von Obst bis zur nächsten Fressattacke und ließ die Kohlenhydrate weg bis zur nächsten Fressattacke. Ich ließ Fett und Eiweiß weg. Ich versuchte, nicht vor 18 Uhr und nicht nach 18 Uhr zu essen. Ich versuchte Intervallfasten. Ich versuchte Clean Eating und machte drei Stunden Sport am Tag. Ich ging zu Abnehmgruppen und probierte Proteinshakes. Ich trank Saft und nahm Abführmittel. Ich schluckte Diätpillen und testete Hypnose. Alles endete in Fressattacken, und ich hasste mich noch mehr für die Pfunde, die gnadenlos wiederkamen.

Leute versuchen mir immer noch einzureden, ich hätte nur die falsche Diät gemacht. Dass ich selbst als geheilte Magersüchtige weitermachen und den dünnen Traum verfolgen soll, der mich mit zehn Jahren nachts wach hielt und ins Krankenhausbett brachte. Aber wissen Sie was? Ich werde nie wieder Diät halten, weil Diäten Mist sind. Wir alle wissen das, egal, wie sehr wir versuchen, uns vom Gegenteil zu überzeugen. Diäten machen unglücklich und hungrig, geben uns das Gefühl des Versagens, wenn wir sie nicht durchhalten (Achtung, Spoiler: Es ist nicht Ihre Schuld, wenn Sie nicht durchhalten). Ich hoffe, dass Sie sich am Ende dieses Kapitels auch vom Zu-Tode-Hungern verabschieden können, aber zuerst müssen wir uns das Diätland ansehen. Halten Sie sich fest, und legen Sie sich ein paar Snacks bereit.

Diätkultur

Wäre ich eine Body-Positivity-Superheldin, die andere vor dem Selbsthass rettet, wäre die Diätkultur meine böse Nemesis (ihr Kostüm bestünde aus Maßbändern und Tränen und meines natürlich aus goldenem Spandex). Ich würde alle Abnehmfirmen zerstören, die Milliarden damit verdienen, Frauen einzureden, dass sie nicht gut genug sind. Ich würde Diätpillen und Saftkuren verbieten. Ich würde den Begriff »Bikinifigur« verbieten und stattdessen den Sommer zur Jahreszeit der Selbstliebe erklären. Und ich würde natürlich supersüß dabei aussehen.

2013 machten 29 Millionen Briten[3] und fast 116 Millionen Amerikaner[4] eine Diät – das sind jeweils 55 Prozent der erwachsenen Bevölkerung. Über die Hälfte von uns versagt sich regelmäßig das Essen, um abzunehmen. Wir haben über die Jahre zahlreiche Methoden entwickelt, vom Verzicht auf ganze Lebensmittelgruppen, wie Fette und Kohlenhydrate, bis hin zur kompletten Verweigerung der Nahrungsaufnahme.

Wir sind als Gesellschaft von Diäten besessen, und das schadet unserer Gesundheit, unserem Wohlbefinden und unserer Zufriedenheit (ironischerweise aber nicht unserem Gewicht). Selbst wenn uns das auffällt und wir der Abnehmindustrie stolz den Rücken kehren, können wir kaum dem Bombardement der Botschaften entgehen, unsere Körper seien makelbehaftet und müssten durch Abnehmen repariert werden. Die Diätkultur ist allgegenwärtig, und wenn man drinsteckt, erkennt man noch nicht einmal das Problem.

Was genau ist also diese Diätkultur? Sie ist die Summe all der Dinge, die uns so verzweifelt zum Abnehmen anstiften. Anzeigen, Artikel, Fernsehserien und Testimonials, die Glück durch Abnehmen propagieren, sind alles Teile dieser Kultur. Dank der Diätkultur glauben wir, dass Abnehmen das Wichtigste auf der Welt ist (33 000 Frauen erzählten dem Magazin *Glamour,* dass sie lieber 10 bis 15 Pfund abnehmen würden, als irgendein anderes

Ziel im Leben zu erreichen[5]). Dank der Diätkultur kann man nirgendwohin gehen, ohne geflüsterte Gespräche über zu- oder abgelegte Pfunde zu hören oder vor riesige Plakate zu laufen, die Werbung für Dinge machen, die einem die Traumfigur versprechen.

Dank der Diätkultur kann man sich nicht bei den sozialen Medien einloggen, ohne Banner mit »perfekten« Figuren zu sehen, die einem ihr »Geheimnis« verraten wollen. Als ich kürzlich die Sterblichkeitsraten verschiedener Essstörungen recherchierte, tauchte beinahe sofort eine Werbung auf, die versprach, mir zu offenbaren, wie ich schnell abnehmen und einen perfekten Bauch bekommen könnte. Da ist sie wieder, die Diätkultur. Sie ist der Katalysator für viele Essstörungen, indem sie uns lehrt zu hungern (»Schlagen Sie das Verlangen!«), sich vollzustopfen (»Genusstag!«) und abzunehmen (»Schwitzen Sie Ihr Fett weg!«).

Die Diätkultur besteht aus gefährlichen Detox-Kuren, flüssigen Fastenkuren, giftigen Pillen und »Zaubertränken«. Es geht um Fitnesswahn und Selbsthass als Motivation. Die Diätkultur lehrt uns, unseren Wert auf messbaren Kriterien zu gründen. Es geht darum, sich auf 50 verschiedene Weisen zu Tode zu hungern. Wegen der Diätkultur beginnen Mädchen im Durchschnitt mit acht Jahren ihre erste Diät.[6] Mit ACHT!

Das ist schon so tief verankert, dass wir es noch nicht einmal bemerken, es nicht infrage stellen. Dank der Diätkultur hassen wir unseren Körper. Nicht etwa, weil er unrettbar mangelhaft ist, nicht etwa, weil es ein unumstößliches Schönheitsgesetz gibt, sondern weil man es uns so beibringt. Die Kultur, in der wir leben, lehrt uns, unseren Körper zu hassen. Sie hat über die Hälfte von uns davon überzeugt, dass es lohnenswert und wichtig ist abzunehmen.

Wie es dazu gekommen ist, ist schnell erklärt: Menschen haben erkannt, dass sie sehr viel Geld damit machen können, wenn wir unseren Körper als Problem sehen und sie uns dann die Lösung verkaufen.

Die Abnehmindustrie ist eines der größten und übelsten Geschäfte der Welt. Sie generiert ein konstantes Einkommen daraus, uns jede Saison auf neue Weise dazu zu bringen, uns zu hassen. Was vor über 100 Jahren mit einer harmlosen kleinen Zeitungsanzeige für eine »Reduktionscreme« begann, ist zusammen mit unserer Verunsicherung zu einem unfassbar profitablen Geschäftsmodell herangewachsen. 1990 schrieb Naomi Wolf: »Diäten sind die Essenz der heutigen Weiblichkeit.« Damals war die US-amerikanische Diätindustrie 33 Milliarden Dollar schwer. 2013 gaben Amerikaner 60 Milliarden Dollar für Schlankheitsprodukte aus[7], und die Marktforschung sagt voraus, dass die Industrie im Jahr 2019 mehr als 200 Milliarden Dollar wert sein wird[8].

WENIGER! WENIGER! NOCH WENIGER!

Vor dem Boom der Diätindustrie im frühen 20. Jahrhundert war die Einschränkung der Nahrungsaufnahme meist religiös motiviert. Ein berühmter Diät-Guru der 1830er war Sylvester Graham (das ist der mit dem Brot und den Crackern). Graham war ein presbyterianischer Prediger, der seine Gemeinde vor Völlerei und sexuellen Begierden retten wollte, indem er das Essen so langweilig wie möglich machte. Alles musste fade sein, also ohne Fleisch, Soßen, Alkohol, Tee, Kaffee, Pfeffer oder Senf.

Die Leute strömten zusammen, um Graham über die Bedeutung einer Ernährungsumstellung und den Einfluss der Ernährung auf den moralischen Wert eines Menschen predigen zu hören (klingt vertraut, oder?). Graham machte zahllose Menschen zu strenggläubigen Grahamiten und erfand seine extrafaden Vollkorn-Cracker. Nach einer Weile merkten die Leute aber, dass seine Diät sie schwach statt stark machte. Graham bekam den Spitznamen »Dr. Sägemehl«, und sein Stern sank. Ich stelle mir gern vor, dass die Menschen danach wieder zu so viel Senf und Sex zurückkehrten, wie sie mochten.

Eine weitere beliebte Diät des frühen 19. Jahrhunderts geht

auf Lord Byron zurück, den bekannten romantischen Dichter und Frauenhelden. Da viele berühmte Dichter und Persönlichkeiten dieser Ära an Tuberkulose litten, wurde krankhaft dünn zu sein der Mode-Look. Byron empfahl Essig zum Abnehmen (kein Witz), den er pur trank und zum Essen mit Kartoffeln auftunkte.

Er war wohl für mehr als nur ein paar verkorkste Selbstbilder unter seinen jungen weiblichen Fans verantwortlich, indem er schrieb: »Man sollte eine Frau niemals essen oder trinken sehen, es sei denn Hummersalat und Champagner.« Nichts anderes war ihm zart oder fein genug für die Öffentlichkeit. Ladys, wenn ihr das nächste Mal beim Essen in der Öffentlichkeit unsicher seid, betrachtet es einfach als dicken Stinkefinger an den alten Byron und jeden anderen sexistischen Idioten, der glaubt, man sollte Frauen nicht essen sehen.

Dann war da noch Horace Fletcher, auch bekannt als »Das große Mahlwerk«, der darauf bestand, jeden Bissen mindestens 100 Mal zu kauen, bis er verflüssigt war. Alles verbliebene Feste musste man ausspucken. Er wurde mit seinem Diätplan zu einem Millionär der Diätindustrie.

Es kamen die Goldenen Zwanziger und die Geburt der Diätindustrie, wie wir sie heute kennen. Die Kleider wurden kürzer, die perfekte Figur dünner, und die Industrie boomte. Frauen hatten Geld und gaben es gern für ihr Aussehen aus. Laura Fraser schreibt dazu: »In den 1920ern fanden die Werbeagenturen ein Problem, das sichtbar genug war, dass Frauen sich dessen schämen konnten, schwierig genug war, um den Kauf vieler verschiedener Produkte zu erfordern, und vor allem niemals verschwinden würde: Fett.«[9]

Anzeigen für Abnehmprodukte und Heilmittel gegen Fettleibigkeit folgten, vom Vibrator gegen Fettzellen über Badesalze bis hin zu Seifen, die die Pfunde schmelzen ließen. Es gab Massagebürsten und -gurte, gefährliche Diätpillen und mit Abführmittel versetzten Kaugummi. Abnehmlieder und Diätbücher befeuerten den Abnehmwahn, der bis heute grassiert.

1918 empfahl Dr. Lulu Hunt Peters, maximal 1200 Kalorien am Tag zu essen und Lebensmittel nur noch anhand ihres Kaloriengehalts zu bezeichnen. Ich frage mich, ob sie wusste, welchen Wahnsinn sie damit auslöste.

Die 18-Tage-Hollywood-Diät schrieb sogar nur 600 Kalorien am Tag vor und war so populär, dass selbst Restaurants ihre Speisekarten danach ausrichteten. Die Zitrusfrucht-Industrie boomte, als der Grapefruit-Tag die USA im Sturm eroberte. Wenn das alles nicht half, konnte man immer noch zur Lucky Strike statt zum Bonbon greifen, wie die Werbeplakate verkündeten. Zigaretten sind übrigens immer noch die beliebtesten Appetitzügler.

1918 prägte die *Vogue* nachhaltig das Denken imagebewusster Frauen in aller Welt: »Es gibt ein unverzeihliches Verbrechen gegen die Ästhetik der Schönheit, und es ist besser, eine ganze Reihe von Bagatelldelikten zu begehen, als sich des Fettwerdens schuldig zu machen.«[10]

Als Frauen das Stimmrecht erhielten und neue Verhütungsmittel verfügbar wurden, waren sie politisch und sexuell befreiter denn je zuvor. Diese Freiheit stellte sich als Trugschluss heraus, denn jetzt wurden ihre Körper von Regeln beherrscht, die sie viel stärker einengten als die, die sie gerade abgestreift hatten. Sie konnten tun, was sie wollten, solange sie genug Zeit, Energie und Geld in die perfekte Figur investierten. Die »Flapper« der 1920er waren auch die erste Generation, die Bulimie als Schlankheitsstrategie betrachteten.[11]

In den 1930ern und -40ern hatten die Menschen dank Wirtschaftskrise und Krieg andere Sorgen als ihre Taillenweite, und die Diätindustrie musste Verluste verzeichnen. Sie erholte sich aber in den 1950ern, als Frauenmagazine sich in Abnehmhandbücher verwandelten und ihre Leserinnen mit »inspirierenden« Vorher-nachher-Geschichten bombardierten, bei denen die Grenzen zwischen gekaufter Werbung und redaktionellem Text zunehmend verschwammen, zumal der Platz zwischen den Artikeln mit Werbung für Diätprodukte zugepflastert wurde.

Die Werbung wusste, dass sie den Frauen auf Dauer das ewig gleiche Bild hausfraulicher Zufriedenheit nicht verkaufen konnte, sie brauchte einen neuen Goldesel, den Frauen einfach nicht ignorieren konnten. Da kam das Schlanksein gerade richtig. Es ist geradezu genial: Man sättigt die Medien mit der Idealfigur, überzeugt Frauen davon, dass sie nur mit dieser Figur glücklich sein können, und verkauft ihnen die notwendigen Produkte, um diese Figur zu erzielen. Wenn die Produkte nicht wirken, sagt man den Frauen, dass es ihre Schuld sei, dass sie nicht genug Willenskraft aufbringen, und verkauft ihnen mehr Produkte.

Sobald die ersten Frauen die Idealfigur erzielen, ändert man einfach das Ideal, sodass sie neue Produkte kaufen müssen (die nicht wirken), um das Unmögliche zu erreichen. Sie fahren das Geld in der Schubkarre nach Hause, und wir müssen mit einem zerstörten Selbstbewusstsein, leeren Konten, verschwendeten Jahren und nutzlosen Produkten leben. Und immer noch geben wir uns selbst die Schuld, statt die Manipulation zu erkennen. Das ganze System beruht auf der einen großen Lüge, dass man eine bestimmte Figur braucht, um glücklich zu werden. Wir fallen immer wieder darauf herein.

Nach den 1950ern war die Diätindustrie ein Selbstläufer. Die Wundermittelchen wurden ebenso wie Hochglanzmagazine, die all die Lotionen, Hilfsmittel und Pillen verkauften, immer mehr. Dank des in jedem Wohnzimmer vorhandenen Fernsehers konnten die Diätunternehmen ihre Produkte verkaufen, ohne dass die Kundinnen vom Sofa aufstehen mussten. Man schrieb einfach eine Postkarte und bekam das neueste Wundermittel ins Haus geliefert.

In den 1950er-Jahren tauchte die erste Diätgruppe auf. Gründerin Esther Manz war von den Anonymen Alkoholikern inspiriert und rekrutierte drei Freundinnen, mit denen sie sich wöchentlich in einer Atmosphäre »organisierter Willenskraft mit einem Zuckerguss aus Spaß und Entspannung« traf.[12] Die Atmosphäre war so entspannt, dass diejenige, die zunahm, ausgebuht wurde, ein Pappschwein angeheftet bekam und ein Lied singen musste, was für ein verfressenes Schwein sie war.

Unter schillernden Namen tauchten bald überall in den USA Ableger auf. Erstaunlicherweise hielt Manz die Organisation gemeinnützig – wie andere auch. Aber dann kam der Diätindustriegigant:

Jean Nidetch gründete Weight Watchers 1963 mit einem Diätplan aus einer Diätklinik und verlangte von den Hausfrauen der Umgebung ein Honorar für wöchentliche Sitzungen in ihrem Wohnzimmer. 1970 nahm Weight Watchers acht Millionen US-Dollar[13] ein, und das war erst der Anfang. 1978 kaufte H. J. Heinz das Unternehmen für 71 Millionen US-Dollar und verkaufte es 1999 an Invus. 2013 hatte Weight Watchers rund eine Million Mitglieder, und weltweit wurden wöchentlich 40 000 Sitzungen abgehalten. 2013 und 2014 gaben Kunden fünf Milliarden US-Dollar für Weight-Watchers-Produkte und -Services aus.[14] Menschen davon zu überzeugen, dass ihre

Körper nicht gut genug sind, ist zu einem der profitabelsten Geschäfte der Geschichte geworden.

Heute gibt es zahllose kommerzielle Diätanbieter, die versprechen, die Pfunde wegzuschmelzen. Oder man folgt einfach dem nächsten Abnehmtrend, der das Land erfasst – so erlebte die Atkins-Diät 2016 ein Comeback, nachdem Kim Kardashian die Low-Carb-Methode für ihren Gewichtsverlust nach der Schwangerschaft verantwortlich machte. 2013 war die Intervalldiät der erfolgreichste Trend in Großbritannien, 39 Prozent Diätwillige testeten sie. Im Buchladen um die Ecke finden Sie bestimmt schon den nächsten Trend, ob Dukan-, Paleo-, Cambridge-, South-Beach- oder Beverly-Hills-Diät, Alkaline-, GenoTyp-, frutarische, Rohkost-, mediterrane oder makrobiotische Ernährung.

Sie können sich Diätmahlzeiten liefern lassen oder mit Saftfasten oder Trinkkuren ganz aufs Essen verzichten. Es gibt Pillen, die angeblich den Appetit zügeln, den Stoffwechsel anregen oder verhindern, dass der Körper Fett aus der Nahrung aufnimmt – mit oder ohne Rezept oder von unzähligen, nicht reglementierten Websites. Auch Schlangenöl, Hüfttrainer, Detox-Tees, Body Wraps, Cellulite-Cremes und Bauchmuskeltrainer können Sie per Post oder Internet ordern.

Hundert Jahre und Milliarden Euro später scheinen wir eines immer noch nicht zu begreifen: Wenn es eine todsichere Abnehmmethode gäbe, gäbe es nur noch diese eine, und wir wären inzwischen alle dünn. Stattdessen haben wir das Credo der Diätkultur verinnerlicht. Wir glauben, dass wir bei der Diät versagt haben, statt zu erkennen, dass die Diät versagt hat, uns hängen ließ. So funktioniert die Diätindustrie seit ihren Anfängen, seitdem sie von unserer Unsicherheit profitiert.

Es ist Zeit zu erkennen, dass wir die Opfer einer »milliardenschweren Gehirnwäsche« sind, wie Terry Poulton in *No Fat Chicks* sagt. Das »gesamte Phänomen Diät dreht sich nicht um Schönheit, sondern darum, wie viel wir bereit sind auszugeben, um dünn zu sein«. Wir werden täglich von einer Industrie manipuliert, die Milliarden einfährt, während wir weinend auf der Waage stehen. Ich weiß ja nicht, wie es Ihnen geht, aber ich habe genug von den Lügen.

WIE VIEL HAST DU DIESE WOCHE ABGENOMMEN?

Es war Zeit. Ich hatte es allein versucht, immer und immer wieder, auf jede erdenkliche Weise, und war gescheitert. Ich war eine Versagerin. Mein Appetit ließ sich einfach nicht zügeln. Es war Zeit, einer höheren Macht zu folgen, mich der Gemeinde der Sünder anzuschließen und der Diätbibel zu huldigen. Es war Zeit für eine Diätgruppe.

Ich stieg die knarzenden Stufen des örtlichen CVJM hinauf, und mein leerer Magen krampfte sich vor Angst zusammen. Ich hungerte schon seit ein paar Tagen, um nicht vor Scham zu sterben, wenn ich vor den anderen auf die Waage musste. Ich hatte mich geschminkt und gestylt, wollte verzweifelt, dass die Menschen dort mich schön fanden, denn dann wäre ich zumindest das mollige Mädchen mit dem hübschen Gesicht. Oben angekommen, war ich in Angstschweiß gebadet. Ich wartete, bis mein Gesicht wieder trocken war und mein Atem sich beruhigte – wie fürchterlich, wenn man mich für so unfit hielte, dass ich auf der Treppe außer Atem geriet. Dann ging ich hinein.

Im Raum waren rund 30 andere Frauen und ein Mann, manche fett, ein paar dünn, die meisten irgendwo dazwischen. Kleine Gruppen unterhielten sich angeregt, und an der Rückwand reihte sich eine Schlange, an deren Ende ich die Waage entdeckte. Rechts hieß ein Schild Neuankömmlinge willkommen. Ein Klumpen künstliches Fett auf dem Tisch sollte uns einschüchtern und zur Unterschrift bewegen.

Außer mir waren zwei andere neue Mitglieder da. Steif vor Entsetzen starrten wir auf den Fettklumpen und fragten uns, wie viel des gallertartigen Grauens wir wohl mit uns rumschleppten. Bald kam jemand, der uns alles erklärte (ich kannte das alles, ich hatte die Diät allein ausprobiert und wieder zugenommen, dachte aber, es würde anders laufen, wenn ich zu den Sitzungen ginge). Wir mussten Formulare ausfüllen und erhielten glänzende Bücher und wöchentliche Essenstagebücher. Wir alle fingen hektisch an zu schreiben, und dann krampfte sich mein Magen endgültig zusammen.

»Kreuzen Sie hier an, falls bei Ihnen eine Essstörung wie Magersucht/Bulimie diagnostiziert wurde oder Sie Erfahrung mit Essstörungen haben.« Was sollte ich tun? Wenn ich die Wahrheit sagte, würden sie mich sicher rauswerfen. Jemand würde mir erklären, dass ich nicht wieder abnehmen dürfe, dass ich auf ewig fett bleiben müsse. Kreuzte ich nicht an und sie fanden es heraus, steckte ich noch tiefer in der Klemme. Als die Frau neben mir offensichtlich ein Kreuz machte, entschied ich mich, ehrlich zu sein.

Es stellte sich heraus, dass es keine Rolle spielte. Niemand fragte danach, niemand sprach darüber, als mein Essenstagebuch immer weniger Einträge hatte oder ich der Gruppe von meinen 18 Stunden Sport pro Woche erzählte. Ich erntete nur Lob und Bewunderung. Niemand schaute erstaunt, dass ich von meinem niedrigen Gewichtsziel nicht abweichen wollte und viel weniger von den erlaubten »Leckerbissen« aß. Ich rutschte wieder in die typischen Verhaltensweisen einer Essgestörten ab, aber da ich 50 Pfund zu verlieren hatte, fiel das niemandem auf. Ich war eben sehr zielstrebig.

Jahre später sagte mir jemand, es sei nicht der Fehler eines Diätanbieters, wenn einer der Teilnehmer Essstörungen entwickle. Ich antwortete, dass es ziemlich verabscheuenswürdig sei, wenn ein behandelter Magersüchtiger, der dies auch angibt, in gefährliche Selbstbeschränkung und Sportsucht zurückfalle, ohne dass dies wochenlang infrage gestellt würde, der Diätanbieter dann aber jede Verantwortung von sich weise.

Nach ein paar Monaten kam ich mit der Hälfte der empfohlenen Nahrungsmenge aus und hörte auf, zu den Treffen zu gehen. Die Portionen wurden kleiner, die Work-outs länger, die Kilos fielen und fielen. In dem Sommer erreichte ich schließlich mein Ziel von 59 Kilo, trank mittags einen Diät-Shake und aß nicht mehr als 1000 Kalorien am Tag. Also erkor ich 50 Kilo zu meinem neuen Zielgewicht. Ich wollte so dünn werden, dass mich die Leute nicht wiedererkennen würden. Glücklicherweise wurde es kein totaler Rückfall, denn ich stolperte über Body Positivity. Aber ich will nicht vorgreifen.

Nachdem ich also mein Kreuz gemacht und mein Formular zitternd abgegeben hatte, war es Zeit für die Messung des Startgewichts. Wir alle wussten, dass dieses Gewicht irgendwann auf unserem Vorher-nachher-Bild prangen würde. Die Leute würden staunend sagen: »Ich kann nicht glauben, dass sie so schwer war, so, wie sie jetzt aussieht!« Es würde das Gewicht aus einem früheren Leben sein, das nie wiederkam. Diese Bilder trieben uns, mit schweißnassen Händen und nervösem Lächeln, voran.

Die Frau an der Waage hatte eine Drahtgestellbrille und aschgraues Haar, sie wirkte sanft und nett. Sie war für den erschreckendsten Teil des Treffens verantwortlich, weil sie am wenigsten bedrohlich wirkte. Vor mir in der Reihe legten Frauen ihre Kleidung ab – Jacken, Schuhe, bis vielleicht auf ein dünnes Sommerkleidchen einfach alles, und das, obwohl wir noch kalte Frühlingstage hatten. Kleidung kann ja so viel wiegen, wie wir alle wussten. Bevor ich zum Treffen aufgebrochen war, hatte ich all meine Leggins zu Hause in der Hand gewogen, welche wohl die leichteste war.

Der Moment war gekommen. Ich trat auf die Waage. Vor meinem inneren Auge war ich wieder in dem blauen Raum mit dem Mann im Anzug, der mir Woche für Woche sagte, dass ich mehr auf der Waage brauche. Damals hatte ich drei Schichten Kleidung getragen, einen Nietengürtel unter zwei Pullis versteckt und Backgewichte in den Hosentaschen. Ich verdrängte die Erinnerung und sagte mir, das hier sei anders, ich sei anders. Alles würde gut sein, wenn ich erst abgenommen hätte. Das Gewicht erschien, und sofort fühlte ich eine tiefe Scham, denn ich war fetter, als ich befürchtet hatte, und nun wussten es sogar andere Menschen. Die freundliche Dame am Tisch musste meine Abscheu gesehen haben und versuchte mich zu trösten, indem sie sagte, sie wäre froh, wenn sie mein Gewicht hätte. Das war wenig hilfreich.

Ich nahm meinen Platz ein, begierig, mich in meinen neuen Lebensstil zu stürzen. Das war es: ein Lebensstil. Das wurde immer und immer wiederholt – es war ein Lebensstil, keine Diät. Andere Diätanbieter werben mit »Modell für gesundes Essen«, »sicherer, effektiver Gewichtsverlust, keine Tricks, kein Schnickschnack!«. Weight Watchers Australien lockt die Gemeinde der Jo-Jo-Effekt-Geschädigten mit: »Das Beste? Es ist keine Diät, Sie dürfen alles essen.« Mancher Anbieter geht sogar so weit, Diät zum D-Wort, also zum Schimpfwort zu erklären und zu behaupten, die Zeit des Zählens, des Verzichts und der Regeln sei vorbei.

Das ist eine schlaue Taktik, und wir fallen darauf rein. Die meisten Menschen wissen inzwischen, dass Radikalkuren nicht funktionieren. Wir sitzen lange genug im Diät-Karussell, um gelernt zu haben, dass extremes Fasten, Hungerkuren, Detox-Saftkuren und Wunderapparate, die einen Traumkörper versprechen, Schwachsinn sind. Trotzdem kaufen wir sie, denn Hoffnung ist stärker als Vernunft, wenn es um die perfekte Figur geht. Trotzdem kapieren immer mehr Menschen, dass diese Diäten nichts bringen. Bereits 1990 gab es in den USA eine Kongressanhörung zum Versagen und der Irreführung der Diätindustrie.[15]

Was machen also die Großverdiener der Diätindustrie, wenn man ihnen auf die Schliche kommt? »Wieso wir? Wir bieten keine Diät an. Diäten funktionieren nicht, das weiß man doch. Hier gibt's keine Diät. Wir bieten Lebensstilveränderung ... und, äh, Gesundheit! Keine Diät! Diäten sind böse!« Und die Menschen glauben ihnen. Ich habe es definitiv geglaubt, selbst noch, als schon alle Alarmglocken bei mir klingelten, dass sich das, was ich tat, ziemlich nach Diät anfühlte. Selbst noch, als ich abends kleine Käsewürfel auswog und die Punkte für Olivenöl addierte. Was für ein toller Lebensstil!

Wie also weiß man, dass man auf Diät ist? Das ist eigentlich ganz einfach. Wer seine tägliche Nahrungsaufnahme bewusst reduziert, um Gewicht zu verlieren, macht eine Diät – selbst wenn »man alles essen darf« und »kein kompliziertes Kalorienzählen« beteiligt ist. Und selbst wenn der Anbieter immer wieder betont, dass es sich nicht um eine Diät handelt. Wenn es einen Ernährungsplan anbietet, der Gewichtsverlust verspricht, ist es ein Diätunternehmen. Und wer sich an einen solchen Ernährungsplan hält, macht eine Diät.

In *Fat! So?* von Marilyn Wann gibt es das Kapitel »Wie man merkt, dass man auf Diät ist«. Die Checkliste enthält Aussagen wie »Wenn Sie der Gedanke beruhigt, dass Sie so viele Pilze essen können, wie Sie wollen, sind Sie auf Diät«, »Wenn Sie Ihr Sozialleben auf das abstimmen, was Sie essen können, sind Sie auf Diät« und natürlich »Wenn Sie je gesagt haben: ›Das ist keine Diät, das ist ein Lebensstil!‹, sind Sie auf Diät«. Natürlich gibt es eine Änderung der Lebensgewohnheiten mit dem Ziel, sich gesünder zu ernähren und mehr zu bewegen, doch wenn damit ein Zielgewicht verbunden ist, ist es eine Diät.

Der Trick ist, dass man beim Lebensstil glaubt, er funktioniere ein Leben lang. Das wird er auch, wenn man »funktionieren« so definiert, dass man den Lebensstil-Plan immer wieder nutzen muss, wenn man das Gewicht, das man zunächst abgenommen hat, wieder zugenommen hat. Für fast alle Teilnehmer der Diätgruppen, zu denen ich ging, war es nicht das erste Mal. Ein Mann in der Gruppe wog rund 136 Kilo, hatte zuvor aber schon einmal rund 45 Kilo abgenommen. Nun schwor er sich, dass diesmal alles anders laufen sollte.

Selbst die Gruppenleiterin war fett – sie erzählte offenherzig, wie sie rückfällig geworden war und 18 Kilo zugenommen hatte. Sie war aber sicher, sie – mit uns – wieder loszuwerden. Ich denke, es hat geklappt, aber inzwischen hat sie sie bestimmt auch wieder drauf. Denn so ist es gedacht! Diätanbieter sind Unternehmer. Würde jeder, der die Diät macht, so viel Gewicht verlieren, wie er wollte, und dann sein Gewicht halten, wäre das kein lukratives Geschäftsmodell, oder? Sonst würde Slimming World nicht jedem, der sein Zielgewicht erreicht und hält, eine lebenslange Mitgliedschaft schenken. Das tun sie nur, weil die wenigsten ihr Zielgewicht wirklich halten können.

Diätanbieter sind darauf angewiesen, dass ihre Kunden wiederkommen. Sie möchten Sie glauben lassen, dass Sie Ihr Zielgewicht erreichen und halten können, aber gewünscht ist das nicht. Weight Watchers haben erkannt, dass ihre Mitglieder »ein Muster wiederholter Teilnahme über mehrere Jahre zeigen«, und ein früherer Finanzchef des Unternehmens hat in einem Interview sogar gesagt: »Genau daher kommt ja das Geschäft.«[16]

Es gab eine Frau, die ihr Gewicht gehalten hatte. Sie war seit neun Jahren Mitglied auf Lebenszeit, hatte 14 Kilo abgenommen und das Gewicht erfolgreich gehalten. Jede Woche fragten wir sie nach ihrem Geheimnis, und sie antwortete: »Esst einfach nie die Dinge, die ihr essen wollt.« So hatte sie die Di… – den Lebensstil gewahrt. Wir alle lachten, als sei das ein Witz. Sie war das lebende Beispiel für das, was es bedeutet, Erfolg zu haben: sich jeden Tag, sein Leben lang, bei jedem Bissen zu kontrollieren. Eine Diät ist nichts, was man mal eben so schafft, es ist ein Vollzeitjob, ein Kampf gegen die natürlichen Instinkte des eigenen Körpers. Es ist eine Obsession.

Trotzdem glaubte ich, zu den fünf Prozent zu gehören. Stundenlang stöberte ich im Magazin des Anbieters, stellte mir vor, wie ich eines Tages den Titel zieren und auf all die anderen herabstrahlen würde, die sich weiter abrackerten, um ihre Pfunde zu verlieren. Überlegen, selbstsicher und von so vielen Menschen beneidet. Die Abnehm-Königin. Das Hungern machte aus mir eindeutig eine ziemliche Zicke.

Ich war eine hingebungsvolle Teilnehmerin, solange ich hinging. Ich lernte meine »Bibeltexte«, beichtete meine Sünden. Ich betete um dünne Erlösung und folgte unseren Anführern bedingungslos. Jede Woche ging ich hin, nahm meinen Platz im Kreis ein und erwartete mein Urteil. Ich weiß natürlich, wie viel Wert die Gruppen auf die Vertraulichkeit des Wiegeergebnisses legen, aber ein Urteil wird dennoch gefällt – ob nun durch den Gruppenleiter oder durch einen selbst.

Jeder im Kreis kommt dran. Sein Name wird aufgerufen, und dann wird entweder begeistert der Gewichtsverlust verkündet – gefolgt von Applaus –, oder es folgen herablassende Fragen: »Was ist passiert?«, »Keine so gute Woche, oder?« Ich krümmte mich vor Neid, wenn andere Mitglieder berichteten, wie sehr sie »gesündigt« hatten, und applaudierte, wenn sie trotzdem wundersamerweise 2,5 Kilo verloren hatten. Ich war die ideale Anhängerin. Ich vertraute auf die Diät, hing den »Predigern« an den Lippen und schwor, nächste Woche besser zu sein – immer nächste Woche.

Vermutlich ist Ihnen schon aufgefallen, wie sehr das nach Religion klingt – denn genau das ist es. Wir huldigen unseren Körperidolen, wir beten um Erlösung, wir opfern unsere Bedürfnisse, und wir glauben unerschütterlich an die Macht der Diät, die Macht des Dünnseins. Wir glauben so erbittert an unsere Abnehmträume, dass sie zu unserer neuen Religion geworden sind. Nirgends ist das so offensichtlich wie in Diätgruppen.

Die Kreise aus Plastikstühlen sind unsere Kirchenbänke. Der Gruppenleiter ist der Priester. Die Magazine und Kalorientabellen sind unsere Bibel. Die Waage ist unser Beichtstuhl. Auf dem Weg zur Beichte sagen wir unsere Gebete auf, wir gehen ein letztes Mal zur Toilette, um unsere Sünden zu vertuschen. Wir geloben, züchtig zu bleiben: Gelobten Frauen einst, sexuell rein zu bleiben, geloben wir, uns rein zu ernähren. Bei Versuchung halten wir den Mund statt der Beine geschlossen. Wir träumen von der Erlösung in unserem nächsten, unserem dünnen Leben, das uns von der Schande eines fetten, fresssüchtigen Körpers erlöst.

Das ist den Diätanbietern bewusst. Sie wissen um unsere religiöse Hingabe und dass sie an den Fäden unserer Schuld ziehen können. Ein Anbieter nennt »verbotene Nahrungsmittel« sogar »syns« (die Verballhornung von engl. *sins* – »Sünden«).

Denn mit Religion kommen eine Gemeinde und Gemeinschaftssinn, und das ist eins der besten Verkaufsargumente jeder Diätgruppe. Deshalb war ich so überzeugt, dass es diesmal klappen würde. Die anderen unterstützten mich, feuerten mich an. Ich war von Menschen umgeben, die verstanden. Schließlich ist Slimming World »der Klub, der sich kümmert«, und bei Lighter Life »fühlen Sie sich nie allein. – #WirVerstehen«.

Da es vermutlich wenige (wenn überhaupt) body-positive Orte gibt, wo Menschen sich treffen, um ihre Probleme mit ihrem Körperbild zu teilen und sich einander verbunden zu fühlen, wundert es kaum, dass Diätgruppen für viele der einzige Ort sind, der ihnen Gemeinschaft bietet. Nur bei den Diättreffen können wir öffentlich über unseren Kampf sprechen. Es ist traurig, dass die dort gebotene Hilfe sich nur darum dreht, wie wir unsere Körper ändern können, statt darum, wie wir die Kultur ändern können, die uns gelehrt hat, dass wir nicht genügen. Es ist traurig, dass wir nur da Gemeinschaft finden, wo man von unserem Selbsthass profitiert.

Besonders bei Frauen ist das Thema Körper und alles, was wir daran als falsch empfinden, tief verwurzelt. Als Naomi Wolf schrieb, dass »Diäten der Kern der modernen Weiblichkeit sind«, meinte sie nicht, dass Frauen häufig Diät halten. Sie meinte damit, dass Diäthalten, Unzufriedenheit mit dem eigenen Körper und ein gestörtes Verhältnis zum Essen eine zentrale Rolle in der Erfahrung von Frauen spielen. Sie bilden den Kern des Frauseins. Über diese Themen verschwestern wir uns, fühlen wir uns verbunden. Es ist schon ironisch, dass Diätgruppen uns den Raum dafür geben und uns gleichzeitig darüber belügen, warum wir diese Probleme überhaupt haben. Und auch wenn wir dort hingehen, um uns nicht allein zu fühlen und in unserem Selbsthass verstanden zu werden, haben wir eigentlich Besseres verdient.

Scham für unsere Körper sollte nicht die Basis eines Gemeinschaftsgefühls sein. Wir sollten uns nicht nur verbunden fühlen, weil wir Gewicht verlieren wollen. Im Café können wir uns mit anderen Frauen sofort darüber verständigen, wie »böse« dieser Kuchen aussieht oder dass wir diese Woche »brav« sein müssen. Wäre es nicht möglich, sich über den ungezwungenen Umgang mit Nahrung zu verschwestern? Wir machen einer Freundin ein Kompliment, und sie sagt wie erwartet: »Oh nein, ich seh fürchterlich aus, ich habe diese Woche schon zwei Pfund zugenommen.« Warum fühlen wir uns nicht über Selbstliebe verbunden? Warum müssen wir uns in Gemeindezentren treffen und unsere Unterdrücker bezahlen, um uns anerkannt, gesehen, gehört und verstanden zu fühlen? Warum können wir stattdessen nicht Treffen der Selbstwertsteigerung haben?

Als ich zu diesen wöchentlichen Treffen ging, fühlte ich mich als Teil einer Gemeinschaft, mit allem, was Diätgruppen einem versprechen: Lob, Aufmunterung, sogar Applaus für jedes Pfund auf dem richtigen Weg. Bei einer Frau stand das Gewicht aber plötzlich still. Sie muss um die 70 Jahre alt gewesen sein, und sie hielt sich sklavisch an den Ernährungsplan. Als ihr Körper beschloss, dass er sich mit diesem Gewicht zufriedengäbe, setzte man sie auf eine Blitzdiät, die dazu gedacht war, den Körper zum weiteren Abnehmen zu zwingen.

Wir sprechen von wenigen Kalorien, selbst Obst und Gemüse sind rationiert, und alles wird abgewogen und gemessen, um soundso viele Einheiten pro Tag zu erreichen. Der Plan ist so gestrickt, dass ihn Mitglieder, die ihn durchliefen, »Zwangsjacke« getauft haben. Eine 70-jährige Frau begab sich mental in diese Zwangsjacke, um dünn zu werden, und wir alle haben sie angefeuert. Dabei war sie eigentlich schon dünn. Wenn das die Gemeinschaft ist, die Diätgruppen uns bieten, verzichte ich.

DETOX-TEES

Es heißt, es gibt einen neuen Zaubertrank, der all unsere Abnehmträume wahr werden lässt. In den sozialen Medien begegnet man ihm überall. Ständig hält irgendein Promi eine bunte Packung in die Kamera: »Es ist Zeit für die nächste Tasse!«,

»Höchste Zeit, an der Bikinifigur zu arbeiten.« Wenn einige der schönsten Körper der Welt es benutzen, muss es doch funktionieren, oder nicht? Schnell begeben Sie sich auf die Website des Wundermittels. Alle Zweifel schwinden, denn dort steht, dass es ein »reines Naturprodukt« ist. Keiner sagt einem aber, dass »natürlich« noch lange nicht »sicher« bedeutet.

Ich spreche von Detox-Tees. Die sind eigentlich nichts Neues, denn Diät-Tees waren immer mal in Mode, aber diesmal sind sie DER Trend. Weltweit trinken Millionen Menschen abends ihren »reinigenden« Tee, hoffen, schlank zu werden, sich in Form zu bringen und endlich einen flachen Bauch zu bekommen. Was die Hersteller ihnen nicht verraten, ist, dass sie eigentlich nur Abführmittel in schicker Verpackung verkaufen. Denn Hauptzutat der meisten dieser Detox- oder Diät-Tees sind Senna und *Rhei radix* (Rhabarberwurzel) – beide »reine Naturprodukte«, und beide sind Laxativa.

Sie sind als Zutaten aber leicht zu übersehen, da sie meist mit ihren unbekannteren lateinischen Namen *Cassia angustifolia* und *Rheum officinale* genannt werden.

Aber was ist an Senna so schlecht? Laut WebMD ist »Senna ein von der FDA [U. S. Food and Drug Administration] zugelassenes, verschreibungsfreies Laxativ. Es wird zur Behandlung von Verstopfung und zur Darmreinigung vor Untersuchungen wie Darmspiegelungen eingesetzt.« Laxativa haben aber keinerlei langfristige Wirkung auf das Gewicht, auch wenn der selbst herbeigeführte Durchfall kurzfristig dazu führt, dass man sich leichter fühlt. Nach einer Nacht auf der Toilette ist man stark dehydriert, da man jede Menge Flüssigkeit ausgespült hat. Jegliches auf diese Weise verlorene Gewicht ist schneller wieder da, als man ein Glas Wasser trinken kann. Die Tees helfen also nicht nur nicht, sie sind potenziell sehr gefährlich.

Die Nebenwirkungen bei Laxativ-Missbrauch reichen von Krämpfen, Dehydrierung und Erschöpfung bis hin zu Herzinfarkt, Herzversagen und sogar Tod. Denn mit dem Wasser verliert der Körper auch lebenswichtige Mineralstoffe und

Elektrolyte. Natrium, Kalium, Magnesium und Phosphor sorgen aber im Körper dafür, dass unsere Nerven und Muskeln (inklusive Herz) gut funktionieren. Geraten sie aus dem Gleichgewicht, haben wir ein Problem. Natürlich findet sich auf den Verpackungen kein Warnhinweis, und manche Hersteller geben noch nicht einmal alle Inhaltsstoffe an. Als ich bei Bootea nachfragte, warum man auf der Website keine Liste der Inhaltsstoffe fände, sagte man mir, die Website würde gerade umgebaut. Als ich fragte, ob ich eine volle Liste samt Menge der jeweiligen Inhaltsstoffe bekommen könnte, sagte man Nein, aber ich müsse mir keine Sorgen machen, das Produkt sei absolut sicher.

Mediziner wie Homöopathen raten, Senna ohne ärztliche Aufsicht nicht länger als eine, maximal zwei Wochen anzuwenden, die meisten Detox-Tees kommen aber in Packungen für einen Monat. Bootea Nachttee enthält 18 mg Senna, der Nationale Gesundheitsdienst NHS empfiehlt hingegen bei Verstopfung 2,5–20 mg pro Tag, die »je nach Reaktion« anzupassen sind. Nur dass Detox-Tees nicht zur Behandlung von Verstopfung genutzt, sondern von Menschen fälschlich angewendet werden, um Gewicht zu verlieren. Und wer glaubt, dass eine Tasse hilft, glaubt auch, dass zwei, drei oder vier Tassen noch viel besser wirken. In einem *E! News*-Interview wird Kendall Jenner so zitiert: »Ich beginne meinen Tag normalerweise mit einer Tasse Detox-Tee. Ich trinke rund zwölf Tassen am Tag.« Da sie noch lebt, glaube ich das nicht, aber viele Fans, die sie anbeten, werden es ihr bereitwillig abkaufen, wenn es ihnen einen Körper wie den ihren verspricht.

Laxativmissbrauch ist ein anerkannter Warnhinweis für eine Essstörung. Laut Alliance for Eating Disorders Awareness ist »Laxativmissbrauch definiert als eine über einen längeren Zeitraum und zur Gewichtskontrolle stattfindende (übermäßige) Verwendung von Laxativa.«[17] Aber genauso werden Detox-Tees verwendet. Warum also sagt niemand, was diese Tees wirklich verkaufen: Essstörungen?

Derzeit ist der Verkauf dieser Tees nicht reguliert. Jeder kann im nächsten Laden so viele Packungen kaufen, wie er will. Als ich bei Bootea nachfragte, ob es Vorschriften geben würde, um den Missbrauch ihrer Produkte durch Menschen mit Essstörungen zu verhindern, sagte man mir, es gäbe keine Höchstmengen, genau wie beim Kauf von Alkohol. Ein seltsamer Vergleich, hatte man mir doch Minuten vorher versichert, das Produkt sei absolut sicher.

Als meine Essstörung ihren Höhepunkt erreichte, nahm ich Abführtabletten, um mein Gewicht noch weiter zu drücken. Dummerweise nutzte sich der Effekt schnell ab, und ich brauchte immer mehr Abführmittel. Außerdem machen Abführmittel abhängig. Nimmt man sie lange genug, mag der Darm bald ohne sie nicht mehr arbeiten, kann sich strecken und entzünden. Aber natürlich geht es bei Detox-Tees nur um die Gesundheit, natürlich sind sie nicht nur die neueste Idee der Diätindustrie, die aus unserer Unsicherheit Profit schlagen will. Bootea verkündet auf der englischen Website: »Wir ermutigen unsere Kunden nie zu einer ›Diät‹, denn wir glauben (nein, wir wissen), dass gesunde Ernährung eine Lebensweise und keine kurzfristige Lösung ist.« Mit anderen Worten: »Wir wissen, dass Diäten nicht funktionieren, aber egal – nehmen Sie stattdessen diese Abführmittel!« Wirklich sehr gesund!

Das Gefährlichste am derzeitigen Teatox-Wahn ist aber vermutlich der Glamour, der mit den Produkten verkauft wird. Dank der sozialen Medien wissen wir mehr über das Leben der Promis als je zuvor: was sie tragen, wohin sie gehen, was sie essen, welchen Work-out sie machen, um die von uns so verehrten Körper zu behalten. Hersteller wissen genau, dass sie mit Promi-Endorsern den Markt der immer jünger werdenden, leicht beeindruckbaren Fans erreichen, die einen Weg zum perfekten Körper suchen. Teenager vertrauen ihren Stars und geben Unsummen aus, um genau wie sie zu sein. Sie haben keine Ahnung, wie viel so eine Promi-Frau für ein einziges Bild bekommt, das sie im Bikini zeigt, wie sie auf ein Paket Laxativa mit nettem Namen herablächelt. Kylie Jenner, das Gesicht von

SkinnyMint-Detox-Tee, hat derzeit 78 Millionen Instagram-Follower und postet bezahlte Anzeigen für Detox-Tees, Zahnweißer und sogar Vitamin-Fruchtgummi.

SkinnyMint ist ein weiterer Detox-Tee, der seine Kunden online beruhigt:»Keine Diät. Keine Pillen.« Wir alle wissen, dass Diätpillen gefährlich sind, aber wer verdächtigt schon einen harmlosen, natürlichen Tee? Sicher nicht die vielen Menschen, die auf Diet Pills Watchdog über Blähungen, Erschöpfung, Schwindel, Übelkeit, Erbrechen, Kopfschmerz, starken Durchfall, Ausschlag im Mund, extreme Bauchschmerzen, Rückenschmerzen, Nierenfunktionsstörungen, Herzrasen oder Klinikaufenthalte nach der Einnahme berichteten.[18]

Natürlich zeigt die SkinnyMint-Website nur begeisterte Berichte und unzählige Vorher-nachher-Fotos. Ihr Nachttee, den die Kunden jeden zweiten Abend trinken sollen, enthält ebenfalls Senna,»aber erfahrene Detoxer können auch versuchen, ihn jeden Abend zu trinken«. SkinnyMints Slogan lautet »#DareToBeGorgeous« und spielt mit dem geringen Selbstwertgefühl von Millionen Mädchen, die sich nicht »wunderschön« fühlen.

Instagram ist die perfekte Werbeplattform für Detox-Tee-Hersteller, aber obwohl reichlich Promis und Lifestyle-Blogger bereit sind, ihr Gift anzupreisen, bemühen sich diese Marken um die Body-Positivity-Gemeinde, um ihre Verkäufe noch weiter anzuheizen. Ein Unternehmen, das nicht begreifen will, dass Laxativmissbrauch und Body Positivity nicht zusammenpassen, ist Flat Tummy Tea. Trotz ihres Namens bestehen sie in den E-Mails, die sie an fast alle Blogger der Body-Positivity-Gemeinde versandt haben, darauf:»Bei uns geht es nicht ums Abnehmen, und wir werben auch nicht damit.«

Ein Blick auf die Website verrät etwas anderes. Sie versprechen zwar nicht explizit, dass man Pfunde verliert, aber ihr Tee richtet sich gezielt an Menschen, die sich »aufgebläht, fett und träge« fühlen. Sie versprechen, dass ihr Tee einen »an den Tagen«, an denen man sich »wie im fünften Monat fühlt«, wieder

»flach« macht. Die Botschaft ist deutlich: Dieser Tee verhilft einem zur idealen Figur und konzentriert sich auf den Körperteil, den Frauen am meisten hassen: ihren Bauch.

Nach der vierwöchigen Detox-Kur mit dem Tee gibt es ein Abonnement, damit man seinen fantastischen Bauch, für den man hart gearbeitet hat, auch behält. Diese Beutel (natürlich auch mit Senna) sollen einmal wöchentlich gegen diese »Ausrutscher« genommen werden. Jeder, der sich in der Diätsprache auskennt, weiß, dass damit »sündigen«, vom Plan abweichen und Fressattacken gemeint sind. Aber zum Glück wiegt eine Tasse Abführtee die Völlerei ja auf. Es gibt ein anderes Wort dafür, wenn sich Menschen mit übermäßigem Training, Abführmitteln und absichtlichem Erbrechen von ihrem Essen reinigen wollen. Wie hieß das noch gleich? Ach ja, Bulimie. Die Einnahme von Abführmitteln nach einem »Ausrutscher« ist Bulimie, auch wenn sie noch so hübsch verpackt ist.

Vergessen wir einmal das Geschäft mit dem Abnehmen. Vergessen wir das Versprechen eines flachen Bauchs und das Versprechen, ein Tee könne unseren Körper verändern. Denn allein die Idee dieser Detox-Tees – dass unsere Körper entgiftet werden müssten – stellt sich als Lügennetz heraus.

Die Idee, dass unsere Körper voller giftiger, dick machender Stoffe stecken, die wir ausspülen müssen, um gesund zu sein, ist reine Erfindung. Eine Entgiftung ist nur bei drogen- oder alkoholabhängigen Menschen sinnvoll. Ansonsten ist unser Körper ziemlich genial darin, sich selbst zu entgiften. Unsere Nieren, Leber, Haut und Lunge sind ständig damit beschäftigt, Giftstoffe auszuspülen. Literweise teures Kräuterwasser zu trinken hilft da wenig.

Wieder einmal hat uns die Diätindustrie betrogen. Wenn Sie mir nicht glauben, glauben Sie vielleicht dem Britischen Diätetikverband (BDA): »Entschlacken ist Blödsinn. Dass der Körper entschlackt werden müsse, ist ein völliger Trugschluss. Das Ausscheiden von Abfall- und Giftstoffen ist ein fortlaufender Prozess. Wir müssen nichts ausspülen. Der Körper ist dazu wunderbar selbst in der Lage.«[19] Das gesamte Konzept ist eine Erfindung der Diätindustrie, um noch mehr Schrott (der nicht wirkt) zu verkaufen, der Dinge behebt, die nicht behoben werden müssen.

DIÄTPILLEN

Ich erinnere mich, dass im Herbst 2013 eine junge Frau Schlagzeilen machte, die an Diätpillen starb. Die Leute fanden es furchtbar und sprachen von einem tragischen Verlust. Was Menschen alles auf sich nehmen, um der kulturellen Ausgrenzung zu entgehen, weil sie den falschen Körpertyp haben. Sie war noch nicht einmal so fett. Warum sollte sie so etwas tun? Ich schüttelte den Kopf und stimmte zu. Was für eine Schande, welcher Verlust. Am nächsten Morgen nahm ich meine zwei stoffwechselanregenden Pillen und begann mit meinem Workout – zum fünften Mal in dieser Woche.

Ich dachte, ich sei schlauer – ich hatte alle Inhaltsstoffe recherchiert (geflissentlich ignorierend, dass keine Mengen gelistet waren). Ich hatte die Bewertungen gelesen, alle Vor- und Nachteile abgewogen. Pro: Sie halfen mir, Gewicht zu verlieren. Contra: Es gab nichts, was dieses gewichtige Pro hätte überbieten können, das ich mir mehr als alles in der Welt wünschte. Ich kam leicht an die Pillen ran und musste noch nicht mal mein Alter anklicken, bevor sie per Post kamen.

Ich bestellte eine zweite Fuhre, die »Carb Blocker« hießen – nicht dass ich viele Kohlenhydrate aß, die man hätte blocken müssen. Nach einem Tag mit Fressattacken nahm ich sie alle – vielleicht konnten sie den Schaden wettmachen. Diesmal funktionierte die übliche Hungerdiät nämlich nicht (heute weiß ich, dass Jahre der Magersucht gefolgt von Jo-Jo-Effekt-Diäten meinen Stoffwechsel komplett durcheinandergebracht und mein Endgewicht kräftig hatten steigen lassen), aber ich war willens, alles zu tun, damit sie es tat – zumindest, bis ich genug Geld für eine Fettabsaugung zusammenhatte. Das war der Plan.

Ich wünschte, ich könnte dieses Mädchen, das sich so hasste, einfach in den Arm nehmen.

Ich hatte damals einen Job im Einzelhandel, und überall, wo ich stand, schien es Spiegel zu geben, die mich anklagten. Aber das würde okay sein, sobald weniger von mir da wäre. Ich nahm meine Pillen täglich, schüttelte die kleine Hoffnung spendende Flasche und betete zum Diätgott. Zuerst sorgten die Pillen nur für einen Energieschub. Ich lief den ganzen Tag hin und her, ohne auch nur einmal gähnen zu müssen.

In der ersten Woche verlor ich fünf Pfund und hatte noch nicht mal Hunger! Ich hatte eine Wunderpille entdeckt! Ich bestellte sofort noch eine Packung. In der zweiten Woche bemerkte ich die ersten Nebenwirkungen. Abends nach der Arbeit war ich verschwitzt, mehrfach am Tag schien mein Herz einen Schlag auszulassen, und ich fühlte mich, als hätte ich zu atmen vergessen. Aber keine Sorge, angesichts der Aussicht, dass mein Traumkörper in erreichbare Nähe rückte, war das ein kleines Ärgernis.

Nach etwa drei Wochen führte ich morgens mit meiner Mutter den Hund aus. Meine Glieder fühlten sich schwer an, und die Pillen brachten keine Energie mehr – vermutlich war es Zeit, die Dosis zu verdoppeln, wie es auf der Packung empfohlen wurde. Nach der Hälfte unserer üblichen Runde musste ich anhalten. Ich beugte mich über den nächsten Busch, musste fürchterlich erbrechen, und mir wurde schwarz vor Augen. Meiner Mutter sagte ich, vermutlich sei es wegen des Eisenpräparats (das nahm ich zusätzlich, weil ich im Internet gelesen hatte, dass meine Müdigkeit vom Eisenmangel kommen könnte; natürlich kam sie eher von zu viel Sport und dem wenigen Essen, aber das hatte ich nicht wahrhaben wollen). Aber ich wusste, was es war.

Ich wusste, dass es die Pillen mit den spärlichen Informationen auf der Packung und den erstaunlichen Resultaten waren. Als ich begann, mitten in der Nacht mit Herzrasen und wirbelnden Gedanken schweißgebadet aufzuwachen, setzte ich sie ab. Ich warf sie nicht weg, schob sie nur in der Schublade weiter nach hinten – für schlechte Zeiten.

Wenn ich Menschen erzähle, dass Body Positivity mein Leben gerettet hat, verstehen die meisten nicht, wie wörtlich ich das meine. Natürlich hat es mir auch mein Leben geschenkt, von dem ich nie geglaubt hätte, dass ich es mit diesem Körper verdiene. Es hat meine geistige Gesundheit zurückerobert und mich aus jahrelanger Selbstkasteiung befreit. Aber es hat mir auch im wahrsten Sinn das Leben gerettet. Viele Jahre hätte ich so nicht mehr weitermachen können, denn dubiose Pillen und ignorierte Nebenwirkungen waren nur ein winziger Teil dessen, was ich bereit war zu ertragen, um dünn zu werden.

Danach probierte ich andere Diätpillen. Ich habe Glück, dass ich nicht zu den Zeiten gelebt habe, in denen Mediziner jedem, der ein paar Pfunde loswerden wollte, potenziell tödliche Mittel gaben und den Profit säckeweise zur Bank trugen – was in den letzten 100 Jahren häufiger vorkam. Immer mal wieder entdeckt jemand das neueste Abnehm-Wundermittel, lässt sich die Formel patentieren und bietet es Tausenden (wenn nicht Millionen) argloser Kunden an, um es zurückzurufen, sobald die unschönen Nebenwirkungen, wie Herzrasen, Erblinden oder plötzlicher Tod, ans Licht kommen. Hier ein paar erschreckende Beispiele:

○ In den 1890er-Jahren begannen die Menschen daran zu glauben, dass dick zu sein ungesund ist, und die Mediziner gaben als Lösung Medikamente aus. So verschrieben sie etwa Frank J. Kellogg's Safe Fat Reducer. Der Name klang vertrauenswürdig. Die Pillen enthielten Schilddrüsenextrakt, der sich als nicht gesund erwies. Er verbrannte das Muskelgewebe wie auch die inneren Organe, verursachte Osteoporose, Herzrasen, Brustschmerzen und konnte zum Tod führen.

○ In den 1920er-Jahren bewarben die Zeitungen eine »neue, sichere Abnehmmethode«. Das Mittel hieß Dinitrophenol, hat einen Benzolring und wurde z.B. als Herbizid, Insektizid und als Bestandteil von Sprengstoffen genutzt – warum also nicht auch als Diätmittel? Genial. 1935 nahmen über 100 000 Amerikaner das Mittel ein, bis man entdeckte, dass hohe Dosen den Stoffwechsel so anregten, dass ein Fieber, maligne Hyperthermie genannt, den Körper verbrannte. Weitere Nebenwirkungen waren Ausschläge, Verlust des Geschmackssinns und Erblinden.

○ Schnell übernahmen Amphetamine die Rolle von Dinitrophenol. Sie wurden auch »Mutters kleine Helfer« genannt, da sie in den 1950er- und 1960er-Jahren viele Hausfrauen schluckten. 1952 wurden in den USA jährlich drei Milliarden Dosen Amphetamine produziert. In den 1970er-Jahren wurden sie sogar Kindern verschrieben. Die Pillen halfen zunächst, ein paar Pfunde abzunehmen, bevor die Wirkung nachließ. Die Nutzer waren dann aber abhängig und litten unter erhöhter Herzfrequenz, Bluthochdruck, Angstzuständen, Schlaflosigkeit, Halluzinationen, Herzschäden, Schlaganfällen und Nierenversagen oder starben plötzlich.

○ Als Nächstes folgte Norephedrin bzw. Phenylpropanolamin (INN), ebenfalls aus der Gruppe der Amphetamine. Allein 1989 meldeten 47 000 Menschen den Behörden so starke Nebenwirkungen, dass sie medizinisch behandelt werden mussten. Im Jahr 2000 warnte die FDA, der Stoff sei gesundheitsgefährdend, nachdem eine fünfjährige Studie bei Frauen ein erhöhtes Schlaganfallrisiko gezeigt hatte. Die Wissenschaftler schätzten, dass pro Jahr rund 200–500 Schlaganfälle auf die Rechnung von INN gingen. Bei mehreren Anhörungen sagten Eltern junger Menschen aus, die nach Einnahme der Pillen an Herzstillstand gestorben waren. Andere Nutzer litten an Krampfanfällen, Halluzinationen, Schlaflosigkeit, Angstzuständen, Herzrhythmusstörungen, Bluthochdruck und Psychosen. Erst 2005 schlug die FDA vor, INN »nicht grundsätzlich als sicher und effektiv« einzustufen. Leicht untertrieben, würde ich sagen.

○ Einen der größten Diät-Skandale verursachten Appetitzügler aus Fenfluramin und Dexfenfluramin, die in den USA von vielen Ärzten verschrieben und von verschiedenen Diätanbietern genutzt wurden. Man nahm sie 1997 vom Markt, nachdem bei 30 Prozent der Nutzer Herzklappenschäden festgestellt wurden. Meine Recherche ergab, dass die Mittel in Onlineforen wieder verkauft werden und Menschen das Risiko teils bewusst in Kauf nehmen.

Heute sind Hunderte Diätpillen größtenteils unreguliert im Internet oder im Laden erhältlich. Viele werben mit der Aufschrift »klinisch erprobt«, auch wenn noch gar keine Humanstudien vorliegen. Und immer wieder werden Wirkstoffe vom Markt genommen oder müssen Anbieter ihre Versprechen revidieren.

Was können wir also aus der Geschichte lernen? Erstens: Es gibt keine Wunderpillen. Gäbe es sie, würde es jeder wissen und wir wären alle dünn (und am Leben). Zweitens: Man sollte Produkten, die Wunder versprechen, immer skeptisch gegenüberstehen, selbst wenn sich Mediziner dafür aussprechen. Und drittens: Es gibt auch in Gesundheitsberufen Menschen, die bereit sind, uns für ihren eigenen Profit Sand in die Augen zu streuen. Der Markt der Diätpillen ist milliardenschwer, und es ist Zeit, dass wir der Diätindustrie klarmachen, dass unser Leben deutlich mehr wert ist.

ICH WILL MEIN GELD ZURÜCK

An alle, die jemals eine Diät gemacht und wieder zugenommen haben: Ich möchte, dass Sie jetzt sehr aufmerksam lesen! Diäten. Funktionieren. Nicht. Und ich meine nicht nur die bizarren Radikalkuren, bei denen man nur einzeln geschälte Trauben und Pfefferkörner essen darf, während man sich zur Stimulierung des Fettabbaus mit Palmblättern abreibt. Die schon mal gar nicht. Und die anderen? Die Diäten, die »wissenschaftlich belegt« »garantiert helfen, Pfunde schnell abzuwerfen«, die von Promis beworben werden oder sich als »Lebensstil« ausgeben? Die auch nicht.

Sie werden damit zwar vermutlich Gewicht verlieren, aber es wird hinterher wie ein Bumerang zurückkehren. Es gibt reichlich Studien, mit denen Diätanbieter belegen, dass Sie mit ihrer Diät ein Leben lang dünn bleiben. Das Problem dieser Studien ist, dass sie »erfolgreiche« Teilnehmer meist nur ein oder zwei Jahre begleiten, dann »Halleluja« brüllen und die Resultate verkünden.

Würden sie die Diäthalter fünf Jahre begleiten, sprächen die Zahlen eine andere Sprache (vermutlich tun sie es genau deshalb nicht). Regelmäßig beläuft sich die Zahl der Menschen, die nach einer Diät ihr Gewicht halten, auf nur drei bis fünf Prozent. Diäten mögen auf kurze Sicht helfen, auf lange nimmt man das verlorene Gewicht aber wieder zu und steht dann da, wo man vorher war.

Eine systematische Übersichtsarbeit in den USA ergab 2007, dass Diäten ineffektiv sind und ein bis zwei Drittel der Diäthalter hinterher mehr Gewicht aufweisen als vorher.[20] Hätte man mir das erzählt, als ich noch im Diätland lebte, hätte ich abgewunken und etwas von zu wenig Willenskraft gefaselt. Denn das lernen wir: Nicht die Diät versagt, sondern wir. Wer es nicht schafft, ist ein schlechter Mensch mit null Selbstbeherrschung. Dass die Gründe meist viel komplizierter sind, interessiert nicht.

Wir sind aber biologisch programmiert, Diäten nicht einzuhalten. Bei unseren Jäger-und-Sammler-Vorfahren war Nahrung häufig knapp. Hungersnöte konnten sie nur mit Fettpolstern überstehen, von denen der Körper zehren konnte. Dank natürlicher Auslese hat sich diese Überlebenstechnik durchgesetzt. Wenn wir also hungern (und die meisten Diäten verschreiben genau das), versucht unser Körper, seine teuren Fettreserven zu schützen, indem er den Stoffwechsel verlangsamt.

Wer es schafft, Körperfett abzubauen, der bringt die Hormone durcheinander, die die Fettzellen produzieren und das Hunger- und Sättigungsgefühl steuern. Mit anderen Worten: Wer Gewicht verliert, ist noch hungriger als sonst, sein Stoffwechsel wird langsamer, und der Körper beginnt, sich gegen die Diät zu wehren. Warum? Weil der Körper das Gewicht kennt, das er haben möchte.

Die Set-Point-Theorie geht davon aus, dass unser Körper eine natürliche Gewichtsspanne besitzt, mit der er sich wohlfühlt (meine Erfahrung zeigt, dass mein Körper nach jedem Diätversuch mal langsamer, mal schneller immer wieder zur Konfektionsgröße 40/42 zurückkehrt). Normalerweise haben wir einen Bereich von vier bis fünf Kilo, um die unser Gewicht um unseren Set Point herum schwankt. Versuchen wir, unseren Körper aber darunter zu zwingen, wehrt er sich. Und jedes Mal, wenn wir uns in unsere interne Gewichtsregulierung einmischen, kann sich unser Set Point verschieben und rückt mit jeder gescheiterten Diät nach oben.

Das heißt, dass wir vermutlich fast alle heute dünner wären, hätten wir nie eine Diät gemacht. Trotzdem glauben wir, dass nur Diäten uns dünner machen. Was für ein Teufelskreis. Vielleicht ist es Zeit, dass wir unserem Körper vertrauen, statt uns nach den lächerlichen Vorgaben wechselnder Moden zu richten. Linda Bacon schreibt in *Health at Every Size: The Surprising Truth About Your Weight:* »Über 50 Jahre Forschung beweisen, dass der Körper die Fettmenge zu erhalten versucht, bei der wir am besten funktionieren (und das bedeutet nicht zwangsläufig Größe 32 oder sogar 52).«

Jeder hat einen individuellen Set Point, und trotzdem kämpfen wir alle darum, in eine praktisch unmögliche Form zu passen. Hier mal ein verrückter Gedanke: Was wäre, wenn wir tatsächlich alle verschieden aussähen? Ich weiß, das geht gegen alles, was die Mainstream-Medien uns über Schönheit, Gesundheit und Körperform erzählen, aber etwas Geduld, bitte.

Vor einiger Zeit brachte die ASDAH (Association for Size Diversity and Health) ein Video namens *The Problem with Poodle Science* heraus, in dem wunderbare Illustrationen zeigen, wie unfair es ist, eine Hunderasse (den Pudel) zum Idealbild zu erheben und alle anderen Rassen diesem Bild anpassen zu wollen. Nur weil die Pudel das Sagen haben und nicht anerkennen, dass es Hunde in allen Größen und Formen gibt, fangen die Mastiffs an zu hungern und glauben, das sei das Beste für sie. Natürlich sind Menschen und Hunde nicht dasselbe (obwohl das meine Traumvorstellung wäre), aber warum sollten Menschen nicht auch in ebenso vielen Größen und Formen daherkommen wie andere Spezies? Wenn das der Fall ist, wird keine Diät der Welt das ändern.

Aber was ist mit Menschen, die aus gesundheitlichen Gründen Diät halten? Unglücklicherweise funktionieren Diäten nicht nur nicht, sondern sind für unsere geistige und körperliche Gesundheit schlecht. Da 95 Prozent der Diäten nicht funktionieren, haben die meisten von uns schon mehrfach vergeblich versucht, Gewicht zu verlieren, und immer wieder zugenommen. Das nennt man den Jo-Jo-Effekt, der inzwischen mit erhöhtem Risiko für Diabetes, Bluthochdruck, Schlaganfall, koronarem Herzleiden und einer höheren Sterblichkeitsrate in Verbindung gebracht wird.[21]

Wer jemals das Glücksgefühl verspürt hat, gegen die Diät zu verstoßen und sich auf das verbotene, so lange geschmähte Essen zu stürzen, der weiß, dass Diäten zu Fressattacken führen – meist mit den fettigen, zuckersüßen Dingen, die natürlich ziemlich ungesund sind. Aber auch das ist nicht unsere Schuld. Genau dazu ist der Diät-Teufelskreis gedacht: um uns schuldbewusst, beschämt und mit allem wiedergewonnenen Hüftgold in die Arme der nächsten Diät zu treiben.

Für manche von uns führt dieser Teufelskreis in eine Essstörung. Diäten sind ein wichtiger Risikofaktor für deren Entstehung, und Studien deuten darauf hin, dass 35 Prozent der Diäthalter ein pathologisches Essverhalten entwickeln und von diesen wieder 20–25 Prozent teils oder vollständig in eine Essstörung rutschen.[22]

Wenn wir Diät halten, verlernen wir, auf unser natürliches Hunger- und Sättigungsgefühl zu achten. Wir geben vor, wann und wie viel wir essen sollen, statt auf unseren Körper zu hören. Wenn dann aber die Diät versagt, verlieren wir oft die Kontrolle über uns. Und wir verlieren noch etwas: Zeit. Ich möchte gar nicht daran denken, wie viel Zeit meines Lebens ich mit Kalorienzählen und Wiegeterminen etc. verschwendet habe, statt zu leben, aber davon später mehr.

Bei einem Kongress zur Sicherheit und Effizienz von Diäten kamen die National Institutes of Health bereits 1992 zu denselben Ergebnissen wie Professor Mann später. Zudem liefen Diäthalter Gefahr, »Mangelernährung, Essstörungen, Jo-Jo-Effekt und bei wiederholten gescheiterten Diäten teils schwere psychologische Schäden davonzutragen«.[23] Das war vor über 20 Jahren. Warum also machen wir bei dieser kulturell anerkannten Form der Selbstverletzung immer noch mit?!

Wer noch mehr Beweise für die Schädlichkeit von Diäten braucht, muss nur einmal Ancel Keys' Minnesota Starvation Experiment nachlesen, das berühmteste Experiment zu den physischen und psychischen Schäden des Hungerns.[24] Wer das liest, wird vermutlich nie wieder behaupten, Diäten seien gesund.

Die Diätkultur verspricht uns aber, dass wir unsere Körper auf das Idealbild schrumpfen können, wenn wir nur hart genug daran arbeiten, die richtigen Produkte kaufen und genug Zeit investieren! Glauben wir das, ernten wir Besessenheit in Bezug auf Essen, ein zerstörtes Selbstwertgefühl, ein leeres Konto, Essstörungen, verschwendete Jahre und Hunger. Wir geben alles für ein System, das uns alles nimmt und uns ewig nach dem Schönheitsideal streben lässt, das es in unser Hirn gepflanzt hat. Es streicht unser Geld ein, und wir bekommen nichts und werden noch nicht einmal dünner. Wir wurden hereingelegt. Ich müsste lachen, wenn es nicht so traurig wäre.

Die gute Nachricht ist: Wir können aufhören, die Lügen zu glauben. Wir können aus dem Diät-Teufelskreis ausbrechen, aufhören, Unternehmen Geld in den Rachen zu werfen, die von unserem Selbsthass leben, wir können uns weigern, uns manipulieren zu lassen, und ab jetzt unser Glück statt die nächsten zehn Pfund angehen.

Sie können ein diätfreies Leben ganz ohne diese anerzogenen Schuldgefühle starten. Das ist zwar leider nicht einfach, denn der Rest der Welt hat noch nicht erkannt, dass die Diätkultur totaler Schwachsinn ist. Daher möchte ich zum Abschluss dieses Abschnitts noch einmal eine hochwissenschaftliche Information wiederholen, die extrem wichtig ist und der Sie hoffentlich alle zustimmen: Diäten sind Mist.

Der Schwur

Hier folgt der Diätlos-Schwur, den Sie unterschreiben und dann Ihr köstliches, diätfreies Leben beginnen können. Ich weiß, dass das für alle, die gerade Diät machen, absolut gruselig, ja erschreckend klingt. Man verabschiedet sich ja von allem, was man je über seinen Körper, seinen Wert und den Umgang mit Essen geglaubt hat. Ich verstehe das. Es ist auch in Ordnung, wenn Sie das noch nicht schaffen. Sie können das ja später immer noch, jederzeit.

Aber wenn Sie Entscheidungshilfe benötigen, ob es an der Zeit ist, sich von ständigem Kalorienzählen und Zusammenbrüchen auf der Waage zu verabschieden, bedenken Sie dies: Sind Sie bereit, Ihr Leben lang Diät zu halten, sich über Jahrzehnte zu beschränken und zu bestrafen? Sind Sie bereit, Ihren Körper zu hassen, bis Sie alt und grau sind und sich immer noch an Zahlen klammern? Glauben Sie wirklich, dass Sie auf dem Sterbebett denken werden: »Ach, hätte ich doch besser Kalorien gezählt«? Wenn die Antwort Nein lautet, ist es Zeit, den Schwur zu leisten. Ich verspreche, Sie verkaufen nicht Ihre Seele. Aber Sie bekommen vielleicht einen verloren geglaubten Teil davon zurück.

Ich, _____, schwöre hiermit, mit Diäten aufzuhören.

Ich verspreche, nicht mehr jeden Bissen und jede Kalorie zwanghaft zu zählen.

Ich verspreche, mir nicht mehr von der Waage erzählen zu lassen, wie schön, wertvoll oder geliebt ich bin.

Ich verspreche, keine Wunder-Abnehmmittel mehr zu kaufen, die eh nicht helfen.

Ich verspreche, nicht länger Unternehmen Geld in den Rachen zu werfen, die darauf angewiesen sind, dass ich meinen Körper als falsch empfinde.

Ich verspreche, auf das Hungergefühl meines Körpers zu hören.

Ich verspreche, Sport nicht länger als Strafe zu nutzen, wenn ich gegessen habe.

Ich verspreche, mich nicht mehr an selbstzerfleischenden Diät-Gesprächen zu beteiligen.

Ich verspreche, dass ich versuchen werde, all den Müll, den die Diätkultur mich über meinen Körper glauben ließ, wieder zu vergessen.

Ich verspreche, keine Diät mehr zu machen und stattdessen zu leben.

Unterschrift: _____

Kann ich body-positive sein und trotzdem Diät machen?

Wenn Sie dieses Kapitel gelesen haben, wissen Sie vermutlich, wie ich darüber denke. Aber falls es Ihnen entgangen ist: Ich bin gegen Diäten, und ich weiß, dass das vielen Leuten aufstößt. Viele von Ihnen werden beim Lesen gedacht haben: Warum geht nicht beides? Warum können wir nicht positiv über unseren Körper denken und trotzdem 20 Pfund leichter sein wollen? Warum passt das nicht zusammen? Ich verstehe die Fragen und hoffe, dass das Folgende ein paar Antworten geben kann.

Seitdem Body Positivity in aller Munde ist, gibt es viele, die sie mit Abnehmen in Bezug setzen, und selbst die Riesen der Abnehmindustrie wie Weight Watchers und Special K sind auf den Zug aufgesprungen, um Profit daraus zu schlagen. Dadurch ist Body Positivity so verfälscht worden, dass Menschen tatsächlich glauben, nichts sei mehr body-positive, als sich auf das gesellschaftlich verordnete Ideal herunterzuschrumpfen.

Aber das ist nicht Body Positivity. Bei Body Positivity geht es darum, unseren Körper so zu akzeptieren, wie er ist, egal, in welcher Größe, und das repressive System zu hinterfragen, das uns erzählt, das dürften wir nicht. Und wer erzählt uns, wir seien es nicht wert, glücklich zu sein und uns selbst zu lieben, bis wir ein bestimmtes Aussehen haben? Genau, die Diätindustrie.

Das Monster Diätindustrie und die allumfassende Diätkultur, die es geschaffen hat, sind die Ursache unseres verzerrten Körperbilds. Wenn die schlauen Werber damals, zu Beginn des 19. Jahrhunderts, nicht erkannt hätten, dass sich mit dem Gewicht von Frauen ordentlich Profit machen lässt, gäbe es diesen Schlankheitswahn, der uns heute gefangen hält, vermutlich gar nicht.

Body Positivity ist eine Gegenkultur zu Fettphobie und Schlankheitswahn. Sie ist eine Alternative zu den Werbebotschaften, die uns kleinhalten und uns unsere Körper bekämpfen lassen, sie ist ein Ausweg aus der Diätkultur. Das bedeutet aber auch, dass Diäten nicht body-positive sind und es nie sein werden.

Lassen Sie mich ein paar Dinge klarstellen:

Es gibt einen riesigen Unterschied zwischen einer gesunden Änderung der Lebensweise und dem Glauben an die Diätkultur. Eines von beiden passt mit Body Positivity zusammen, das andere ist ihr Erzfeind. Wer etwas für seine Gesundheit tun möchte, indem er sich besser ernährt und mehr bewegt, kann durchaus body-positive sein (es gibt sogar eine Bewegung bei Body Positivity, die »Bei jeder Größe gesund« – Health at Every Size (HAES) – heißt und gesundes Verhalten bei, Sie ahnen es, jeder Größe propagiert; dazu später mehr).

Tatsächlich kommen gesunde Lebensweisen (die nicht von der Diätindustrie vereinnahmt wurden) ohne Zielgewicht aus. Ihr Antrieb ist nicht der Glaube, in einem dünneren Körper sei man mehr wert. Es gibt keinen schmerzlichen Verzicht, keinen Druck, Kleidergrößen hinter sich zu lassen, und kein Schuldgefühl beim wöchentlichen Wiegen. Passen Wert auf gesundes Leben legen und Body Positivity zusammen? Aber ja! Doch man muss es nicht, um sich selbst lieben zu dürfen. Man ist es wert, völlig unabhängig von der eigenen Gesundheit.

Die Diätkultur hingegen ist Gift. Dazu gehören die »Verlieren Sie 10 Pfund in 10 Tagen«-Artikel, über die Mädchen stolpern und lernen, dass sie so, wie sie sind, nicht gut genug sind. Diätkultur, das sind Pillen und Trünke, die zu exorbitanten Preisen Wunder versprechen und in deren Kleingedrucktem – wenn es das überhaupt gibt – sich noch exorbitantere Gesundheitsrisiken verbergen. Die Diätkultur ist ein Produkt der größten und niederträchtigsten Industrie der Welt, die uns Selbsthass lehrt, damit sie noch mehr wirkungslose Wundermittel verkaufen kann. Die Diätkultur ist der Grund, warum so viele von uns glauben, dünner sei besser und dünn sei niemals dünn genug. Sie ist der Grund, warum wir uns selbst bekämpfen, und hat keinen Platz in Body Positivity.

Abnehmen an sich kann aber immer noch body-positive sein. Manche Menschen nehmen ab, wenn sie gesünder leben. Manche verlieren Gewicht, wenn sie sich von einer Essstörung erholen. Bei uns allen schwankt das Gewicht, sei es aufgrund des Alters, der Bewegung, aufgrund von Hormonschwankungen oder anderen persönlichen Umständen. Und da Körpergröße nichts damit zu tun hat, wie wert wir es sind, uns selbst zu lieben, können Sie body-positive sein, egal, ob Sie mehr oder weniger wiegen als zuvor. Abnehmen selbst ist nicht das Problem, nur wenn es durch eine Diät erzwungen wird, wird es zum Problem.

Vermutlich denken jetzt einige: »Aber sollten wir den Menschen nicht zugestehen, mit ihren eigenen Körpern umzugehen, wie sie wollen? Ist das nicht auch Body Positivity?« Ich bin nicht hier, um Menschen zu sagen, was sie mit ihren wunderbaren Körpern tun oder nicht tun sollen. Ihr Körper, Ihre Regeln. Wer will, kann sich von oben bis unten tätowieren lassen, mit so vielen ins Bett hüpfen, wie er will (einvernehmlich natürlich), in einem T-Rex-Kostüm Extremsport machen, und wenn er unbedingt will, natürlich auch Diät halten.

Aber das Recht, mit dem eigenen Körper zu tun, was man möchte, ist nicht Body Positivity, das ist Körper-Autonomie. Körperliche Selbstbestimmung bedeutet, dass es niemanden etwas angeht, was man mit dem eigenen Körper tut, alles ist erlaubt, selbst Diätkultur. Body Positivity hingegen ist ein viel konkreteres Konzept, das darauf basiert, dass wir unseren Körper so akzeptieren, wie er ist, und uns gegen alle Kräfte wehren, die uns das absprechen. Daher schließt es Dinge wie die Diätkultur aus, die dem diametral entgegengesetzt ist.

Diese Abgrenzung macht Body Positivity für viele Menschen zu einem sicheren Raum. Sie war die erste Gemeinschaft ohne Gerede über Diäten oder Abnehmen, die ich je gefunden habe. Sie ist der einzige Ort, an dem ich von einem Leben voller Diätkultur, Selbsthass und Essstörungen genesen konnte. Sie ist ein Zufluchtsort abseits des Schlankheitswahns, der uns so verletzt hat. Und da man kaum das Haus verlassen kann, ohne von abgeworfenen Pfunden und bereutem Nachtisch zu hören, brauchen wir sie, diese diätfreie Zone. Wie Sie sehen, habe ich eine klare Meinung, wenn es darum geht, uns Diät-Überlebenden diesen sicheren Raum zu erhalten. Denn damals brauchte ich, wie viele von uns, dringend einen sicheren Ort. Und viele brauchen diesen heute noch.

Es gibt Millionen Orte, an denen man Gewichtsverluste feiern kann. Es gibt unzählige Orte, die dem Abnehmen gewidmet sind, wo man sich für jedes abgeworfene Pfund bejubeln lässt. Mit 99 Prozent der Bevölkerung können Sie sich weiterhin über Ernährungstagebücher und Kleidergrößen unterhalten. Ist es wirklich zu viel verlangt, dass wir einen Ort für uns beanspruchen, wo uns die Diätkultur nicht erreicht? Body Positivity ist dieser Ort.

Also, natürlich können Sie gesund leben und body-positive sein. Sie können aus den unterschiedlichsten Gründen abnehmen und body-positive sein. Außerhalb der Grenzen von Body Positivity können Sie auch mit Ihrem Körper alles tun, was Sie wollen. Aber Sie können nicht an ein System glauben, das uns vorschreibt, nur schlank seien wir gut genug, und gleichzeitig body-positive sein. Aber das versteht sich eigentlich von selbst.

Jeden verdammten Tag Dessert

Hunger, Schuldgefühle und intuitives Essen

»Schuld mag ein angemessenes Gefühl sein, wenn man jemanden verletzt oder ein Verbrechen begangen hat, aber in der Welt des Essens hat sie nichts verloren.«
— Elyse Resch & Evelyn Tribole, *Intuitiv abnehmen: Zurück zu natürlichem Essverhalten*

»Das Leben ist zu kurz für Selbsthass und Selleriestangen.«
— Marilyn Wann, *Fat! So?*

Noch einen Happen

Es war einmal, da war ich ein kleines Mädchen, und Essen war einfach nur Essen. Es machte mich satt, schmeckte gut, wurde von meiner Mutter liebevoll zubereitet, und ich aß es ohne diese innere Zerrissenheit, die bald kommen sollte. Heute ist es kaum vorstellbar, aber es gab eine Zeit, da wusste keiner von uns, was Kalorien sind. Uns war noch nicht einmal bewusst, dass das, was wir uns in den Mund steckten, etwas mit unserer Kleidergröße zu tun hatte. Wir aßen einfach, weil wir Hunger hatten, und hörten auf, wenn wir satt waren, und machten uns keine Gedanken um jeden Bissen. Das war, bevor die Schuldgefühle uns ergriffen und völlig verschlangen.

Meine Geschmacksnerven bergen einige meiner schönsten Kindheitserinnerungen: mit meinen Großeltern von einem Ausflug zurückkehren und einen Teller voller Käse und Kräcker vorfinden. Auf der Fahrt in den Urlaub in Papas Auto das Spiel spielen: »Wer kann einen Zucker-Donut essen, ohne sich die Lippen zu lecken?« In Mamas Schrebergarten gehen und alle Erdbeeren aufessen, die ich eigentlich pflücken sollte. Mich mit meinem Bruder und meiner Schwester freitagabends auf dem Sofa einkuscheln, jeder mit einer kleinen Tüte Chips, die wir essen durften, während *Friends* lief. Welcher Luxus, was für ein Spaß. Essen war Genuss.

Und dann kam das Schuldgefühl. Ich lernte langsam, dass Appetit schändlich war, dass man Essen fürchtete, statt es zu genießen, dass ich mir Kalorien verdienen und Fett verbrennen musste, mich vor Zucker hüten und alles wiegen, abmessen und aufschreiben musste. Essen war nicht länger einfach Genuss, sondern etwas, das fett macht. Ich lernte früh, dass fett das Schlimmste war, was man sein kann.

Es ist kaum vorstellbar, dass irgendjemand in unserer diät-kulturverseuchten Welt leben und immer noch ein gesundes Verhältnis zum Essen haben kann. Die meisten sehen Essen als Nährwert, als etwas, das uns entweder fetter oder dünner macht. Es ist entweder gut oder böse, erlaubt oder verboten. In *Never Too Thin: Why Women Are at War with Their Bodies* fasst Roberta Pollack Seid zusammen, wie verrückt unser Verhältnis zum Essen geworden ist:

Alle Gesellschaften stellen komplexe Essensregeln auf, aber in den meisten ist Essen eine Notwendigkeit. Im heutigen Amerika sind wir zu dem seltsamen Schluss gekommen, dass es nicht notwendig ist. Essen ist zur Gewissensfrage geworden. Wir müssen uns fragen, ob wir »berechtigt« sind, etwas zu essen. Wir müssen »gut« genug sein – genug Sport machen, genug Diät machen und vor allem schlank genug sein, um es zu verdienen.

Unser Verhältnis zum Essen ist komplett im Eimer. Zu jedem Essen gibt es als Beilage eine Portion Schamgefühl. Jeder

Happen muss überlegt sein und berechnet werden. Wir glauben, wir müssten jeden Snack verdienen und jeden Genuss abtrainieren, während wir jede Kalorie, jedes Gramm Fett, Kohlenhydrate und Proteine im Kopf protokollieren und alles beständig zählen.

Wir haben uns völlig von unserem Körper entfremdet und verstehen seine Signale nicht mehr. Statt Hunger als notwendiges und wichtiges Signal zu sehen, das unser Körper sendet, um zu überleben, ist er uns suspekt. Jahrelang haben wir an die Lüge geglaubt, dass Hunger uns schwach macht, dass man die Magenkrämpfe nur ignorieren muss, damit wir dem neuesten Diätplan folgen können, der uns endlich das Glück bringt.

Wir haben uns so daran gewöhnt, äußere Zwänge (wie Diätregeln) bestimmen zu lassen, was wir essen, dass wir verlernt haben, auf unseren Körper zu hören und ihm zu vertrauen, dass er es besser weiß als jeder lächerliche Diät-Guru, der uns 17 Bananen am Tag aufdrängt und sagt, wie sollten spazieren gehen, wenn wir Hunger bekommen.

Kate Moss sagte einmal: »Nichts schmeckt so gut, wie sich dünn sein anfühlt.«
Ich liste einfach einmal Dinge auf, die sie nicht probiert haben kann und die so viel besser schmecken, als ein repressives Körperideal sich je anfühlen kann:

Pasta, Pizza, Mango, Avocado, Donuts, Erdnussbutter, Sushi, Bacon, Schokokuchen, Zitronenkuchen, eigentlich jeder Kuchen, Heidelbeeren, Knoblauchbrot, Räucherlachs, pochierte Eier, Äpfel, Sonntagsbraten, Plätzchenteig, Süßkartoffeln, Schlagsahne, frisch gepresster Orangensaft, Wassermelone, Eiscreme, Paella … oh, und KÄSE.

Nichts zu danken, Kate!

Was wir heute für »normal« halten, ist eigentlich abnormes Essverhalten. Wir grenzen ganze Nahrungsmittelgruppen aus, nur weil sie uns dick machen könnten. Wir zählen und notieren zwanghaft alles, was wir essen. Mit intensivem Sport machen wir Kalorien den Garaus. Wir missbrauchen Abführmittel in Form von Detox-Tees, um »Sünden« wettzumachen. Wir haben »Cheat Days«, an denen wir uns mit allem vollstopfen, was sonst »verboten« ist. Voller Scham entwickeln wir geheime Rituale ums Essen. All diese Verhaltensweisen fallen in das Gebiet der Essstörungen. Ich und meine Freundinnen haben uns jahrelang so verhalten und sind von den Mainstream-Medien im Namen der »Gesundheit« auch noch darin bestärkt worden. Was heißt hier schon geistige Gesundheit?

Wir haben dieses abnorme Essverhalten von der Diätkultur gelernt, und die meisten erkennen nicht, wie gefährlich es ist. Clean Eating, der neueste Trend, hat eine ganz neue Essstörung namens Orthorexie hervorgebracht, die sich durch den Zwang äußert, nur natürliche, »reine« Nahrung zu essen. Diese Fixierung auf »gesunde Nahrung« führt schließlich zu psychischen Störungen. Orthorexie ist bisher nicht als Krankheit oder eigenständige Essstörung anerkannt, aber immer mehr Menschen suchen Hilfe, wenn ihre Fixierung auf »sauberes Essen« beginnt, ihr Leben zu bestimmen, und schließlich ihre geistige und körperliche Gesundheit schädigt.

Andere verfallen der Binge-Eating-Störung, bei der zwanghafte Essattacken von Hungerphasen aus Scham und Ekel abgelöst werden. Auch die Bulimie spiegelt diese Alles-oder-nichts-Mentalität, die uns unsere verdrehte Esskultur beigebracht hat. Einige Experten haben sogar angemerkt, dass »Anorexia nervosa auch das Paradigma unserer Zeit genannt werden könnte, da unsere Überzeugung uns alle dazu ermutigt, das Verhalten und die Einstellung eines Magersüchtigen anzunehmen. Der Unterschied liegt nur im Ausmaß, nicht in der Art.«[1]

Essen ist unser Feind geworden, und dieser Kampf ist aufreibend. Es ermüdet, wenn täglich so viel mentale Kraft für Gedanken über das Essen draufgeht. Es ermüdet, nachts wach zu liegen, die Kalorien des Tages Revue passieren zu lassen und die Last der Schuld zu spüren, nicht »gut« genug zu sein.

Aber noch ermüdender ist die Bestrafung, die wir uns selbst auferlegen, um für unser Verbrechen, gegessen zu haben, zu büßen. Wie können wir es wagen, Essen zu genießen und uns noch nicht einmal für unseren Appetit zu schämen, uns einfach der Sünde hinzugeben, ein menschliches Wesen mit Hunger und funktionierenden Geschmacksknospen zu sein?! Warum können wir nicht einfach brav sein und von Salat und Kichererbsen leben, so, wie wir sollen?

Man hat uns alle eine simple Wahrheit vergessen lassen: Wir dürfen essen – unabhängig davon, was wir gestern gegessen haben, ob wir Sport gemacht haben oder welche Kleidergröße wir tragen. Wir müssen uns auch nicht rechtfertigen. Wir dürfen essen. Diese Wahrheit sollten wir wieder annehmen.

Wie also heilen wir unser Verhältnis zum Essen? Wie werden wir Schuldgefühle und abnormes Essverhalten los und lernen, auf unseren Körper zu hören? Wir könnten zunächst die Regeln, die uns die Diätkultur gelehrt hat, über Bord werfen. Dann können wir eine neue Art zu essen lernen, die unsere geistige und körperliche Gesundheit nicht gefährdet, nicht dafür sorgt, dass wir uns schlecht fühlen, weil wir Kuchen gegessen haben, und uns nicht einredet, Scham sei eine gesunde Einstellung. Freies Essen ist möglich, und es schmeckt verdammt gut. Also her damit!

Die Guten, die Schlechten und die Schuld

Jeder, der schon einmal im Diätland war, weiß, dass es gute und schlechte Nahrung gibt. Manchmal spricht man von Junkfood und gesundem Essen, sündigem und sündenfreiem Essen, diätgerechtem gegen nicht diätgerechtes Essen, Essen mit wenigen oder vielen Punkten etc. Unterm Strich heißt das nur:

Dieses Essen ist okay, dieses nicht, und eigentlich ist allgemein bekannt, welche Lebensmittel wozu gehören.

Wir alle wissen, was »gutes« und was »schlechtes« Essen ist. Gute Nahrungsmittel sind meist grün, fettfrei und kalorienarm. Man findet sie köstlich arrangiert und mit dem neuesten Gesundheits-Hype bestreut auf Instagram (ich weiß bis heute nicht, was Chia-Samen sind). Wenn wir sie essen, fühlen wir uns tugendhaft.

Wir gehen in unsere Gruppen und prahlen, wie »brav« wir waren, und versprechen, dass wir auch nächste Woche wieder »brav« sein werden. Wir wissen, dass uns Lob erwartet, wenn wir das Richtige tun – auch wenn wir nicht aufhören können, an Kuchen zu denken.

Dann gibt es die schlechten Nahrungsmittel. Legen wir sie in den Einkaufswagen, fürchten wir böse Blicke. Sie sind es, die wir verstecken und heimlich verschlingen, wenn die »guten« Sachen einfach nicht mehr genügen, über die wir drei Tage nach Beginn der neuesten Diät zu fantasieren beginnen, für die wir uns hassen, wenn wir sie essen. Die Regeln sind klar, und wir müssen sie befolgen, wenn wir je den Abnehm-Jackpot gewinnen wollen.

Schon ab etwa meinem sechsten Lebensjahr kannte ich die guten und die schlechten Lebensmittel, denn ab da warnten mich Leute, mit meinem Schleckermäulchen vorsichtig zu sein. Als die Diäten begannen, landeten Süßigkeiten, Schokolade und Desserts endgültig in der Kategorie »schlecht«. Ihnen folgten die herzhaften Snacks wie Chips und Salzgebäck. Dann wurden Kohlenhydrate, Brot, Pasta und Pommes frites verbannt.

Irgendwann waren alle Snacks böse und jede Mahlzeit, die größer als ein kleiner Teller voll war, ebenso. Als dann die Magersucht einsetzte, gab es keine gute Nahrung mehr. Jedes Nahrungsmittel war böse, gefährlich, machte fett, erfüllte mich mit Angst und war verboten. Ausnahmen bildeten nur die Lebensmittel mit den niedrigsten Werten, die mich so gerade am Laufen hielten.

In meinen Diätjahren gab es keinen Raum für Kompromisse. Jedes Essen rutschte in eine Kategorie und blieb auch dort – ohne Ausnahme. Meine letzte Diät – die längste und strikteste, die ich je gemacht habe – hielt ich eine ganze Saison lang durch, und sie wurde mein einziger Lebensinhalt. Natürlich nannte ich es damals eine Änderung der Lebensweise. Heute nenne ich sie einfach den Almighty Diet Summer From Hell© (kurz ADSFH).

Meine Freundin Terri und ich hatten uns beide dem ADSFH verschrieben. In dem Jahr basierte unsere Freundschaft nur darauf. Fünf Monate lang sprachen wir tagtäglich über nichts anderes. Wir hörten täglich beim jeweils anderen nach, wie brav wir gewesen waren, also wie viele Kalorien wir eingespart hatten. Wir entwickelten eine Diätsprache, in der »Wie geht es dir?« bedeutete: »Was hast du heute gegessen?« Wir lobten oder trösteten uns und käuten stundenlang alle Details unserer Pläne wieder, unsere Zielgewichte, unsere Fortschritte und die Tatsache, dass andere einfach nicht verstanden, wie wichtig es für uns war, endlich abzunehmen. Unsere Freundschaft bestand nur aus Kalorienzählen und wöchentlichem Wiegen.

Während des ADSFH hielt ich mich so streng an die Kategorien gut/böse, dass Essen nicht länger Essen war, sondern entweder meine Rettung oder meine Verdammnis, entweder meine Fahrkarte aus Pummelhausen heraus oder mein Untergang. Die Einteilung war mein Schlüssel zu Gesundheit, Glück und mein heiliger Schlankheitsgral. Es hing also jede Menge davon ab, wie streng ich die Regeln befolgte. Mein gesamtes Selbstwertgefühl hing an diesem Gleichgewicht (das natürlich keines war) aus gutem Essen/bösem Essen. Und das ist genau das Problem dieser Einteilung: Es geht nicht ums Essen, es geht darum, wie wir uns fühlen, wenn wir essen.

Wenn wir Essen bewerten, bewerten wir uns jedes Mal, wenn wir essen, selbst. Nicht nur das Essen ist böse, sondern wir. Wenn wir mit diesen Begriffen über Essen reden, sagen wir eigentlich, dass *wir* gut oder böse sind. Wir glauben, dass die Menge an Kalorien, Fett, Zucker, Makros, Kohlenhydraten etc., die wir essen, uns zu einem besseren oder schlechteren Menschen macht. Wir beurteilen uns nach dem, was wir uns in den Mund stecken. Das ist nicht in Ordnung.

Natürlich sind nicht alle Nahrungsmittel gleich, und wir unterscheiden mehr oder weniger nährstoffreiche Nahrung, ohne gleich in die Gut/Böse-Falle zu tappen. Wir können sogar auf unsere Gesundheit achten, uns nährstoffbewusst ernähren, body-positive sein und trotzdem Schuldgefühle verbannen (dazu später mehr). Aber machen wir uns nicht länger vor, unsere Nahrungskategorien seien für unsere Gesundheit geschaffen. Für die meisten von uns ist böse gleich dickmachend, und wenn wir hören, dass jemand sagt, er habe während der Diät gesündigt, wissen wir genau, was er meint.

Die Einteilung der Nahrung in diese zwei Kategorien treibt uns in eine Falle. Wir sind entweder brav und sehnen uns nach dem Bösen (denn damit versucht uns das Gehirn aus dem Hunger herauszutreiben), oder wir sind böse und fühlen uns schuldig. Dieses erdrückende Schuldgefühl ums Essen beginnt damit, dass wir die Einteilung in gute/böse Nahrung glauben. Deshalb bereuen wir tagelang das Dessert, das wir uns am Wochenende gegönnt haben, berechnen im Kopf ständig Kalorien und feilschen mit uns selbst über den nächsten Kühlschrankbesuch. Deshalb wird alles, was wir essen, zum Spiegel unseres Selbstwertgefühls.

Diese beiden unumstößlichen Kategorien sorgen auch für unsere Alles-oder-nichts-Diäthaltung. Wir sind entweder gut oder böse, dazwischen geht nichts. Sie kennen das: Ein Stückchen Schokolade verirrt sich in Ihren Mund, und die gesamte Operation Diät ist gescheitert. Dann kann man auch gleich einen ganzen Kuchen essen, ihn mit einem Milchshake runterspülen und gleich noch Pizza und vielleicht ein paar Fritten und etwas Eiscreme zum Nachtisch bestellen. Ist eh schon egal, dann muss man eben morgen wieder brav sein.

Während des ADSFH legten Terri und ich unsere »Cheat Days« (also Fresstage) immer vorher fest, sammelten alle bösen

Sachen, auf die wir verzichtet hatten, und aßen, bis wir uns kaum noch bewegen konnten. Dann hieß es wieder nur Gutes essen, bis wir uns einen weiteren Fresstag verdient hatten.

Die Dichotomie aus gutem/bösem Essen ist das perfekte Gerüst für den Teufelskreis von Hungern und Fressattacken, den viele von uns kennen. Wenn wir etwas als böse oder verboten brandmarken, führt das nur dazu, dass wir es unbedingt haben wollen. Genau auf diese Sogwirkung setzen die Anbieter von Diätnahrung, wenn sie uns ihren chemieverseuchten Dessertersatz anbieten: Dieses Dessert können Sie ohne Schuldgefühle essen! Aber wissen Sie was? Das gilt für jedes Essen, wenn man erst einmal begriffen hat, wie schädlich diese Kategorien sind, und man seinen Selbstwert nicht mehr nach Kalorien bemisst.

Ein radikaler Gedanke: Was wäre, wenn Essen einfach Essen wäre? Was wäre, wenn wir die moralische Beurteilung wegließen und uns nicht länger nach dem bewerteten, was wir essen? Kuchen ist keine Sünde. Kohl ist nicht heilig. Wie Jes Baker schreibt: »Sie sind kein besserer Mensch, wenn Sie Möhren essen, und kein Versager, weil Sie Pastete essen.« Neben den wirklich moralisch-religiösen Essensregeln (vegan, vegetarisch, koscher, halāl) sollte Essen nicht moralisch bewertet werden. Deshalb müssen wir aufhören, von gutem oder bösem Essen zu sprechen und zu glauben, dass das bestimmen darf, wer wir sind.

Wenn Sie also das nächste Mal einer Freundin erzählen wollen, wie brav Sie waren oder wie böse, weil Sie sich etwas gegönnt haben, wonach Sie schon einen Monat schmachteten (Sakrileg!), halten Sie inne. Erinnern Sie sich daran, dass Sie mehr sind als das, was Sie essen. Kalorien bestimmen nicht, ob Sie ein guter oder schlechter Mensch sind, und Sie verdienen es, ohne Schuldgefühle zu essen.

Sauber essen, schmutzig trainieren

Clean Eating ist der neueste Ernährungstrend, der die sozialen Medien im Sturm erobert hat, und es geht nicht nur darum, den Salat gründlich zu waschen. Im Grunde begann Clean Eating als der Versuch, weniger industriell verarbeitete Lebensmittel und mehr vollwertige, nährstoffreiche Nahrung zu essen. Das klingt zunächst vernünftig. Aber wie jeder Ernährungstrend hat er sich verselbstständigt und ist nun alles, vom Frutarismus bis zum zuckerfreien Paleo-Vegetarismus.

Schlussendlich versuchen Clean-Esser alles zu meiden, was nicht »rein« genug ist. Die Idee ist nicht neu. Roberta Pollack Seid verfolgte die Wurzeln dieser Bewegung bis in die 1970er-Jahre zurück und schrieb 1989, die kulturelle Haltung zum Essen fühle sich an, »als müsse man seine Lebenserwartung jedes Mal neu berechnen, wenn man etwas in den Mund nimmt«.

Aber vor allem in den letzten fünf Jahren ist Clean Eating zum Online-Lifestyle geworden. Instagram quillt über von regenbogenfarbigen Clean-Menüs mit Hashtags wie #eatclean-traindirty und #instahealth. Social-Media-Sternchen, die ganze Imperien darauf aufbauen, dass sie die Vorzüge des Clean Eating anpreisen, geben die üblichen Versprechen ab, ihr Ernährungsplan sei der sichere Weg zum perfekten Körper, zum perfekten Leben und könne sogar Krankheiten heilen. Das Glück wartet am Boden einer Schüssel Bio-Grünkohl – kennen wir das nicht irgendwoher?

Mit immer mehr ergebenen Clean-Essern steigt auch die Zahl der Menschen, die an Orthorexie leiden, einer Essstörung, die sich durch die zwanghafte Beschäftigung mit der Qualität von Lebensmitteln auszeichnet. Sie ist noch nicht als pathologische Diagnose anerkannt, aber unzählige Menschen teilen bereits ihre Erfahrungen, wie Clean Eating ihr Leben bestimmt hat. Das Problem ist nicht, sich mit Bio-Kohl gesund ernähren zu wollen. Das Problem entsteht erst, wenn man über nichts anderes mehr nachdenken kann als über die »Reinheit« des Essens. Menschen, die an Orthorexie leiden, werden oft für ihre Willensstärke und ihr Gesundheitsbewusstsein gelobt. Etwas als Störung zu erkennen ist doppelt schwer, wenn es kulturell als löblich gilt.

Hier eine typische Reaktion bei einer Diskussion über Orthorexie: »Moment, du sagst, sich gesund zu ernähren sei eine STÖRUNG? Klingt wie eine Ausrede, den ganzen Tag Mist zu essen!« Das geht leider am Thema vorbei. Steven Bratman, der den Begriff 1996 prägte, definiert Orthorexie so: »Bei Menschen mit Orthorexie ist gesunde Ernährung zu einer extremen, obsessiven, psychologisch einschränkenden und manchmal physisch gefährlichen Störung geworden.«

Menschen überschreiten die Grenze zwischen Clean Eating und Orthorexie, wenn sie auf der Suche nach »reiner Nahrung« ihre geistige Gesundheit aufs Spiel setzen, wenn sie jede Minute darüber nachdenken, wie sie ihr Essen noch »grüner« machen können, und ihr gesamtes Sozialleben opfern, da es ihre Lebensweise gefährdet, wenn sie in Schuldgefühlen ertrinken, sobald sie etwas nicht 100-prozentig Reines gegessen haben.

Die Anerkennung der Orthorexie als Störung bedeutet nicht, gesunde Ernährung zu verdammen oder Fast Food zu fördern. Es geht nur darum, ein Problem zu beleuchten, das in den sozialen Medien grassiert. Und es ist wichtig, den kulturellen Gesundheitswahn anzuprangern, der besagt, wir sind umso mehr wert, je gesünder wir sind. Die moralischen Implikationen dieses Trends sind eindeutig: Wer nicht sauber isst, isst schmutzig. Schmutzig steht für alle möglichen Arten des Versagens und lehrt uns, dass unser Essen unseren moralischen Wert bestimmt. Das ist schlicht nicht wahr.

Beim Clean-Eating-Trend geht es schon lange nicht mehr um gesunde Ernährung, sondern er hat Tausende neuer Sorgen geboren, die sich darum drehen, was man essen darf, wenn man »brav« sein und seine Gesundheit selbst in die Hand nehmen will. Ironischerweise kann das, was einige Clean-Esser bereit sind, auf sich zu nehmen, sie auf Dauer krank machen. So kann der Verzicht auf ganze Nahrungsmittelgruppen zu Nährstoffmangel führen. Ebenso deutlich ist die Gefahr für die psychische Gesundheit.

Bitte, klärt Menschen über nährstoffreiche Ernährung auf! Aber muss es gleich wieder umkippen und Menschen Angst vor ihrem Essen machen? Eine kurze Mahnung zu sogenannten »unreinen« Nahrungsmitteln aus Kate Hardings und Marianne Kirbys *Lessons from the Fat-O-Sphere:* »Eiscreme essen ist nicht dasselbe wie sich Batteriesäure in den Hals schütten, auch wenn noch so viele selbst ernannte Ernährungsexperten Ihnen das weismachen wollen.«

Was sollten wir also laut Body Positivity essen? Die ehrliche Antwort ist, dass Body Positivity sich einen feuchten Kehricht darum kümmert, wie »rein« Ihre Ernährung ist, denn Ihre Ernährung kann nie ein Kriterium dafür sein, ob Sie inneren Frieden und Selbstliebe verdient haben. Egal, was Sie essen, Sie sind es wert. Und Sie müssen sich in Gesprächen über Gesundheit und Essen schon gar nicht mit Sätzen rechtfertigen wie: »Ich esse gesund, warum sollte ich meinen Körper nicht lieben?!« Solche Aussagen führen nur dazu, dass sich die Idee hält, Essen habe einen moralischen Wert und nur bestimmte Menschen (nur die GUTEN DICKEN) dürften sich in ihrem Körper wohlfühlen.

In diesem Buch werden Sie keine konkreten Ernährungsregeln finden. Schon viel zu viele Bücher schlagen aus falschen Ernährungsratschlägen Profit. Meistens vertuschen sie eine wichtige Tatsache, nämlich dass unser Verhältnis zum Essen kompliziert ist. Es ist nicht so einfach wie: Iss dies, sei glücklich, lebe ewig. Häufig ignoriert der neueste Gesundheitswahn nicht nur unsere geistige und emotionale Gesundheit, sondern auch seine inhärente soziale Diskriminierung.

Clean Eating kann nämlich sehr elitär sein: Es wird erwartet, dass jeder die Möglichkeit, genügend Geld und Bildung hat, einen oftmals teuren, weiß getünchten und vor Überlegenheit strotzenden Lebensstil zu pflegen. Bio-Smoothies und Yogaunterricht sind klasse, aber für viele zu teuer, und das sollte auch gesagt werden.

Hauptsächlich wünsche ich mir, dass wir alle essen können, ohne unser emotionales Wohlbefinden zu opfern. Außerdem sollten wir bei Unterhaltungen über Essen und Gesundheit immer auch die geistige Gesundheit mit einschließen. Ich möchte, dass wir uns beim Essen frei fühlen, was auch immer das für den Einzelnen bedeutet, ob nun nährstoffreich, nachhaltig, ethnisch oder auch clean – ganz egal. Und wenn nicht, sind Sie es immer noch zu 100 Prozent wert, sich selbst zu lieben, ob mit oder ohne Grünkohl.

Hunger

Wie viele von uns haben sich ein Leben lang für ihren Appetit geschämt? Wie oft haben wir diesen Schmerz im Magen gespürt und versucht, uns davon zu überzeugen, dass wir eigentlich nichts essen müssen, uns der Hunger doch nur verführen, aus der Bahn werfen und uns fett machen will. Wir müssen die Kontrolle behalten und uns über den Hunger erheben. Nicht dass diese Magenkrämpfe eine wichtige Botschaft unseres Körpers wären, die für unser Überleben notwendig ist. Nein, sie sind nur ein Zeichen der Schwäche, nicht wahr?

Ich wette, dass die meisten von uns sehr erfahren darin sind, ihren Hunger zu ignorieren. Wir kennen all die Methoden, uns abzulenken. Wir sind sehr geübt darin, kleinere Portionen zu nehmen, als wir eigentlich wollen, und uns zu erzählen, wir hätten genug gegessen, auch wenn wir noch hungrig sind. Wir haben gelernt, dass in der Öffentlichkeit ausgiebig zu essen verboten ist, außer man isst die gesellschaftlich anerkannten Lebensmittel. Außer natürlich, Sie sind fett, denn dann stehen Sie in der Öffentlichkeit beim Essen immer unter Beobachtung. Was, ein Salat? Klar! Wen willst du verkohlen? Bei allen anderen heißt es aber: Das passt! Kein Wunder, dass die so aussieht.

Jedes Mal, wenn wir es öffentlich wagen, auf unseren Appetit zu hören, müssen wir vorher abwägen, ob es uns die beschämenden Blicke und Kommentare wert ist. Denn unsere Kultur muss den Menschen noch beibringen, dass es uns nichts angeht, was andere essen.

Ganz zu schweigen vom Horror der Essenswahl bei einem ersten Date. Als ich Teenie war, war es ein unumstößliches Gesetz, dass man auf Dates nie isst, was man will. Ich habe keine Ahnung, woher das kam – ob aus Zeitschriften, einer Fernsehserie, von Freunden oder der Familie, aber es war Fakt. Als weibliches Wesen isst du bei einem Date so wenig und anmutig wie möglich und bestellst um Himmels willen nichts, was zwischen den Zähnen hängen bleiben könnte. Denn wie könnte jemand eine Frau attraktiv finden, die so ungehobelt ist, tatsächlich zu essen, worauf sie Hunger hat. Was für ein Monster!

Liebe deinen Bauch – Tipp 2

Sitzen und anschauen

Nehmen Sie sich vor dem Anziehen morgens etwas Zeit, und setzen Sie sich entspannt vor den Spiegel. Statt sich auf die Problemzonen zu konzentrieren, betrachten Sie einmal die Formen, die Ihr Körper bildet. Fließt er wie Seide? Wellt er sich wie eine atmende Hügellandschaft? Kräuselt er sich wie Wellen, die sanft am Strand auslaufen? Erinnern Sie sich daran, wie schön wir all diese Formen finden, wenn wir sie in der Natur finden. Warum sollten sie an Ihrem Körper weniger schön sein? Sie sind schließlich auch eine Naturgewalt. Bleiben Sie eine Weile sitzen, und genießen Sie die Landschaft Ihres Körpers.

Ein verzerrtes Körperbild und Ernährungsprobleme haben definitiv nichts mit dem Geschlecht zu tun, vor allem da die Zahl der Männer mit Essstörungen wächst wie auch der Druck auf Männer, immer schlanker, fitter und stärker zu sein. Dennoch scheint der weibliche Hunger immer noch etwas Besonderes, denn er wird weiterhin verteufelt.

Jungs werden bei Tisch beispielsweise weiterhin gelobt, wenn sie »Männerportionen« verschlingen können, während man Mädchen anhält, kleine Portionen zu essen und sich zurückzuhalten. Nicht selten hört man Männer mit ihrem Mordshunger prahlen, während weibliche Sternchen in diesen furchtbaren Zeitschriften-Essenstagebüchern schwören, dass sie über Stunden mit ein paar Nüssen und Samen auskommen! Natürlich gibt es Menschen jeden Geschlechts mit Essproblemen, doch die Verteufelung des Hungers bei Frauen hat historische Wurzeln und schwerwiegendere Folgen, als man glaubt.

In *Unbearable Weight: Feminism, Western Culture, and the Body* verfolgt Susan Bordo die Spur weiblicher Scham rund um den Hunger zurück zu viktorianischen Benimmbüchern, die aufstrebenden Frauen beibrachten, wie man sich zu benehmen hatte, um den erstrebten sozialen Status zu erlangen, von der Kleidung über das Essen bis hin zur Sprache.

Zu Zeiten Königin Viktorias gingen Weiblichkeit und Essensrestriktionen Hand in Hand. Und genau wie heute ging es eigentlich nicht ums Essen, sondern um das Verhalten, das diese Essensregeln vorschrieben. Die Frauen leugneten ihren Appetit hauptsächlich aus drei Gründen: als Zeichen von Reichtum und sozialem Status, als Zeichen einer höheren Spiritualität und als Zeichen von Züchtigkeit.

Die wohlhabende Frau musste ihrem Hunger nicht nachgeben, wann immer sie etwas angeboten bekam. Sie musste sich überhaupt nicht für Essen interessieren, da sie die Essenszubereitung Dienstboten überlassen konnte. Gegen Ende des 19. Jahrhunderts wurde Dünnsein zum Zeichen der reichen Oberschicht. Dank der Industrialisierung war Nahrung immer häufiger allen sozialen Schichten zugänglich, und rundlich zu sein war nicht länger ein Zeichen dafür, dass man reich genug war, gut zu essen. Als immer mehr Menschen stämmiger wurden, begannen wohlhabende Frauen bald, das Dünnsein als Zeichen der Überlegenheit zu preisen. Schon vor dem Boom der Diätindustrie zu Beginn des 20. Jahrhunderts wurde es bei den Damen der Oberschicht der viktorianischen Gesellschaft schick, Diät zu halten.

Männer wünschten sich plötzlich Vorzeigefrauen, deren Zartheit ihren Reichtum belegte (»Ich bin so reich, meine Frau muss noch nicht einmal essen!«). Der Appetitmangel zeugte zudem von hoher Spiritualität. Die Selbstbeschränkung zeigte, dass eine Frau sich über ihre animalischen Instinkte erheben und sich einem höheren moralischen Ziel widmen konnte.

Stellen Sie sich einfach eine blasse, hohlwangige junge Frau vor, die, einen romantischen Roman lesend, feenhaft durch den Raum schwebt und auf Kuchen verzichtet, weil sie zu sehr eins mit ihrer Spiritualität ist, um Zeit für Essen zu haben. Junge Frauen verehrten fastende Heilige für ihre religiöse Abstinenz in Bezug auf fleischliche Genüsse. Man kann sich vorstellen, welche anderen fleischlichen Gelüste sich mit der Idee von Frauen und Hunger verbanden.

Lass uns über Sex reden, Baby. Eine Frau, die ungezügelten Appetit auf Nahrung zeigte, zeigte natürlich auch einen ungezügelten Appetit auf Sex. Dies stammt aus einer Zeit, in der Frauen vor allem keusch und rein sein mussten. Als man »viktorianischen Frauen erzählte, den Teller vollzuladen sei vulgär«[2], sagte man ihnen auch, Masturbation sei Selbstbefleckung, und weibliche Beschneidung war eine weit verbreitete Heilmethode für angebliche Hysterie. Joan Jacobs Brumberg beschreibt es in *Todeshunger* so: »Appetit ... war ein Barometer für die Moral einer Frau.«

Bevor Dünnsein wirklich in Mode kam, galt Lillian Russell, eine amerikanische Schauspielerin mit 90-Kilo-Figur, gegen Ende des 19. Jahrhunderts als Inbegriff weiblicher Schönheit.

Sie war für ihren ungezügelten Appetit berühmt, was ihre Popularität noch steigerte. Geschichten über ihre hemmungslose Genusssucht lösten bei ihren männlichen Fans Fantasien aus, während die Mädchen der Oberschicht gleichzeitig auf allen Ebenen Selbstbeschränkung gepredigt bekamen.[3] Da es in unserer heutigen Gesellschaft immer noch Mode ist, Frauen und ihr Essverhalten in der Öffentlichkeit anzuprangern, würde ich mal die steile These vertreten, dass wir uns von der archaischen Vorstellung, dass Weiblichkeit Verzicht und ungestillten Hunger bedeutet, nie wirklich verabschiedet haben.

In *Der Mythos Schönheit* untersucht Naomi Wolf den Zusammenhang zwischen Essen, Hunger, Macht und sozialem Status in der heutigen Zeit. Sie hält die Schaffung eines Körperideals, für das 95 Prozent aller Frauen hungern müssen, nicht für Zufall, sondern für ein Werkzeug, Frauen kleinzuhalten und abzulenken. »Die Schönheit des Dünnseins liegt nicht darin, was es mit dem Körper, sondern mit dem Geist macht, denn nicht weibliches Schlanksein wird geschätzt, sondern der weibliche Hunger.« Sie erinnern sich an das Minnesota Starvation Experiment und seine Auswirkungen auf zuvor völlig gesunde Männer: zwanghafte Beschäftigung mit Essen, fehlende Motivation und bei einigen der Verfall der psychischen Gesundheit. Und nun denken Sie an all die Zeit, die Sie mit Hungerkuren verbracht haben. Wie haben Sie sich dabei gefühlt?

Ab und zu denke ich an meine Diätjahre zurück und frage mich, was ich alles mit meiner Zeit hätte anfangen können. Es ist ja nicht nur die Zeit, die wir mit Kochen, Sport und dem Protokollieren unserer Abnehmversuche verbringen, sondern auch die Stunden, in denen wir an nichts anderes denken als an Essen und unser Gewicht. Dank Diäten sind wir von Dingen besessen, die eigentlich im Leben nichts zählen.

Meine ganze Jugend über war ich davon besessen, meinen Körper zu schrumpfen. Stattdessen hätte ich lernen, wachsen, entdecken und leben können. Man hat uns die Lüge eingehämmert, Dünnsein wäre das Wichtigste. Aber stellen Sie sich vor, was wir alle erreichen könnten, wenn wir aufhörten, daran zu glauben. Wenn wir uns nicht mehr dauernd zwingen würden zu hungern.

Allein die körperlichen Auswirkungen des Hungers verhindern, dass wir uns in die Welt stürzen und unser Potenzial ausschöpfen. Ohne ausreichende Nahrung funktionieren Körper und Gehirn einfach nicht richtig. Da die Diätkultur sich in den letzten 100 Jahren vor allem auf Frauen konzentrierte, könnte man sagen, Hunger ist eines der effektivsten Mittel zur Unterdrückung der Frau. Er lässt uns an unsere Taille denken statt an soziale, politische und ökonomische Gleichstellung. Daher schlussfolgerte Naomi Wolf: »Diäten sind das stärkste politische Sedativ in der Geschichte der Frauen.« Mit anderen Worten: Wer Hunger hat, kann es nicht mit der Welt aufnehmen.

Bei weiblichem Hunger geht es also nicht nur ums Essen, nicht einmal nur um die Kleidergröße. Es geht um Macht, Emanzipation, Ganzsein. Indem wir uns weigern, uns für unseren Appetit zu schämen, signalisieren wir, dass wir vollständige Wesen mit Bedürfnissen sind, die es wert sind, gestillt zu werden. Wir verkünden der Welt, dass wir unser Leben nicht hungernd verbringen, sondern gedeihen und leben werden.

In dieser Hinsicht ist es radikal, auf seinen Hunger zu hören und seine Bedürfnisse zu respektieren. Zu essen, was und wann wir wollen, ist eine köstliche Methode, der Diätkultur in den Hintern zu treten und dem System, das uns auf Haut und Knochen schrumpfen wollte, zu sagen: »Verpiss dich!« Hey, Florence Hartley, wissen Sie was? Ich nehme Nachschlag, wenn ich will, ich lecke den ganzen verdammten Teller ab, und ich unterwerfe mich bestimmt keiner Vorstellung von Weiblichkeit, die mich deshalb für weniger wert hält.

Wenn Sie also das nächste Mal dieses Kneifen im Magen verspüren, reden Sie sich nicht ein, es sei nicht da. Bestellen Sie beim nächsten Date verdammt noch mal, was Sie wollen. Wenn Ihre Diät Sie hungrig und obsessiv macht, hören Sie damit auf. Respektieren Sie Ihren Körper genug, um auf ihn zu hören, wenn er

Ihnen sagt, dass er Nahrung braucht. Achten Sie Ihren Appetit, und nehmen Sie es mit der ganzen verdammten Welt auf.

Der Teufelskreis von Diät und Essattacken

Wenn alle im Bett lagen, war die beste Zeit. Dann konnte ich mich leise nach unten schleichen, kontrollieren, ob überall das Licht aus war, und in die Küche gehen. Mein einziger Gedanke war: Essen! Essen! Essen! Meine Hände kribbelten, wenn ich in den Vorratsschrank griff. Was folgte, war schnell zur Routine geworden. Ein letzter Schulterblick, um sicherzugehen, dass niemand die Treppe herunterkam und mich auf frischer Tat ertappte. Ich war allein. Nur ich und der Schrank, gefüllt mit all den Dingen, die ich nie mehr essen wollte.

Den ganzen Tag hatte ich nur diesen Moment geplant: Wann ich hinuntergehen würde, wie es schmecken würde, was ich zuerst essen würde, was als Nächstes und was zum Schluss. Die Essattacke hatte sich beim Aufstehen angekündigt, jede Windung meines Gehirns mit dem in Neon leuchtenden Befehl erfüllt: Iss! Die Verpackung flog weg, und der erste süße Bissen setzte meine Geschmacksnerven in Flammen. Eine Welle der Erleichterung durchströmte mich, und ich wusste, es würde lange dauern, bis ich wieder nach oben gehen könnte.

Manchmal sagte ich mir, ich würde langsam anfangen und all die verbotenen Sachen wirklich genießen. In anderen Nächten ging es nur darum, alles zu verschlingen, was mir in die Quere kam. Ob warm, kalt, süß, herzhaft, frisch, alt – egal. Wenn die Fressattacke einmal einsetzte, war ihr Ende nicht absehbar. Sobald ich nachgab, war alles vorbei. Die Attacke verschlang alles und schloss alle Gedanken der vergangenen Tage aus, alle Essensregeln, auch alle körperlichen Empfindungen wie Völlegefühl oder Übelkeit. Es gab nur unkontrollierbaren, animalischen Hunger. Eins war sicher: Der Hunger würde erst aufhören, wenn ich buchstäblich keinen Bissen mehr herunter-bekam.

Ich war die ganze Woche »brav« gewesen, hatte mich an meine neueste Diät gehalten und mich fast jede Sekunde mit Zahlen beschäftigt. Ich sagte mir, dieses Mal sei alles anders. Dieses Mal würde ich den Heißhunger endlich besiegen und abnehmen. Ich würde lernen, meinen Hunger zu kontrollieren, meinen ungezogenen Körper bändigen und meine Traumfigur erreichen. Das wollte ich mehr als alles andere auf der Welt. Trotzdem fand ich mich nach sechs Tagen bei 1200 Kalorien vor dem Schrank kauernd, in Schuldgefühlen ertrinkend, aber unfähig, mein Verlangen zu kontrollieren.

Wie im Abschnitt »Ich will mein Geld zurück« beschrieben, führen Diäten zu solchen Essattacken. Hungern, auch wenn es nicht extrem ist, verursacht physiologische Veränderungen im Gehirn. Wenn wir hungern, denkt unser Gehirn, wir lebten in einer Hungerperiode. Unser entwicklungsgeschichtlicher Über-lebensinstinkt macht sich bemerkbar und tut alles, um uns zum Essen zu bewegen.

So verlangsamt sich unser Stoffwechsel, wir werden mit Hungersignalen bombardiert und empfänglicher für Essensge-lüste, wodurch Essen noch appetitlicher wird.[45] Deshalb sind wir nicht willensschwach, wenn wir einbrechen. Unser Gehirn ist biologisch programmiert, sich nicht an Diäten zu halten (deshalb funktionieren eben 95 Prozent aller Diäten nicht). Oder wie Susan Bordo in *Unbearable Weight* schreibt: »Das Unterdrücken und Leugnen des Hungers … sorgten praktisch zwangsläufig für die aktuelle Essattacke.«

Ich habe Jahre in diesem Teufelskreis gelebt. Mit jeder Diät gab ich meinem Gehirn unbewusst das Signal, eine Hungersnot sei ausgebrochen. Die Unterernährung rief meinen Überlebens-instinkt wach und sorgte für physiologische Veränderungen in meinem Gehirn, sodass ich nur noch ans Essen denken konnte, bis ich den Drang nicht länger unterdrücken konnte. Aber nach jeder Essattacke war ich überzeugt, nur ein willenloser Fresssack zu sein und nun noch härter zu mir sein zu müssen, um die Attacke wiedergutzumachen. Schon setzt der Teufelskreis ein. Ich wusste nicht, dass die Diät die Essattacken auslöste. Stattdessen glaubte ich die Botschaft der Diätkultur, ich sei eine willenlose Versagerin – und der Kreislauf ging weiter.

Jeder, der das erlebt hat, weiß, wie der Kreislauf funktioniert:

○ **Phase 1:** Man denkt, man ist zu fett, also beginnt man eine Diät. Man verliert kurzfristig Gewicht, was man als Beweis nimmt, dass die Diät funktioniert.

○ **Phase 2:** Der Gewichtsverlust verlangsamt sich, der Körper will in seinem Set-Point-Gewichtsbereich bleiben. Also reduziert man die Zufuhr weiter. Man kann diese Phase wochen-, sogar monatelang durchhalten, aber man kämpft gegen den eigenen Körper und wird irgendwann zwangsläufig Heißhunger bekommen.

○ **Phase 3:** Man ist eingebrochen. Man hat alles gegessen, was verboten war. Der Diät zufolge ist man ein Versager. Wenn man schon Versager ist, dann richtig – Essattacke folgt auf Essattacke. Bevor man sich versieht, ist alles Gewicht wieder da – und noch etwas mehr.

○ **Phase 4:** Man denkt, man ist zu fett, also beginnt man eine Diät …

Je nachdem, wie viele Diäten Sie schon gemacht haben und wie lange Sie gegen Ihr internes Gewichtsregulierungssystem ankämpfen können, dauern diese Phasen unterschiedlich lang. Manche können das Gewicht über Wochen in Schach halten, andere über Monate, ja sogar Jahre. Aber eins ist bei uns allen gleich: Wir geben uns selbst die Schuld, wenn wir einknicken.

Wir erkennen nicht, dass dieser Teufelskreis geschaffen wurde, damit wir uns in einer Endlosschleife bewegen. Es geht nicht um Willensstärke und hartes Training. Wer wiederholt Diät macht, hat Willenskraft ohne Ende, wie sonst könnte er sich immer wieder zu etwas zwingen, das nachweislich nicht funktioniert? Wie sonst könnte er es immer und immer wieder versuchen, selbst wenn jahrelange Erfahrung ihm sagt, was dabei herauskommen wird? Denn beim Teufelskreis geht es nicht um Willensstärke, sondern um Biologie, und seinem biologischen Instinkt kann man eben nicht ewig widerstehen. Die Diätindustrie verdient Milliarden, indem sie uns weismacht, das sei nicht so.

Sechs Jahre lang aß ich entweder riesige Mengen oder entleerte meinen Körper mit Sportwahn und Reduktionsdiäten und war am Ende. Kurz bevor ich Body Positivity fand, brach ich vor meinem Vater zusammen und heulte fürchterlich. Ich erzählte ihm, dass ich das Gefühl hatte, immer entweder zu fasten oder zu fressen und dass ich nicht weiterwusste. Ich sah mich mein ganzes Leben lang abwechselnd hungern oder zwanghaft essen. Ich schämte mich, war verwirrt, aber vor allem erschöpft. Ich konnte so nicht mehr weitermachen. Ich wollte endlich wissen, wie man normal isst, und nicht jede Minute von Schuldgefühlen und Obsessionen zerfressen werden.

Es sollte sich herausstellen, dass ich mir nicht mehr lange Sorgen darüber machen musste, denn als ich mich in Body Positivity einlas, hörte der Teufelskreis auf. Mein gestörtes Verhältnis zum Essen und zu meinem Körper normalisierte sich, ich lernte wieder, angemessen zu essen. Und dies waren meine ersten Schritte:

Ich versprach mir, nie wieder eine Diät zu machen. Ich musste raus aus dem Teufelskreis. Immer wieder hatte ich mir gesagt, es würde aufhören, wenn ich erst abgenommen hätte, diese Essensgelüste – genau wie all meine Probleme – würden verschwinden, wenn ich mich erst einmal auf den perfekten Körper runtergehungert hätte (das klassische Wenn-ich-abgenommen-habe-Denken). Nach sechs Jahren musste ich mich der Wahrheit stellen: Es funktionierte so nicht. So lernte ich meinen Körper nicht lieben. Es machte mich nicht glücklich, und es heilte auch nicht den Schmerz, den die Essstörung hinterlassen hatte.

Ich lernte alles über die Diätkultur und wie sie uns für Profit dazu bringt, unsere Körper als Problemzonen zu sehen. Ich erfuhr die Wahrheit über Diäten – die Misserfolgsquote von

95 Prozent, die körperlichen und geistigen Schäden, das Geld, das mit unserem Selbsthass verdient wird. Ich dachte an mich, wie ich mit fünf Jahren lernte, Abnehmen als Schlüssel zu Glück, Schönheit und Frausein zu betrachten, und schon da panische Angst vor dem Fettsein hatte. Und wissen Sie was? Ich wurde stinksauer.

Weil keiner von uns, schon gar nicht Fünfjährige, darum gebeten haben, in einer Welt zu leben, die mehr Wert auf unsere Kleidergröße legt als auf uns als Mensch. Keine von uns sollte lernen, dass unser Körper ein Schlachtfeld und der Kampf gegen unser Fleisch eigentlicher Lebenszweck ist. Wirklich keiner von uns. Wir verdienen etwas Besseres.

Ich habe mich von »gutem« und »schlechtem« Essen verabschiedet. Sie haben schon gelesen, warum das so wichtig ist. Noch einmal zur Erinnerung: Es bedeutet, dass all die Dinge, die wir bei Essattacken essen, keine »verbotenen Früchte« mehr sind, die uns auf die »dunkle Seite« locken. Sie sind einfach Lebensmittel. Dadurch haben sie aber auch nicht länger dieselbe emotionale Bedeutung.

Verstehen Sie mich nicht falsch. Viele Dinge, mit denen ich mich früher vollgestopft habe, liebe ich heute noch. Ein saftiger Schoko-Brownie – jederzeit! Aber wenn ich einen genieße, ist der Genuss nicht von Scham und Schuldgefühlen getrübt. Einen Brownie zu essen gibt mir nicht länger das Gefühl, ein schlechter Mensch zu sein und gleich noch vier weitere essen zu müssen, weil ich ja eh versagt habe. All die »bösen« Dinge haben heute keine Macht mehr über mich, weil ich sie von den negativen Gefühlen loslöste, die ich früher beim Essen hatte.

Ich sagte mir nicht mehr: »Noch eine letzte Essattacke.« Ohne Diät war die Letztes-Abendmahl-Mentalität überflüssig, die uns befällt, bevor wir mit der nächsten Diät anfangen. Wer ständig auf die nächste Hungerperiode wartet, sagt sich schnell, dass er am besten alles noch einmal isst, was dann verboten sein wird. Vor allem, weil diese Diät ja ganz anders wird und man all diese Dinge ja dann nie mehr essen wird.

Wer aber jede Woche eine neue Diät beginnt, steuert unweigerlich auf die nächste wöchentliche Essattacke zu. Hört man auf, Diät zu halten, braucht man kein letztes Abendmahl, keine Essattacke, bis man sich nicht mehr rühren kann, denn all das Leckere ist ja morgen auch noch da. Und es ist erlaubt.

Ich habe aufgehört, mich für Heißhunger zu geißeln. Sie erinnern sich, dass Diäten uns dazu bringen und dass der Hunger für physiologische Veränderungen im Gehirn sorgt, die uns in die nächste Essattacke treiben. Sie haben nicht versagt! Sie sind ein Mensch, dessen Gehirn seine notwendige biologische Rolle erfüllt. Es ist nicht Ihr Fehler, dass Sie in einem Teufelskreis gefangen sind. Unsere Kultur verkauft Diäten als Erfolgsrezept, und unser Körper reagiert, wie die Evolution es ihn gelehrt hat, um sein Überleben zu sichern. Sie hatten also mit Beginn der ersten Diät schon verloren.

Es ist Zeit, all die Schuld abzuwerfen, die von unserem Glauben rührt, wir seien das Problem. Die Diätkultur ist das Problem. Und die sich aufstauende Scham treibt uns in die nächste Essattacke. Seien Sie nett zu sich selbst. Erkennen Sie, dass Ihr Körper die ganze Zeit nur auf Sie aufpassen wollte, und werfen Sie die Schuld ab.

Ich habe dem Hunger freien Lauf gelassen. Wenn Sie sich von Diäten verabschieden, werden Sie anfangs vermutlich denken: »Oh, mein Gott, ich kann alles essen, also HER DAMIT.« Wenn Sie lange sehr strikt Diät gehalten haben, kann es auch eine Essattacke sein.

Wichtig ist aber, dass Sie diesen Hunger völlig wertfrei zulassen, ohne sich hinterher dafür bestrafen zu wollen. Sie müssen Ihren Körper wissen lassen, dass er Ihnen wieder trauen kann und dass Sie ihn ab jetzt füttern werden, wenn er Ihnen signalisiert, dass er hungrig ist.

Vermutlich werden Sie sich auch auf all das stürzen, was ein Leben lang als »böse« galt. Da sind Selbstbeschuldigungen wie »Du bist eine unersättliche Schlampe, die dringend Diät machen sollte« fast programmiert. Als ich mich von Diäten verabschiedete, habe ich ganz viel halb gebackenen Plätzchenteig gegessen. Ich habe mir aber immer wieder gesagt, dass mich das nicht zu einem schlechteren Menschen macht, dass ich mein Hungergefühl und meine Gelüste respektieren sollte und dass es in Ordnung ist, wenn sich mein Körper deshalb verändert. Zuzunehmen und wieder mein Set-Point-Gewicht zu erreichen hieß nicht, dass ich mich nicht lieben durfte.

Aber nach ein paar Wochen Plätzchenteigwahn brauchte ich plötzlich nicht mehr so viel, um mein Verlangen zu stillen. Der Reiz des Verbotenen hatte sich abgenutzt. Ich wusste, ich konnte mehr davon essen, wenn ich wollte, auch morgen noch.

Ich dachte immer, ich dürfte nie mit Diäthalten aufhören, da ich mich sonst nur noch von Backwaren ernähren würde. Aber als ich mir in Sachen Essen Freiheit gewährte, passierte etwas Seltsames. Mein Körper sagte mir, dass er nicht nur Donuts wollte, er wollte auch nährstoffreichere Sachen und sogar – und das war etwas ganz Neues – Grünzeug! Das war die beste Heilung: Ich begann, auf meinen Körper zu hören.

Ich lernte, intuitiv zu essen. Und zwar so ...

Intuitive Ernährung

Inzwischen denken Sie vielleicht: »Okay, Megan, nicht immer nur über intuitives Essen reden, sondern endlich mal her mit den Informationen. Was ist das?«

Hier erst einmal die Kurzfassung: Intuitive Ernährung bedeutet, zu essen, was man will, wann man will, und aufzuhören, wenn man satt ist. Ich weiß, das klingt viel zu einfach. So schlicht kann die Antwort auf unsere Essenssorgen nicht sein. Aber warten Sie ab. Wenn es meine Dämonen nach Jahren der Magersucht, Binge-Eating-Störung und Jo-Jo-Effekt vertreiben konnte, kann es vielleicht auch Ihnen helfen.

Einige werden womöglich finden, dass das nicht nur zu einfach klingt, sondern schlicht gefährlich. Wer jahrelang Diät macht, den lehrt die Erfahrung, dass es mit einem Magen endet, der sich anfühlt, als würde er gleich platzen, wenn man sich erlaubt, alles zu essen, was man will – und mit einer erdrückenden Scham über die überall verstreuten Packungen und Gläser am Ort des Schlemmer-Verbrechens, begangen um elf Uhr nachts, bevor am nächsten Morgen die nächste Diät beginnt.

Der Gedanke, all die Essensregeln zu vergessen, die mir Jahre der Diäten ins Hirn gebrannt hatten, war in der Tat erschreckend. Vermutlich klingelt in Ihrem Kopf gerade eine Warnglocke nach der anderen: Wie zum Teufel soll das gut gehen, wenn Sie essen, was Sie wollen? Alle Eiscreme der Welt würde da nicht ausreichen!

Was wäre, wenn ich Ihnen sage, dass Sie schon wissen, wie man intuitiv isst? Das Wissen mag unter Jahren oder Jahrzehnten voller Diäten vergraben sein, aber es ist da. Es ist angeboren. Wir alle werden mit dem Wissen geboren, auf Hunger angemessen zu reagieren, zu essen, wenn wir müssen, und aufzuhören, wenn wir satt sind – denken Sie nur an ein Neugeborenes, das weint, wenn es hungrig ist, und aufhört, wenn es genug hat. Ohne diese angeborenen Signale für Hunger und Sättigung würden wir als Spezies nicht überleben. Aber wir lernen, den internen Signalen zu misstrauen, wenn die externen Regeln, was, wann und wie man essen sollte, uns lehren, unserem Körper zu misstrauen.

Die gute Nachricht ist, dass wir dieses Vertrauen wieder lernen können. Die Autorinnen des Buchs über intuitives Essen, Elyse Resch und Evelyn Tribole, beschreiben es als »Reise zurück zum intuitiven Essen«. Man lernt also nichts Neues, sondern nimmt die Fähigkeit, auf den eigenen Körper zu hören, nur wieder an. So kann man die Beziehung zu seinem Körper wieder normalisieren, geistig frei werden, alle Schuld ums Essen abwerfen und sich wieder eins fühlen mit seinem Körper.

Denken Sie einen Moment an die fürchterlichsten Diätessen, die Sie sich je aufgezwungen haben. Bei mir waren es definitiv Shirataki-Nudeln, die man im Asialaden bekommt. Sie werden aus Konjakwurzelmehl gemacht, enthalten viel Wasser und Kalziumhydroxid. So etwas müssen Sie nie wieder essen. Sie müssen nie mehr ein schlechtes Gewissen haben, weil Sie essen, was Sie mögen. Sie müssen Ihre geistige Gesundheit nie mehr mit Selbstbeschränkung gefährden. Ab jetzt sind Sie die einzige Person, die entscheidet, was Sie essen, und Sie werden feststellen, dass Ihr Körper ein sehr zuverlässiger Partner ist. Klingt gut? Dann lesen Sie weiter!

NIE MEHR DIÄT

Falls Sie immer noch an Diäten als Weg zum Glück festhalten, bedenken Sie dies: Sie können nicht gleichzeitig Diät halten und Ihr Verhältnis zum Essen normalisieren. Diäten lehren uns, die Signale unseres Körpers zu ignorieren und auferlegten Regeln zu folgen wie z. B.: Trinken Sie Wasser, wenn Sie hungrig sind! Gehen Sie joggen, wenn Sie Heißhunger haben! Essen Sie Zucchini, wenn Sie Lust auf Pasta haben!

Diäten lehren uns, unserem Körper zu misstrauen, wenn es um Essensentscheidungen geht. Intuitive Ernährung bringt uns hingegen bei, auf unseren Körper zu hören und die Regeln zu vergessen. Janet Polivy sagt im Vorwort zu *Overcoming Overeating:* »Das wesentliche Problem aller restriktiven Diäten ist, dass sie einen Keil zwischen Mensch und Körper treiben.« Diesen Keil müssen wir herausreißen und eine Brücke zwischen Essen und unserem Körper bauen.

○ Bei jedem Programm zu intuitivem Essen, das etwas taugt, ist der Bruch mit Diäten der erste Schritt. Genauer gesagt müssen diese Teile der Diätmentalität verschwinden:

○ Das konstante Kalorienzählen. Hören Sie damit auf!

○ Die Vorstellung von verbotenen Lebensmitteln (alias »böse« Nahrung) und sicherer Nahrung (alias »gute« Nahrung).

○ Schuldgefühle und Scham über das eigene »Versagen«, wenn man etwas Verbotenes gegessen hat. Immer schön dran denken: Nicht Sie haben versagt, die Diät hat Sie im Stich gelassen.

○ Die »Wenn ich erst dünn bin«-Fantasie. Die Fantasie, in der ein dünner Körper automatisch mehr Romanzen, eine tolle Karriere, ein aufregendes Sozialleben, Freiheit von Sorgen, Stress und Traurigkeit und vor allem keinen Heißhunger auf Backwaren mehr verheißt. Das klingt ja auch alles so was von realistisch!

○ Alle Regeln, die Diäten Ihnen über das Essen weisgemacht haben. Nicht nach 21 Uhr essen? Vergessen Sie's. Nichts mit raffiniertem Zucker anrühren? Nein, darauf höre ich nicht mehr. Sich den eigenen Willen zunutze machen und allen essbaren Verlockungen widerstehen! Echt jetzt? Hören Sie auf mit der kranken Moralpeitsche. Wir fangen ganz von vorne an. Keine Regeln mehr.

Und nun der wichtige Teil: Wenn Sie wirklich Ihr Verhältnis zum Essen normalisieren und ein intuitiver Esser werden wollen, können Sie dies nicht wie ein neues Diätexperiment angehen und schnelle Resultate und einen neuen Körper erwarten. Das ist weder eine Wunderdiät noch ein Schnellschuss, sondern die Möglichkeit, ein Leben lang Frieden mit dem Essen zu schließen.

Bleibende Diäthoffnungen werden Sie nur von Ihrem Körper entfremden und Ihre neue Ernährungsweise untergraben. Ich weiß, das ist ein Sprung ins kalte Wasser, aber alles andere haben Sie doch schon ausprobiert, oder? Diäten haben oft genug Ihr Verhältnis zum Essen ruiniert, Ihren Stoffwechsel verwüstet und dazu geführt, dass Sie Ihren Körper als Problem sehen, das behoben werden muss. Meinen Sie nicht, es wäre Zeit, Frieden mit dem Essen und Ihrem Körper zu schließen? Ich auch.

LERNEN SIE, AUF IHREN KÖRPER ZU HÖREN

Schritt 1: Achten Sie wieder auf Ihre Hungersignale. Vermutlich betrachten Sie Ihren Appetit schon lange Zeit als Feind und sind Experte darin, Magengrummeln zu ignorieren. Sie sagen sich lieber, dass es noch nicht an der Zeit ist, zu essen. Das Problem ist, dass der Körper so lernt, Ihnen nicht zu vertrauen, dass Sie seine Hungersignale erkennen. Manche haben sich das so abtrainiert, dass sie erst merken, dass sie hungrig sind, wenn sie alles in Reichweite verschlingen könnten.

Da Sie aber die Diätregeln über Bord geworfen haben, müssen Sie Hunger nicht mehr als Problem sehen. Sie können ihn stattdessen als tolles Instrument erkennen, mit dem der Körper Ihnen mitteilt, was er braucht. Sie können also anfangen, seine Signale wahrzunehmen, ohne sie zu verurteilen. Der Hunger, den Sie spüren, egal, wie stark oder schwach, ist weder gut noch schlecht, er existiert schlicht und verdient Beachtung.

Manche Programme zum intuitiven Essen empfehlen, den Hunger auf einer Skala von 1–10 (von leerer Magen bis komplett voll) zu bewerten, um sich wieder besser kennenzulernen. Jeder fühlt Hunger und Sättigung anders, und Sie können sich auch eine eigene Skala bauen. So sieht beispielsweise meine aus:

1. So hungrig, dass ich es nicht mehr merke und mir nur noch schlecht ist (müde, grantig, ein kompletter Zombie).
2. ICH FRESS DICH, WENN DU MIR NAHE KOMMST (wacklig, gereizt, Probleme, sich auf irgendwas außer ESSEN zu konzentrieren; das Stadium, in dem mein Freund mir sagt, wenn ich hungrig sei, sei ich nicht derselbe Mensch).
3. Gib mir bitte bald etwas mit Käse drauf (bereit zu essen, aber noch funktionstüchtig, ordentlich Magenknurren und Gedanken ans Abendessen).
4. Ich könnte was Kleines gebrauchen, damit ich weiterticke! Vielleicht einen Snack oder so (leichtes Magenzwicken und gelegentliche Gedanken ans Essen).
5. Weder hungrig noch satt. Gedanken ans Essen kommen kaum vor.
6. Das war lecker! (Voller Energie und recht gesättigt, aber nicht voll.)
7. Hunger = gestillt, aber für ein Dessert hätte ich noch Platz. Hat da jemand was von Brownies gesagt? (Angenehm voll, vielleicht ein wenig Appetit auf Süßes, aber kein Hunger mehr.)

8. Ja, jetzt bin ich satt. (Schwere im Magen, ein wenig müde. Eine kleine Pause wäre jetzt nett.)

9. WARUM HAB ICH NUR JEANS ANGEZOGEN?! (Heimlich die Hose aufknöpfend, Plauze wie im sechsten Monat, sehr müde und vielleicht ein wenig übel.)

10. So voll wie nach dem Weihnachtsessen. Nie wieder an Essen denken wollen (Magendrücken, Übelkeit, großes Schlafbedürfnis – absolutes Essenskoma).

Ziel des intuitiven Essens ist es, auf die Hungersignale der Stufe 3 oder 4 der Skala zu reagieren, um besser auswählen zu können, worauf man wirklich Appetit hat, und zu merken, wann man angenehm satt ist.

Wenn Sie häufig Stufe 2 oder 1 erreichen, essen Sie vermutlich einfach alles, was geht, und landen dann sofort am anderen Ende der Skala auf Stufe 9 und 10, weit jenseits des angenehmen Sattheitsgefühls. Das ist nicht Ihr Fehler. Unser Programm schreibt schlicht vor, auf Nahrungsentzug so zu reagieren, dass wir alles in Reichweite verschlingen. Und da man uns beigebracht hat, Hunger zu ignorieren, verfallen wir ins Extrem.

Lesen Sie nun bitte aufmerksam: Sie dürfen auf Ihren Hunger reagieren. Egal, zu welcher Uhrzeit, egal, was Sie schon gegessen haben. Sie müssen sich nicht sagen, dass Sie eigentlich nicht hungrig sein dürften, wenn Sie es doch sind.

Hören Sie unvoreingenommen auf Ihren Körper. Wenn Sie körperliche Hungerzeichen spüren (von Magenkneifen bis zu lautem Grollen, Leeregefühl, Schwindel, Zittrigkeit, Müdigkeit, Erschöpfung), ist es Zeit zu essen. Sie dürfen essen, wenn Sie Hunger haben. Und Sie brauchen keine externen Regeln, was Sie essen, keine Tabellen, Punktesysteme, Listen mit guten Lebensmitteln oder Ersatz für das, auf das Sie wirklich Hunger haben. Achten Sie auf Ihre Hungersignale, und dann …

Schritt 2: Essen Sie verdammt noch mal, worauf Ihr Körper gerade Lust hat. Denken Sie daran, dass nichts mehr verboten ist, bevor der Gedanke auftaucht, Sie gerieten außer Kontrolle und äßen all die »bösen« Dinge. Ihre Essenswahl hat nichts damit zu tun, wie Sie zu sich stehen. Konzentrieren Sie sich nur darauf, was Ihr Körper Ihnen sagt, und wählen Sie danach aus, was Sie essen.

Wenn Sie auf nichts konkret Appetit haben, fragen Sie sich: Will ich warm oder kalt essen? Süß oder herzhaft? Mild oder würzig? Schwer oder leicht? Cremig oder knusprig? Kommt Ihnen dann etwas in den Sinn, stellen Sie sich vor, es zu essen. Haben Sie es im Haus, können Sie auch ein wenig davon probieren. Dann wissen Sie, ob es das ist, was Ihr Körper will. Sie dürfen essen, wonach immer Ihnen der Sinn steht.

ABER WAS IST, WENN ICH NICHT AUFHÖREN KANN, EIS ZU ESSEN? DAS KANN DOCH NICHT GESUND SEIN? Wie schon gesagt, es gab Zeiten, da dachte ich, ich würde von morgens bis abends nur noch Keksteig essen wollen. Es ist normal, wenn wir zuerst das essen, was lange verboten war. Aber wenn Sie erst einmal verinnerlicht haben, dass nichts mehr verboten ist und nicht zur Strafe schon die nächste Diät hinter der nächsten Kurve lauert, verliert sich der Reiz des Verbotenen.

Wenn Sie erst einmal akzeptiert haben, dass Keksteig genauso moralisch ist wie Kichererbsen und zum Essen gedacht ist, wann immer Sie Hunger darauf verspüren, werden Sie nicht mehr eine ganze Schüssel voll essen wollen, nur weil es aus dem Ofen nach Vanille riecht.

Erlauben Sie sich alles, was vorher verboten war, was immer Ihre Gelüste Ihnen sagen, und genießen Sie es! Essen Sie bewusst und voller Genuss! Linda Bacon schreibt in *Health at Every Size:* »Die beste Einstellung zum Essen ist nicht Verzicht und Restriktion. Die beste Einstellung ist eine, die Genuss kultiviert und die Nahrung und den Akt des Sich-Ernährens wertschätzt.« Erlauben Sie Ihrem Körper, sich genährt zu fühlen, den Geschmacksknospen, glücklich zu sein, und Ihrem Appetit, gehört zu werden. Und achten Sie darauf, wann Ihr Körper zufrieden ist.

Schritt 3: Hören Sie auf zu essen, wenn Sie satt sind. Ihr Körper hat genug, wenn er es Ihnen sagt, nicht wenn irgendeine Regel Ihnen sagt, es sei genug. Erfahrene Diäthalter sind gewohnt, das zu essen, was der Diätplan vorschreibt, nicht mehr, nicht weniger. Manchmal bleibt man dabei hungrig, manchmal mehr als satt, denkt aber, besser jetzt, solange ich darf, als später wieder zu hungern. Beim intuitiven Essen dürfen Sie aber immer essen, solange Sie hungrig sind. Es ist also unnötig, sich über den Punkt der angenehmen Sättigung hinaus vollzustopfen wie damals zu Diätzeiten, bevor die nächste Diät startete.

Wenn Sie dazu neigen, einfach alles bis Oberkante Unterlippe zu verschlingen, essen Sie langsamer, nehmen Sie sich Zeit und legen Sie Pausen ein, in denen Sie in sich reinhorchen, ob Sie noch Hunger haben oder ob das Essen Sie noch anspricht. Nur Sie entscheiden, wann es genug ist. Und wenn Sie auf Ihren Körper hören, wird er es Ihnen sagen. In *Lob des Essens* schreibt Susie Orbach: »Keine Diät, kein Trainer, kein Programm kann besser wissen, was Ihr Körper braucht.« Sie können selbst am besten entscheiden, was, wann und wie viel Sie essen, also vertrauen Sie sich.

Auch beim Sättigungsgefühl hat jeder seine eigenen Vorlieben. Morgens und mittags esse ich gern bis Stufe 6 oder 7 – nicht so viel, dass ich träge werde, aber bis ich zufrieden bin und wieder Energie habe. Abends auf dem Sofa esse ich gern bis zu Stufe 8. Ich gehe gern ins Bett, wenn sich mein Magen voll anfühlt. Andere mögen es lieber leichter und essen dann nur bis Stufe 5 oder 6.

Und selbst wenn Sie sich mal überessen, macht Sie das nicht zum Versager oder schlechten intuitiven Esser. Auch nicht, wenn Sie manchmal essen, obwohl Sie nicht hungrig sind. Es ist schließlich keine Diät! Wie gut oder schlecht Sie den Regeln folgen, sagt nichts über Sie aus, denn es gibt keine Regeln, nur Richtlinien, die Ihnen helfen, so zu essen, wie es für Sie körperlich und seelisch richtig ist. Niemand isst immer nur intuitiv, denn Essen ist nicht nur Treibstoff. Es ist Tradition, Genuss,

Ritual und Geborgenheit. Wir können und sollten es nicht auf Füllmasse reduzieren.

In *Schluss mit den Diätkuren* erklären Jane Hirschmann und Carol Munter den Unterschied zwischen Magenhunger und Mundhunger. Magenhunger entsteht aus dem physiologischen Bedürfnis zu essen, sobald der Körper Nahrung braucht und uns ein Hungersignal schickt. Mundhunger ist ein psychologisches Essensbedürfnis. Vielleicht wünscht man sich nur, etwas zu schmecken, oder möchte sich trösten, aus Gewohnheit oder aus Lust essen. Es geht dabei nicht darum, einen körperlichen Hunger zu stillen.

Das Ziel des intuitiven Essens ist es, stärker auf den Magenhunger zu hören und ihn zu stillen. Deswegen hört der Mundhunger nicht auf, aber er bestimmt einfach weniger Ihre Essgewohnheiten. Natürlich können Sie weiterhin auch Dinge essen, nur weil sie so verdammt lecker aussehen.

Was ist mit Nährstoffen?

Die meisten Programme zum intuitiven Essen raten davon ab, sich auf Nährstoffe zu konzentrieren. Wer sich von Diäten lösen will, tappt zu schnell in die Falle, »gesunde Ernährung« in eine moralische Verpflichtung zu verwandeln. Um Ihren Appetit zu erkunden, müssen Sie aber frei sein, ohne dass Gedanken wie »Ich sollte doch besser das essen« Ihre Wahl beeinflussen. Sobald Sie die alten Kategorien »gutes/böses Essen« über Bord geworfen haben und beginnen, Ihrem Körper zu vertrauen, können Sie versuchen, bewusst nährstoffreicher zu essen.

Wichtig ist, dass diese Entscheidung daher rührt, dass Sie Ihrem Körper etwas Gutes tun wollen, ihn mit Dingen auftanken möchten, die ihm helfen, gut zu funktionieren, und Sie vor Energie überschäumen lassen. Der Antrieb darf nicht sein, den Körper in eine andere Form oder ein Schönheitsideal zu pressen,

denn dann sind wir wieder bei Schuldgefühlen und Bodyshaming.

Wenn Sie das Gefühl haben, das intuitive Essen läuft inzwischen gut und Sie möchten sich gesünder ernähren, ist es wieder
das Beste, auf den Körper zu hören. Irgendwann sagt er nämlich: »Hey, der ganze Keksteig war klasse, aber ein paar Nährstoffe wären jetzt echt mal 'ne nette Abwechslung.« Versuchen
Sie dann bei der Wahl des Essens nicht nur an Geschmack,
Mundgefühl und Temperatur zu denken, sondern auch daran,
wie Ihr Körper sich danach fühlt.

Ein Beispiel: Vor einem arbeitsreichen Tag haben Sie Appetit
auf ein englisches Frühstück. Gebratenes macht Sie aber
schlapp. Was wäre eine nette Alternative, die Sie sättigt, Ihnen
aber mehr Energie gibt? Vielleicht pochierte Eier auf Toast und
dazu etwas Obst? Sagt Ihr Körper dann »Och nö«, dann muss
es eben das englische Frühstück sein. Hauen Sie rein, und genießen Sie es. Gesünder essen soll nicht bedeuten, Dinge zu essen,
die man nicht möchte.

Übrigens: Studien haben gezeigt, dass wir umso mehr Nährstoffe absorbieren, je mehr wir ein Essen genießen. Linda Bacon
beschreibt in *Health at Every Size* eine Studie, in der zwei
Frauengruppen, die einen aus Thailand, die anderen aus Schwe-
den, ein traditionelles Thai-Gericht serviert wurde.[6] Die Thai-
länderinnen mochten das Gericht und nahmen 50 Prozent mehr
Eisen aus dem Essen auf als die Schwedinnen. Das bedeutet: Es
bringt nichts, sich aus Gesundheitsgründen etwas reinzuzwin-
gen, das man nicht mag.

An dieser Stelle ist ein wenig Ernährungswissen hilfreich.
Aber Vorsicht mit »Gesundheitsratschlägen«, die mit Diätkultur vermischt werden. Wenn Kalorienzählen, Fettverbrennung,
Abnehmen oder Essensreduktion beteiligt sind, geht es nicht
um Gesundheit, sondern um Diät!

In *Health at Every Size* finden sich ein paar hilfreiche, wert-
freie Ernährungsinformationen. Bacons bester Rat für gesunde
Ernährung ist: »Genießen Sie verschiedene ehrliche, vorrangig

pflanzliche Lebensmittel.« Im Anschluss beschreibt sie neutral die gesunden Eigenschaften der verschiedenen Nahrungsgruppen – ohne Gewissensappelle oder Vorwürfe. Manchen Menschen könnte eine Ernährungsberatung nach diesem Prinzip guttun (inzwischen gibt es Ernährungsberater, die einen gewichtsneutralen Ansatz verfolgen).

Noch mal: Sie müssen sich um gesundes Essen nicht kümmern, bevor Sie sich bei der intuitiven Ernährung nicht sicher fühlen. Und auch dann ist es weder erforderlich noch ein Maßstab für Ihren Wert als Mensch. Für manche ist es auch einfach noch zu früh. Nach einer Essstörung ist es z. B. nur wichtig, gesund und frei von Esszwängen zu werden. Es gibt nichts, was es wert wäre, diesen Heilungsprozess zu stören.

Elyse Resch und Evelyn Tribole fassen es in *Intuitiv abnehmen* so zusammen: »Für uns umfasst eine gesunde Ernährung eine ausgewogene Essensauswahl und ein gesundes Verhältnis zum Essen.« Mit anderen Worten: Körperliche Gesundheit sollte nie auf Kosten der geistigen Gesundheit erkauft werden. Bei Gesundheit geht es nicht nur darum, womit wir unseren Körper füttern und wie wir uns bewegen, sondern wie wir uns fühlen und wie wir zum Essen und zu uns selbst stehen.

ES GEHT NICHT UMS ABNEHMEN

Nein, wirklich nicht. Leider gibt es Programme, die intuitives Essen in die nächste »So werden Sie ohne Fasten dünn«-Diät verwandeln. Die Fixierung aufs Abnehmen verhindert aber, dass wir unseren Körper wieder verstehen lernen. Wie soll man darauf vertrauen, dass der Körper am besten weiß, was er braucht, wenn man ihn weiterhin schrumpfen will? So wird man Schuldgefühle nicht los und kann Hunger nicht wertfrei annehmen. Es geht nicht um besseres Aussehen, sondern um eine gesunde Beziehung zur Nahrung und darum, sich endlich von Zwängen zu befreien.

Intuitives Essen erkennt an, das jeder Mensch ein individuelles, genetisch festgelegtes Gewicht (Set-Point-Gewicht) hat, bei dem der Körper am besten funktioniert und das er zu erhalten sucht. Haben jahrelange Diäten dazu geführt, dass Sie die Signale Ihres Körpers nicht mehr verstehen, haben Sie dieses Gewicht vermutlich nicht.

Manche Menschen, die beständig über den Sättigungspunkt hinaus gegessen haben, nehmen durch intuitives Essen ab. Andere nehmen zu, wieder andere bleiben gleich. Wichtig ist, sich daran zu erinnern, dass der Körper das Gewicht kennt, das für ihn richtig ist. Ihn davon wegzwingen zu wollen kann langfristig nur schaden.

FRUSTESSEN

Es ist ganz normal, dass Essen auch emotional besetzt ist. Wir feiern damit, wir erinnern uns damit und wir trösten uns damit. Wie schon gesagt, Essen ist nicht nur Treibstoff. Bei einigen Menschen verknüpfen sich Essen und Emotionen aber auf ungesunde Weise. So wird Essen beispielsweise zum einzigen Trost, oder es wird genutzt, um Gefühle zu betäuben.

Neben Diäten sorgt also auch Frustessen dafür, dass wir die Hungersignale unseres Körpers nicht mehr hören, und verhindert so intuitives Essen. Sie sind deswegen kein schlechterer Mensch, aber es ist etwas, das Sie vielleicht angehen sollten, wenn Sie ein normales Verhältnis zum Essen finden möchten.

Ganz wichtig: Verurteilen Sie sich nie für Frustessen, denn Schuld hält den Teufelskreis nur in Gang. Sie sind kein Fresssack, kein Versager, Sie nutzen bloß die Ihnen vertraute Methode, mit dem Leben klarzukommen. Wenn Sie ängstlich sind oder alles aus den Fugen gerät, bietet Essen Ihnen Halt und beruhigt Sie. Oder Sie überbrücken die Langeweile oder belohnen sich mit etwas Leckerem. Egal, aus welchem Grund, Essen erfüllt in Ihrem Leben einen emotionalen Zweck. Es ist vielleicht nicht die beste Lösung, aber es ist im Moment die einzige, die Sie kennen.

Vor einiger Zeit sprach ich mit einer Frau, die sich selbst verletzte und die Selbstverletzung dann durch Essen ersetzte. Für sie war Essen die beste Lösung und der einzige Trost, den sie finden konnte, wenn die Gefühle aufwallten, die sie autoaggressiv werden ließen. Die Menschen um sie herum verstanden nicht, warum sie auf einmal zunahm, aber sie war dankbar, dass Essen ihre Gefühle ablenkte, wenn das Leben sie zu überwältigen drohte.

Es ist in Ordnung, wenn Essen Ihnen hilft, sich weniger überwältigt zu fühlen. Aber vielleicht ist es an der Zeit, das untergründige Problem anzugehen und andere Wege zu finden, damit klarzukommen. Wenn Sie nicht bereit sind, ist das okay. Wenn doch, lesen Sie weiter.

Wenn Sie diesen Essensdrang verspüren, fragen Sie sich, was Sie wirklich fühlen. Wenn es nicht Hunger ist, was dann? Angst, Gereiztheit, Traurigkeit oder Stress? Versuchen Sie, das Gefühl möglichst genau zu erfassen, und denken Sie daran, dass Sie es fühlen dürfen. Gehen Sie sanft mit sich um, seien Sie achtsam – lassen Sie die Gefühle zu, und nehmen Sie wertfrei an, wie Sie sich fühlen. Viele haben Angst, von ihren Gefühlen erdrückt zu werden, wenn sie sie nicht irgendwie betäuben – in diesem Fall mit Essen. Aber keine Angst, Sie sind stärker, als Sie denken.

Wenn Sie die Gefühle ergründen, die hinter dem Essensdrang stehen, gibt es vielleicht eine andere Möglichkeit, das Problem zu lösen. Vielleicht können Sie die Arbeitsfrist verlängern, mit dem Menschen reden, der Sie verärgert hat, oder auch den Frust einfach herausbrüllen? Und wenn Sie keine Lösung finden, nehmen Sie das Gefühl an und sagen Sie sich, dass Sie immer noch da sind, egal, wie schwierig die Situation ist. Sie überstehen das. Es ist in Ordnung, wenn Ihnen alles zu viel wird und Sie sich ablenken wollen. Keiner hält all seine Gefühle ständig aus. Dann würden wir nichts hinbekommen. Finden Sie andere Ventile, damit Essen nicht der einzige Ausweg bleibt.

Seien Sie aber vor allem nett zu sich selbst, und gehen Sie sorgsam mit sich um, Sie haben es verdient. Kaufen Sie sich

Blumen, weil Sie sie hübsch finden. Haben Sie ein Date mit sich selbst. Nehmen Sie sich Zeit für etwas, das Sie gern tun, zu dem Sie aber eigentlich nie kommen. Und tun Sie das ohne Schuldgefühle – Sie haben Bedürfnisse, die erfüllt werden müssen. Achten Sie darauf, dass es Ihnen mental gut geht, und haben Sie nie Angst, sich Hilfe zu suchen, wenn Sie sie benötigen. Sie dürfen das. Sie sind wertvoll. Und Ihre Gefühle sind wichtig.

NORMALES ESSVERHALTEN

Intuitives Essen sieht bei jedem anders aus, und niemand kann für Sie entscheiden, wie es für Sie auszusehen hat. Ich habe mir immer gewünscht, einfach wieder ein so unbekümmertes Verhältnis zum Essen zu haben wie vor all den Diäten, bevor ich all diese Zahlen kannte, bevor ich mich schuldig fühlte, als Essen einfach nur Essen war. Die meisten Menschen, deren Verhältnis zum Essen nie durch Diäten zerstört wurde, essen intuitiv. Sie essen, worauf sie Lust haben, hören auf, wenn sie satt sind, und verschwenden keine Zeit darauf, über jeden Bissen nachzudenken.

Mir wurde klar, dass ich all die giftigen Gedanken, die Diäten mir über das Essen beigebracht haben, nicht vergessen kann (die Zahlen haben sich eingebrannt), aber ich kann aufhören, ihnen Gewicht beizumessen, und stattdessen lernen, Essen und Ernährung auf eine neue Weise zu sehen.

Mein Verhältnis zum Essen wurde immer besser, je weniger ich darüber nachdachte. Verstehen Sie mich nicht falsch: Ich genieße mein Essen und freue mich auf mein Lieblingsgericht, aber ich denke nicht mehr ständig darüber nach. Essen ist ein köstlicher Teil meines Lebens, nicht mein Hauptfokus, mein wichtigster Quell des Glücks oder mein einziger Trost. Essen kann mich auch nicht mehr vor Scham und Schuld in ein schwarzes Loch stürzen. Intuitives Essen hat mir geholfen, mich von meinen Zwangsvorstellungen zu befreien. Ich hoffe, Ihnen hilft es genauso.

Hier ein paar Dinge, die Ihnen auf dem Weg zu einem normalen Essverhalten helfen können: Haben Sie Geduld mit sich, und verurteilen Sie sich nicht, wenn nicht alles glattläuft. Denken Sie daran: Dies ist keine Diät! Es ist okay, wenn mal nicht Hunger- und Sattheitsgefühl Ihr Essen bestimmen. Es ist okay, manchmal wie wild zu essen oder mal zu essen, ohne hungrig zu sein. Es ist okay, sich auf Nährwerte zu konzentrieren – oder auch nicht. Es ist okay, wenn Essen für Sie emotional wichtig ist. Das Ziel heißt nur, normal zu essen. Und wenn Sie mal nicht mehr wissen, was das bedeutet, lesen Sie einfach diese tolle Definition von Ellyn Satter:

Normal zu essen bedeutet, hungrig an den Tisch zu gehen und zu essen, bis man satt ist. Es bedeutet, das Essen wählen zu können, das man mag, und so lange zu essen, bis man wirklich genug hat, nicht bis man denkt, man müsste aufhören. Normal zu essen bedeutet auch, die bewusste Wahl so treffen zu können, dass man sich nährstoffreich ernährt, aber nicht auf Genuss zu verzichten, weil man sich einschränken müsste. Sie haben die Erlaubnis zu essen – weil Sie glücklich sind oder traurig oder gelangweilt, oder auch nur, weil es sich gut anfühlt. Meist bedeutet normales Essen drei Mahlzeiten am Tag, oder vier oder fünf, oder auch nebenher etwas zu naschen. Es bedeutet, ein paar Kekse auf dem Teller zu lassen, weil Sie wissen, dass Sie sie ja auch morgen essen können – oder ein paar mehr zu essen, weil sie so lecker sind. Und manchmal isst man eben wenig, weil man sich unwohl oder voll fühlt. Normales Essen bedeutet, darauf zu vertrauen, dass der Körper unsere Fehler beim Essen auffängt. Normales Essen benötigt ein wenig Zeit und Aufmerksamkeit, aber es ist halt nur eines der wichtigen Dinge im Leben.

Kurz gesagt: Normales Essen ist flexibel. Ihre Reaktion auf Hunger hängt davon ab, wie viel Zeit Sie haben, ob Essen verfügbar ist und wie Sie sich fühlen.

Also noch einmal zum Mitschreiben: SIE DÜRFEN ESSEN.

Das mache ich nach den nächsten zehn Pfund
Wie wir unseren Körper unser Leben bestimmen lassen

»Unsere Kultur erwartet von Frauen im Allgemeinen und vor allem von dicken Frauen, dass wir uns einschränken. Sie hält uns auf verschiedenste Weise davon ab, uns frei, verspielt und zufrieden durch die Welt zu bewegen. Wir sollen weder Platz in Anspruch nehmen noch sichtbar, spontan oder dynamisch oder laut und ausgelassen sein. Der Himmel verhüte, dass wir etwa gar leidenschaftlich, angstfrei und uns unserer körperlichen Kraft bewusst werden. Ich sage dazu: Scheiß drauf!«
– Hanne Blank, *The Unapologetic Fat Girl's Guide to Exercise and Other Incendiary Acts*

»Ich vertraue darauf, dass Sie mehr vom Leben erwarten als einen Grabstein mit der Inschrift: ›Alles, was sie sich wünschte, war ein strammer Arsch‹.«
– Summer Innanen, *Body Image Remix*

Oder nach den nächsten 15 oder 20 Pfund. Vielleicht 30 ...

Während ich diese Zeilen schreibe, versprechen die ersten Strahlen der Frühlingssonne willkommene Wärme nach dem Winter. Vor gar nicht allzu langer Zeit hätte das bei mir nur den Alarm ausgelöst, dass der Sommer vor der Tür steht –

WENN DU EINEN SOMMER HABEN WILLST, MUSST DU JETZT ABNEHMEN! Der Sommer passierte nicht einfach, er musste verdient werden, indem ich hart genug daran arbeitete, den größten Preis der Diätkultur zu gewinnen: die Bikinifigur.

Und so begann die übliche Frühlingsroutine: Ich holte die Work-out-DVDs aus dem Schrank, kaufte ein Kleid, das zwei Nummern zu klein war, und hängte es sichtbar auf, aß schnell noch mal alles, was später verboten war, und schloss mich zu Hause ein.

Ich schloss mich wirklich über Monate ein, um mich ungestört dünner zu schwitzen und dann wie ein Schmetterling mit einem neuen Körper in die Welt hinauszutreten. So verbrachte ich Jahr um Jahr als Bikinifigur-Eremitin. Statt wirklich zu leben, ergab ich mich der Fantasie, wie glücklich ich erst sein würde, wenn ich endlich meine wohlgeformten Schenkel in ein Stück Stoff mit einer einstelligen Größenangabe hüllen könnte. *Dann* würde ich endlich leben.

Jedes Mal war das Ziel, am Ende des Sommers bereit für den Bikini zu sein und dann mit Klamotten, in die ich einmal im Jahr passte, und einer panischen Angst vor dem Büfett in die Sonne zu reisen. Ein Sommer, in dem ich am stärksten abgenommen hatte, endete in Ägypten. Ich wachte am ersten Tag auf, machte im Bad 100 Sit-ups und ließ meinen Freund ein Foto von mir machen, bevor wir zum Frühstück gingen (mir war klar, dass bereits das erste Croissant direkt auf meinen Hüften landen und alle Mühe zunichtemachen würde). Der Traum von der Sommerfigur platzte brutal, sobald ich die Fotos betrachtete und keine Spur von der Photoshop-perfekten Traumfigur entdecken konnte, für die ich monatelang gekämpft hatte.

Damit war der Sommer mal wieder gelaufen, ohne dass ich eine Figur hatte, die das Sonnenlicht verdient hätte. Ich hatte auf Ausflüge mit der Familie und Freunden verzichtet, meinen Job gekündigt und mein komplettes Leben ausschließlich auf meinen Körper ausgerichtet. Das mache ich, sobald ich abgenommen habe, ganz bestimmt, aber nicht mit dieser Figur. Ich gab alles, was ich hatte, aber das reichte immer noch nicht, und im Handumdrehen war der Sommer vorüber.

Ich würde gern sagen, dass ich die Einzige bin, die ihr Leben dem Abnehmen geopfert hat, aber ich denke, die meisten von Ihnen werden genau wissen, wovon ich rede. Wahrscheinlich tun Sie gerade genau dasselbe. Überall opfern Menschen ihr Leben dem Traum vom Abnehmen.

Wir weigern uns zu leben, bis unsere Figur perfekt ist. Nur ist das Leben dann leider meist vorbei. Es sind ja auch nicht nur die paar Pfunde zu viel, die uns zurückhalten, da sind ja auch noch die Muskeln, die wir aufbauen müssen, die Nase, die begradigt werden muss, die Haut, die wir verdecken, und die Brüste, die korrigiert werden müssen. Irgendwas muss sich immer erst ändern, bevor wir wirklich leben können.

Die Liste der Dinge, die wir aufschieben, ist endlos: Urlaub, Verabredungen, Hobbys, berufliche Chancen, neue Kleidung, Freunde, Hochzeiten, Zeit mit den Kindern, Fotos, Sex, Essen, Lebensträume und natürlich Bikinis. Weil wir glauben, dass wir mit unserer Figur diese Dinge nicht verdient haben. Wir sind es nicht wert, gesehen zu werden und zu leben.

Wir haben vor langer Zeit gelernt, dass Glück, Abenteuer, Stil und Romantik nur denen begegnen, die auch entsprechend aussehen. Die Medien servieren diesen Mythos jeden Tag: Wer nicht ins Bild passt, bekommt auch nicht die Rolle. Menschen, deren Körper am stärksten an den Rand gedrängt werden – Dicke, Schwule und Lesben, Behinderte, Schwarze und Ältere –, bekommen meist nicht mal eine Sprechrolle, geschweige denn ein Happy End.

Irgendwann vergessen wir dabei, dass unsere Körper eigentlich ein ganz außergewöhnliches Vehikel ist, das uns leben lässt. Stattdessen konzentrieren wir uns auf das Äußerliche. Was unser Körper uns alles tun lässt, wandert zusammen mit der zu engen Jeans für irgendwann später zurück in die Schublade. Statt Abenteuer zu erleben, gehen wir zur Abnehmgruppe. Statt schöne Beziehungen zu pflegen, verwenden wir all unsere emotionale Kraft darauf, nicht zu viel zu essen. Statt unseren Träumen zu folgen, rennen wir einer kleineren Konfektionsgröße nach, um vielleicht eines Tages diese Träume wert zu sein. Unser Körper ist mehr Gefängnis als Vehikel.

Wir lernen, dass wir uns nur befreien können, indem wir so viel wie möglich von uns selbst loswerden, uns ändern und neu formen. Eine neue Figur wird uns dann zu der Person machen, die wir immer sein wollten. Ein Mensch, der seinen Salat anlächelt und manisch kichernd mit beiden Beinen in einem Hosenbein seiner alten Hose steht. Jemand, der erfolgreich, geliebt, offen, mutig und selbstverständlich glücklich ist.

Es sagt schon eine Menge, wenn der Traum vom Dünnsein nicht nur einen anderen Körper, sondern eine komplett andere Persönlichkeit verspricht. Wir glauben tatsächlich, dass eine Reduzierung des Fleischs auf unseren Rippen auch gleich alles andere beseitigt, was wir an uns nicht mögen. Hut ab, Diätindustrie, genialer Marketingplan … Du kannst mich mal.

Was wäre eigentlich, wenn wir unser Aussehen nicht mehr unser Leben bestimmen ließen? Was, wenn wir einfach lebten? Das Leben passiert nämlich nicht erst in zehn Pfund. Es passiert jetzt gerade. Jeden Tag, an dem wir uns davon verrückt machen lassen, wie unsere Arme wabbeln, ist ein Tag, an dem wir das Leben verpassen. Ich weiß, das ist einfacher gesagt als getan. Wie soll man ins Sonnenlicht treten, wenn man so lange überzeugt war, es nicht zu verdienen?

Wir müssen zunächst einmal damit aufhören zu glauben, dass unser Körper dazu da ist, von anderen angesehen zu werden. Unser Körper ist kein lebloses Objekt, kein Kunstwerk, das zur Betrachtung und Kritik passiv in einem Museum hängt. Er ist zum Tun gemacht. Wie er dabei aussieht, spielt für seine Funktion keine Rolle.

Wenn wir an den Strand gehen und unsere Kleider ablegen, tun wir das nicht, um für andere attraktiv auszusehen, sondern um den Sand zu fühlen, die Wellen zu hören, das Salz zu riechen und den Ausblick zu genießen. Wir wollen Erinnerungen schaffen. Die Dellen an unseren Schenkeln und die Meinung anderer Strandbesucher sind bedeutungslos. Das ist nicht, wer wir sind. Ästhetisch ansprechend zu sein ist nicht Sinn und Zweck unserer Existenz.

Die vor langer Zeit verinnerlichte Lektion, dass unser Aussehen das Wichtigste an uns ist, ist falsch. Wir sind nicht die Zahl auf einer Waage oder die Textur unserer Haut. Wir bestehen nicht aus einer Liste von Körperteilen, die optimiert werden können und müssen. Wir sind viel mehr als das Urteil anderer über unser Äußeres. Das hat man uns nur vergessen lassen.

In diesem Kapitel finden Sie Gastbeiträge von Menschen, die nicht mehr daran glauben, dass ihr Körper ihr Recht auf ein erfülltes Leben bestimmt. Was sie von sich zurückerobert haben, reicht weit über das Gewicht hinaus in andere Aspekte unserer Identität, deren wir uns angeblich schämen müssen. Ich hoffe, dass diese Beiträge Ihnen helfen, Ihren eigenen Weg zu einem positiven Körperbild zu finden. Eines will ich aber vorweg sagen: Egal, wie Sie aussehen, Sie verdienen jeden Sonnenstrahl, den Sie finden können.

> Ich möchte mich bei allen Frauen entschuldigen,
> die ich hübsch genannt habe,
> bevor ich sie intelligent oder mutig nannte.
> Es tut mir leid, dass ich es so klingen ließ,
> als ob etwas so Einfaches wie das uns Angeborene
> das Einzige ist, worauf du stolz sein kannst,
> wenn dein Geist Berge zertrümmert hat.
> Von nun an will ich Dinge sagen wie:
> Du bist unverwüstlich, oder: Du bist außergewöhnlich,
> nicht weil ich dich nicht hübsch finde,
> sondern weil du so viel mehr bist als nur das.
> – Rupi Kaur, *Milch und Honig*

Vom Tankini zu zu vielen Bikinis
Michelle Elman

An einem frühen Sonntagmorgen ging ich hinüber an den Früh-
stückstisch.
»Ein neuer Bikini?«, fragte meine Mutter. »Was wird das?
Eine Modenschau?«
    Es war der zehnte Bikini, den ich binnen einer Woche trug.
Ich erschien jeden Morgen mit einem neuen Zweiteiler, in dem
ich mich noch schöner fühlte als in jedem anderen Outfit, das
ich je anhatte.
    Ich hielt mich gerade noch zurück zu antworten: »Ja, das ist
eine Modenschau, und ich bin der einzige Star.« Schließlich hat-
te ich es mir verdient ...
    Jeder Bikini, der meinen Körper mutig der ganzen Welt ent-
hüllte, fühlte sich wie eine Auszeichnung an. Ich durchsuchte
jeden Morgen meinen Kleiderschrank, nicht auf der Suche nach
etwas, das meinen Körper maximal verhüllte, sondern auf der
Suche nach etwas, das die kleinsten Bikinistreifen machte. Ich
war weit von dem Mädchen entfernt, das ich einst war ...
    Vor nicht einmal drei Jahren brachte die Aussicht auf die
Sommerferien jede Menge banger Fragen, was ich anziehen
sollte und wie ich mich unauffällig verhüllen konnte, damit ich
bloß niemandem unangenehm auffiel. Diese alles beherrschen-
den Gedanken ruinierten mir jeden Urlaub. Schon Wochen
vorher durchsuchte ich das Internet nach einem Kaftan oder
Sarong, der meine Cellulite, Dehnungsstreifen, Knubbel und
Dellen modisch verhüllen konnte. Dann blieb ich die ganze Zeit
im Pool oder am Strand und zupfte an meinem Tankini, damit
bloß kein noch so kleines Stück meines Bauchs aufblitzte und
mein finsteres Geheimnis enthüllte, das unter dem Stoff verbor-
gen lag.
    Das Geheimnis waren meine Narben. Fünfzehn Stück. Diese
Schwielen, die mich mit zehn Jahren beschließen ließen, dass
Bikinis schlicht nichts für mich waren. Ich trug diese Narben,

so lange ich denken kann. Die erste bekam ich vor meinem ers-
ten Geburtstag, und seitdem ist die Sammlung gewachsen. Ich
hatte 15 Operationen: ein Hirntumor, ein punktierter Darm,
ein Darmverschluss, eine Zyste im Hirn und ein sogenannter
Hydrocephalus hatten Narben auf meinem Bauch hinterlassen,
die an ein laufendes Tic-Tac-Toe-Spiel erinnerten. Mit einem
solchen Kunstwerk auf der Haut wollte ich selbstverständlich
nicht im Bikini gesehen werden.

Bikinis gelten oft als Statussymbol, eine Trophäe für eine
Leistung, für eine erkämpfte Figur. Aber dieses Ziel wurde für
mich mit jedem Schnitt in meiner Haut unerreichbarer. Diese
Art von Narben lässt die Leute hinstarren, erschreckt sie oder
macht sie zumindest neugierig. Meine Narben lösen bei den
Leuten Mitleid und Schrecken aus, und ich habe immer ge-
glaubt, die Lösung sei, sie zu verstecken. Ich wollte Menschen
nicht in Verlegenheit bringen und auch nicht darüber reden
müssen.

Ich habe diese Entscheidung schon jung getroffen, ohne die
Folgen für mein Selbstbewusstsein zu erkennen. Ich lebte in ei-
nem Körper, den ich verstecken musste, meine Narben waren
ein Geheimnis und die Operationen Teil eines anderen Lebens.
Bis ich 2013 mit 19 Jahren mal wieder in einem Krankenhaus-
bett landete. Mein Darm hatte sich verschlossen, und ich war
das erste Mal nach acht Jahren wieder krank. In diesem Mo-
ment, als ich weder laufen noch essen oder auch nur duschen
konnte, wurde mir klar, wie eingeschränkt mein Leben gewesen
war. Ich hatte aus Angst an der Seitenlinie meines eigenen
Lebens gehockt. In diesem Bett versprach ich mir selbst, mein
Leben für all die zu leben, die das nicht konnten.

Damit begann eine jahrelange Reise, auf der ich alles begrüß-
te, was mich ängstigte. Ich fing mit Tanzunterricht an. Ich sorg-
te mich den ganzen Kurs hindurch, wie ich wohl beim Tanzen
aussah und ob sie das fette Mädchen da in der Ecke verachte-
ten. Aber ich ging hin, und ich blieb. Ich bin nie mit Freunden
wandern gegangen, um sie nicht aufzuhalten, aber jetzt tat ich

es endlich. Im folgenden Jahr hörte mein Körper auf, ein Hemmnis zu sein, und bevor ich mich versah, tat ich all die Dinge, die ich immer tun wollte, vom Reiten über Stehpaddeln bis hin zum Wakeboarding. Ich dankte meinem Körper, dass er mich am Leben erhielt, und diese Dankbarkeit und der Respekt vor meinem Körper gaben mir ein ganz neues Selbstbewusstsein.

Ich liebe meinen Körper für das, was er leisten kann, aber ich musste noch lernen, sein Aussehen mit all den Narben zu lieben. Deshalb war der Bikini der letzte Schritt für mich. Das war zu Anfang nicht leicht. Die Blicke voller Mitleid und Überraschung sind immer noch da, aber jetzt macht es mir nichts mehr aus. Meine Dankbarkeit dafür, dass mein Körper nach all der Zeit noch funktionierte und mich am Leben hielt, war so groß, dass kein Blick und kein Kommentar diese Liebe schmälern konnte. Meine Bikinifigur gehörte allein mir.

Dieselben Narben, die meinen Körper verunstalteten und mein Selbstbewusstsein behinderten, trieben jetzt meine positiven Gefühle an.

Ich machte an diesem Tag ein Foto und postete es zum Start meiner Kampagne »Scarred Not Scared« auf @mindsetforlifeltd [heute @scarrednotscared, Anm. d. Red.]. Meine Narben haben mich dazu gebracht, Menschen dabei zu helfen, zu erkennen, dass ihr Körper mehr als nur ein Schmuckstück ist. Meine Narben werden nie als attraktiv gelten, und ich wünsche sie keinem anderen, aber sie sind schön, weil sie den Zauber des Überlebens, Lebens und Gedeihens zeigen.

Als ich diesen Bikini anzog und mich nicht dafür schämte, ging es um weit mehr als nur zwei Stücke Stoff. Es ging darum, die Grenzen zu durchbrechen, die die Gesellschaft mir wegen meines chronisch kranken, vernarbten Körpers auferlegt hat. Mein Glück war wichtiger als die Meinung der anderen. Mit diesem Bikini erkannte ich an, dass ich eine Wahl hatte.

Man kann aber keinen Bikini tragen, wenn man keinen hat. Zum Glück habe ich zehn.

Fotos

Stehen Sie immer hinter jemand anderem. Tragen Sie immer Schwarz. Lächeln Sie nicht breit. Hand auf die Hüfte, Schultern zurück. Bauch rein, verdammt! Ich mag keine Fotos. Wie viele Regeln haben Sie, wenn man Sie fotografieren will? Ein Foto kann unser Selbstbewusstsein im Handumdrehen vernichten. Deshalb beginnen so viele Abnehmmärchen mit: »Ich sah mich selbst auf einem Foto und konnte nicht glauben, wie dick ich war! Ich musste endlich etwas tun ...« Wir sehen unseren Körper jeden Tag, aber uns auf einem Schnappschuss zu sehen lässt uns alles an uns hassen, noch bevor der Blitz verloschen ist.

Ein Teil des Problems ist, dass wir uns auf Fotos mit den retuschierten Hochglanzbildern der Körper vergleichen, die wir tagtäglich zu sehen bekommen. Das geschieht oft noch nicht einmal bewusst, aber alle unsere »Makel« stechen uns so ins Auge, weil wir sie sonst nirgends sehen (außer auf den »Vorher«-Fotos). Wenn wir also unsere Urlaubsfotos auf dem Bildschirm betrachten und nicht aussehen wie das Covermodel der *Sports Illustrated,* sind wir angewidert und wollen nie wieder fotografiert werden.

Solange wir aber nicht mit dem Modeln unser Geld verdienen, spielt es keine Rolle, wie wir auf Bildern aussehen. Was zählt, ist, dass wir auf dem Foto sind. Ihre Bilder aus dem Familienurlaub müssen nicht mit der *Vogue* mithalten. Dafür sind sie nicht da. Fotos sollen eine Erinnerung festhalten, sonst nichts. Sie sollen uns an einen Augenblick erinnern und nicht dazu dienen, uns selbst zu zerfleischen.

Wenn Sie das nächste Foto von sich sehen, konzentrieren Sie sich nicht auf das, was Ihnen missfällt, sondern auf den Moment, den es zeigt. Erinnern Sie sich an die Aussicht, die Gerüche, wie sich dieser Moment anfühlte. Vergessen Sie, wie Ihre lächelnden Zähne aussehen, und erinnern Sie sich an die Freude.

Jedes Foto ist ein unwiederbringlicher Augenblick, den Sie

genießen sollten. Schauen Sie einfach in die verdammte Kamera und lächeln Sie. Und ziehen Sie bloß nicht den Bauch ein!

Eine fremde Haut
Briana Butler (@sassy_latte)

Ich habe die ersten zwölf Jahre meines Lebens immer geträumt, eine weiße Frau zu sein. So etwa mit fünf oder sechs sah ich mich selbst im Spiegel an und verstand nicht, was ich da sah – dieses schwarze Ding, nicht einmal ein Mädchen. Ich sah wirres Haar, keine langen, fließenden Wellen. Ich sah eine breite, flache Nase, die mich mehr an ein Tier als an einen Menschen erinnerte. Ich sah schlammbraune Augen statt heller. Ich sah dicke Lippen, die sich nicht verbergen ließen. Ich fühlte mich hässlich und verachtenswert.

Ich wusste nichts von Black is beautiful. Ich wusste nicht, dass ich möglicherweise von Königinnen und Königen abstammte. Ich wusste nicht, wie man eine starke schwarze Frau ist.

Ich wusste aber, wie man eine weiße Frau ist. Ich kannte die weiße Geschichte besser als meine eigene. Meine begann als Sklavin. Das hatte ich gelernt und war als Amerikanerin in eine Geschichte gehüllt, die wenig mit meiner eigenen zu tun hatte. Weiße Frauen hatten Möglichkeiten. Im Fernsehen waren sie schicke, reiche, begehrte Geschäftsfrauen. Schwarze Frauen kamen kaum vor. Ich wollte sichtbar, schön und wichtig sein. Ich wollte Möglichkeiten. Also träumte ich mich jede Nacht zierlich, dünn und weiß.

Als ich zwölf und mein Brustkrebs voll ausgeprägt war, brach mir das Herz. Ich konnte nicht mehr so tun, als sei ich eine schöne weiße Frau mit Möglichkeiten. Nach meiner Mastektomie passierte etwas in mir. Ich wachte aus meinem schönen Traum weißer Privilegiertheit auf. Meine Narbe und mein gebrochenes Herz zwangen mich, mich neu zu definieren und mich selbst zum ersten Mal in aller Klarheit zu sehen.

Zum ersten Mal konnte ich mich der Realität nicht mehr entziehen. Ich konnte nicht einfach die Augen schließen und meine Narben übersehen. Meine weißen Träume konnten meine körperlichen Schmerzen im Hier und Jetzt nicht lindern. Ich sah und fühlte mich selbst als das, was ich war: ein kleines schwarzes Mädchen. Es machte mich nicht stark, sondern nur traurig und ängstlich.

Diese Erinnerungen sagen mir schlicht und ergreifend, dass SICHTBARKEIT WICHTIG IST. Ich habe jahrelang mit der Realität und der Ehrlichkeit mir selbst gegenüber gekämpft. Erst als ich selbst Mutter eines schwarzen Kindes war, wurde mir klar, dass ich mich damit auseinandersetzen musste. Ich musste lernen, die Wirkung der Massenmedien zu kritisieren. Ich musste Ursache und Wirkung des Lebens in einer kapitalistischen Gesellschaft begreifen, die schwierige und schmerzhafte Geschichte der Afroamerikaner lernen. Bildung ist Macht. Wenn meine Geschichte in Schulbüchern, Filmen und Werbung nicht vorkommt, bin ich machtlos. Wissen besitzt eine tiefgreifende Schönheit und verschafft Selbstvertrauen. Es verleiht Macht, einen sicheren Ort zu schaffen, an dem man sich selbst darstellen und frei über Probleme sprechen kann.

Meine Töchter sollen ihre Geschichte kennen. Sie sollen sich in einer Welt zurechtfinden können, die sie von vielen wichtigen Konversationen ausschließt. Sie sollen ihren Platz im Leben nicht eines Tages allein finden müssen. Ich will das System aufbrechen, das uns an den Rand drängt und stumm macht. Ich will, dass jeder seinen Wert findet, der nichts damit zu tun hat, dass man dünn, weiß, körperlich gesund und heterosexuell ist.

Meine Töchter sollen Körper und Lebensweisen vorurteilsfrei kennenlernen, damit sie, wenn sie ihre Persönlichkeiten ausbilden, wissen, dass sie zu jedem Zeitpunkt ihrer Entwicklung schön sind. Sie sollen ihren eigenen Wert erkennen und wissen, dass sie unschätzbare Mitglieder der Gesellschaft sind, denen alle Wege offenstehen. Sie sollen nicht vorgeben müssen, in der Haut eines anderen durchs Leben zu gehen.

Geburt, Babys und die Figur

Frauen in der Schwangerschaft und nach der Geburt sind erstklassige Ziele für die Abnehmindustrie. Statt: »Wenn ich wieder abgenommen habe«, heißt es: »Wenn ich meine Figur wiederhabe.« Das ist ein bisschen bizarr, schließlich ist die Figur ja nicht weggegangen. Der Vor-Schwangerschaftskörper ist ja nicht in den Urlaub gefahren und hat an seiner Stelle einen Hochstapler dagelassen.

Nichtsdestotrotz lassen die Schlagzeilen keinen Zweifel, dass das Wichtigste nach der Geburt ist, wieder auf die alte Kleidergröße zu schrumpfen: »Promi-Geheimnisse zum Abnehmen«, »Traumkörper nach der Geburt«, »Bikinifigur nach dem Baby: Stars, die es geschafft haben«.

Die Botschaft ist eindeutig: Das Leben beginnt erst wieder, wenn die Figur wiederhergestellt ist. Das ist keine Option, sondern Pflicht. Was aber passiert, wenn sich der Körper dauerhaft verändert? Warum hämmert man uns ein, dass eine Schwangerschaft die Figur ruiniert und dass wir Versager sind, wenn wir »es nicht schaffen«?

Es lässt sich unbestreitbar viel Geld damit verdienen, Menschen Angst vor den unvermeidlichen körperlichen Veränderungen einer Schwangerschaft einzujagen. Der Nach-Baby-Körper ist ein Traum für die Abnehmindustrie, die damit Straffungscremes, Diätpläne, Bauchdeckenstraffungen und Brust-OPs verkaufen kann. Der Druck bringt auch hier jedes normale Leben zum Stillstand.

Für die Mütter bedeutet das, dass sie unwiederbringliche Zeiten mit ihren Kindern verpassen, weil sie glauben, dass ihr Körper sie nicht verdient hat. Mir bricht jedes Mal das Herz, wenn mir eine Mutter erzählt, dass sie mit ihrem Kind nicht das Freibad besucht, weil sie sich im Badeanzug nicht vor die Tür traut, oder dass sie nicht auf den Spielplatz geht, weil ihr Körper wabbelt. Sie können nicht glücklich sein, weil sie Schwangerschaftsstreifen, lose Haut und Übergewicht haben.

Die »Wenn ich meine Figur wiederhabe«-Regeln machen all dies inakzeptabel. Statt von der Leistung ihres Körpers fasziniert zu sein, müssen sie jede Spur der Schwangerschaft restlos beseitigen.

Das muss man sich mal vorstellen: Der Mensch, der so viel aushält, der wächst und sich körperlich und emotional verändert, lernt und anpasst, der so vieles aufgibt, bekommt anschließend eingeredet, dass er alle sichtbaren Anzeichen dieser Erfahrung zu tilgen hat. Und das nur, weil sich sein Körper im Lauf eines wunderbaren Geschehens veränderte? Wie krank ist das denn? Warum darf man so etwas nicht feiern? Warum soll man einen solchen Körper nicht schätzen und bewundern, wie er das eigentlich verdient?

An alle Mütter, denen man glauben machte, dass sie ihren Körper zurückbekommen müssen: Sie haben bereits einen Körper, und zwar einen ganz außergewöhnlichen. Er ist stark und belastbar und hat ein menschliches Leben zur Welt gebracht. Lassen Sie sich von niemandem einreden, dass Sie sich der sichtbaren Spuren schämen müssen.

Für alle, deren Schwangerschaft nicht in einer Geburt endete: Sie sind genauso stark, belastbar und genauso wertvoll. Sie sind so viel mehr als Ihr Äußeres.

Gehen Sie ins Freibad, spielen Sie, leben Sie Ihr Leben und verpassen Sie nichts, bloß um Ihre alte Figur wiederzubekommen. Sie sind ihr auf unendlich viele Arten entwachsen.

An die, die ihr Glück suchen
Gia Narvaez

Haben Sie sich je gefragt: »Was ist Glück?« Fragt man Google, ist »Glück ein mentaler oder emotionaler Zustand des Wohlbefindens dank positiver oder angenehmer Emotionen, die von Zufriedenheit bis ekstatischer Freude reichen«.

Mit etwa zehn Jahren brachte man mich in eine Jenny-Craig-Abnehmklinik in Menlo Park, Kalifornien. Meine Mutter park-

te den Wagen, und ich folgte ihr nichts ahnend durch die »klaren und vielversprechenden« Glastüren. Ich wartete nervös neben ihr und hatte keine Ahnung, warum wir hier waren. Nach kurzer Zeit wurden wir von einer Mitarbeiterin abgeholt und in ihr Büro gebracht.

Sie reichte uns zwei Schnellhefter mit unseren strengen Diätplänen: Blatt um Blatt voller Zeiten, Lebensmittel, Kalorien, roter Aufkleber für schlechte Lebensmittel und Listen, in die wir eintragen sollten, was wir täglich aßen. Ich habe damals nicht gewusst, welche negativen Auswirkungen ein Abnehmprogramm auf ein Kind haben kann, man hat mir nur gesagt, dass ich »die richtige Größe und Gewicht wählen« muss, um glücklich zu werden. Aber sosehr ich auch glücklich sein wollte, ich hatte Probleme.

Für mich waren Essen und mein Gewicht meine Feinde. Diese vergiftete Denkweise ließ mich andere Möglichkeiten des Abnehmens suchen, darunter auch ein Elektrogürtel, der durch schmerzhafte Stromstöße mein Bauchfett schmelzen sollte. In manchen Nächten brachten Schuld und Scham mich zu bewusstem Erbrechen. Das fühlte sich sogar richtig an, denn ich glaubte fest daran, dass es zu meinem Besten sei und ich mir einen Gefallen tat.

Mit 16 nahm ich an Cheerleader-Wettkämpfen teil, und es wurde allmählich schlimmer. Ich trainierte mit leerem Magen, damit ich Fett verbrannte, und füllte meinen Bauch nur mit Wasser. Ich trainierte bis zur Erschöpfung, bis ich nach dem Training nach Hause kam und auf dem Wohnzimmerboden einschlief. Was ausblieb, war das Glück.

Wissen Sie, wann das Glück kam? Als ich aufhörte, den fremdbestimmten Schwachsinn darüber zu glauben, was schön ist. Als ich aufhörte, mich für mich selbst zu schämen und mir die Liebe zu versagen, die ich brauchte. Als ich erkannte, wie die Gesellschaft Menschen angreift, die nicht in das Schwarz-Weiß-Muster und den Status quo passen.

Das Glück kam, als ich mich mit positiven Menschen umgab,

die ihr Denken weiterentwickeln wollen und die alles hinter-
fragen, was man uns über das »Normale« und »Schöne« bei-
gebracht hat. Das Glück kam, als ich mich nachts selbst um-
armte und für all die Jahre entschuldigte, in denen ich mir selbst
geschadet habe.

Das Glück kam, als ich mich selbst, mein Fett, meine braune
Haut, meine Identität als Transgender-Frau und all meine ein-
zigartigen Eigenheiten akzeptierte, die die Gesellschaft für
wertlos erklärt hatte.

Sie sind schön. Egal, wie unterschiedlich Sie sind, Sie müssen
an sich selbst glauben, so, wie ich an mich geglaubt habe. Sie
müssen sich von den erdrückenden Idealen befreien, die uns
aufgezwungen werden und uns daran hindern, unsere eigene
Schönheit zu erkennen.

Wenn Sie das tun, verspreche ich Ihnen, dass Sie Ihr Glück
finden werden.

Die verschwundenen Falten

Wo sind all die Frauen über 50 hin? Glaubt man den Medi-
en, sind sie entweder verschwunden oder haben es wundersamerweise geschafft, allen sichtbaren Zeichen des Alterns
aus dem Weg zu gehen.

Wie viele positive Darstellungen sichtbar älterer Frauen bekommen wir zu sehen? Wie oft wird graues Haar als etwas
Gutes beschrieben? Wie viele Falten entdecken wir in den Magazinen, die nicht das »Vorher« in einer Anzeige für eine Anti-
Aging-Creme zeigen? Wie oft wird in Hollywood-Blockbustern
die Rolle der Oma mit älteren Schauspielerinnen besetzt, während Männer im gleichen Alter immer noch den reifen Angebe-
teten der 20-jährigen Hauptdarstellerin spielen dürfen?

Selbst die erfolgreichsten älteren Frauen dürfen ihre Jahre
nicht im Gesicht zeigen. In den seltenen Fällen, in denen eine
Frau über 50 auf einem Magazincover erscheint, sind ihre Fal-

ten geglättet und die Wangen geliftet, bis sie wie höchstens 30 aussieht. Angeblich soll sie so nur vorteilhaft wirken, aber warum bedeutet »vorteilhaft« eigentlich immer gleich »jünger«?

Naomi Wolf schrieb in *Der Mythos Schönheit,* dass man mit der Retusche eines Frauengesichts den Frauen Identität, Macht und Geschichte raubt. Es geht nicht nur um ein glatteres Bild, sondern mal wieder darum, uns zu lehren, wer es wert ist, gesehen zu werden, und wer nicht.

Wo wir auch hinsehen, begegnet uns der doppelte Maßstab sichtbaren Alters. Der ältere Nachrichtensprecher sitzt neben einer halb so alten Co-Moderatorin. Ältere Männer nennt man Silberlocken, ältere Frauen sollen sich ihrer grauen Haare schämen und sie wie ein schmutziges Geheimnis verbergen. Man sagt uns, dass Falten im Gesicht ein Makel sind und dass die natürliche Veränderung des Körpers unser eigenes moralisches Versagen ist.

So, wie die Darstellung weiblicher Schönheit mit dem Alter verblasst, überzeugt man uns, dass auch wir mit der Zeit verschwinden sollen. Sie dürfen jetzt dreimal raten, was die Hauptmotivation für die Gleichsetzung von Schönheit mit Jugend ist: Geld.

2015 war die Anti-Aging-Industrie weltweit über 140 Milliarden Dollar schwer.[1] Dazu zählen Botox-Injektionen, Antifaltenprodukte, Peeling-Cremes und Haarkuren. Jede Woche kommt ein neues hautverjüngendes Wundermittel auf den Markt, mit Anzeigen voller wissenschaftlichem Kauderwelsch und mit einem Model, das wie 15 aussieht, als Beweis. Und viele von uns glauben diesen Hype, obwohl wir ganz tief drin in uns wissen, dass sich der Alterungsprozess durch nichts aufhalten lässt – schon gar nicht durch eine überteuerte Pampe im Gesicht. Aber solange Altwerden eine Schande und nur Jugend schön ist, werden wir es weiter versuchen.

Niemand auf der Welt kann leben und dabei nicht altern. Das sichtbare Altern zu einem Problem zu erklären und die Lösung zu verkaufen ist der größte Marketingtrick aller Zeiten (noch zuverlässiger als das Abnehmen, denn auch von Natur aus schlanke Menschen bleiben nicht ewig jung).

Falten sind ebenso unvermeidlich wie graues Haar und körperliche Veränderungen. Frauen Angst davor zu machen generiert nicht nur Einkommen, sondern überzeugt diese Frauen auch davon, dass sie weniger wert und weniger fähig sind, je älter sie werden. Das ist aber schlicht nicht wahr.

Wir werden nämlich mit zunehmendem Alter stärker, wissender und robuster. Unsere Falten zeigen, dass wir gelebt, gelacht, geküsst, geweint und gefühlt haben. Mit jeder weiteren silbernen Strähne haben wir mehr erlebt und sind gewachsen. Wie kann das nicht schön sein? Alle Lebensspuren aus einem Gesicht zu entfernen ist keine Verbesserung, es ist eine Täuschung, und wir sind alt genug, es besser zu wissen. Sichtbare Zeichen des Alters sind keine Schande, und sie sollten uns auf keinen Fall davon abhalten, in vollen Zügen am Leben teilzuhaben.

Carrie Fisher zeigte uns allen 2015, wie man mit Sexismus und Altersdiskriminierung umgeht, ohne sich zu schämen. Nachdem der letzte Star-Wars-Film herauskam, kritisierten Horden von Schwachköpfen Carrie dafür, dass sie nicht so gut gealtert sei wie ihre männlichen Kollegen. Wir erinnern uns: »Gut altern« heißt für eine Frau, nicht sichtbar zu altern, was unmöglich ist. Fisher widmete den Kritikern diesen ironischen Tweet: »Hört bitte auf, darüber zu diskutieren, ob ich gut gealtert bin, das verletzt leider alle meine drei Gefühle«, gefolgt von: »Jugend und Schönheit sind keine Errungenschaften, sondern die vorübergehenden Nebenwirkungen von Zeit und/oder DNA. Ich würde von keinem der beiden zu viel erwarten.«

Mit den Worten Carrie Fishers: Erwarten Sie nicht zu viel. Verstecken Sie sich nicht länger. Seien Sie nicht »altersgemäß«. Halten Sie die neuen Texturen und Farben, die Ihr Körper entwickelt, nicht für Mängel, denn das sind sie nicht. Lassen Sie sich vom Jugendwahn der Gesellschaft nicht einreden, dass das Leben mit einem bestimmten Alter endet. Beweisen Sie, dass das nicht so ist.

Die Tänzerin
Whitney Way Thore

»Sitzen Sie bequem?«

Ich wand mich und versuchte vergeblich, meine Massen unter die Armlehnen des Schminkstuhls im Studio der Today Show in New York zu zwängen. Ich konnte fühlen, wie die Metallbügel einschnitten und versuchten, meinen 380-Pfund-Körper in eine für wesentlich schlankere Menschen gedachte Schale zu zwingen.

»Klar!«, antwortete ich mit einem breiten Grinsen. *»Alles gut.«*

Die Frage war offensichtlich mehr Formalität als echte Anteilnahme, und die Stylistin begann sich durch Berge von Grundierungen, Lidschatten und Rouges zu wühlen, die vor uns auf dem Tisch lagen. Sie griff ein paar Pinsel und ließ die, die sie nicht nehmen wollte, scheppernd zurück in ihre Dose fallen. Dann drehte sie den Stuhl zu sich hin, den auserwählten Pinsel erhoben.

»Sind Sie die Tänzerin?«

Die Frage überraschte mich. Bin ich die Tänzerin? Ja sicher, ich war der einzige Gast, der heute in der Show sein und tanzen sollte, aber ich konnte doch nicht *die* Tänzerin sein. Was war eine Tänzerin überhaupt? Ich war mir nicht sicher, dass ich überhaupt eine Tänzerin war. *Mich* die Tänzerin zu nennen, klang im besten Fall anmaßend und im schlimmsten grotesk. Es war über zehn Jahre her, dass ich mich selbst als Tänzerin bezeichnet hatte, und selbst da hatte ich meine Zweifel.

Die Welt des Tanzes ist riesig und beherbergt Millionen von Körpern, die springen, pirouettieren und sich zu Musik strecken. Ausdrucksstarke, formbare und magische Körper. Sie sind flexibel, dynamisch, austrainiert und schlank. Ich war niemals schlank. Schon als Zehnjährige mit 100 Pfund Lebendgewicht spottete man über meine dicken Schenkel und meinen weichen Bauch. Obwohl ich der Star im privaten Tanzstudio meiner

Lehrerin war, hielt mich mein Umfang davon ab, mich wie eine »echte Tänzerin« zu fühlen, nicht mein Talent oder mein Können.

Als ich älter wurde, erfasste mich der Wirbelsturm von Bulimie und Einschränkung, aber ich konnte meinen Teenagerkörper niemals unter 120 Pfund zwingen. In meinem Tanzsportverein wurde ich von der ersten Reihe in die Mitte versetzt, hinter die dünnsten Mädchen und vor die, die sich bei mir noch die Choreografie abgucken mussten. Ich wurde an meiner Künstlerschule als »Beste Tänzerin« ausgezeichnet, habe professionell choreografiert und sogar Kurse in meinem Tanzstudio gegeben, aber mein nicht so perfekter Körper brandmarkte mich als Blenderin. Mein Körper war immer mein größter Feind, selbst wenn ich die Dinge tat, die ich am liebsten hatte.

Zur Mitte meines ersten College-Semesters war ich auf nahezu 200 Pfund angeschwollen. Kein Kleidungsstück und kein Trikot passte mehr, und ein Tanzstudio mit seinen Spiegelwänden zu betreten fühlte sich an, wie vor einem Erschießungskommando zu stehen. Ich blieb weg, fiel durch und wurde auf Bewährung gesetzt. Gegen Ende meines ersten Jahres hatte ich 100 Pfund und eine neue Form der Scham gewonnen, wie sie nur eine sichtbar dicke Frau empfinden kann. Ich wagte nicht mehr zu tanzen. Es folgten Jahre voller Depressionen, Selbsthass, eine PCOS-Diagnose und eine intensive Sehnsucht nach meiner alten Figur. Es waren Jahre ohne Freude, Liebe und Tanz.

Nach meinem Abschluss war ich orientierungslos. Meine Fettschicht hatte mir die Identität geraubt. Ich war weder Tänzerin noch hübsch noch jemand, der zählte. Mein Fett hatte mich zu einem bitteren und einsamen Menschen gemacht. Nachdem meine Träume von einer Tanz- und Schauspielkarriere endgültig zerstört waren, ging ich für einige Jahre nach Korea, um dort Englisch zu unterrichten.

Dort warteten ganz neue Probleme auf mich. Ich war nicht nur eine Fremde, sondern auch der dickste Mensch, den viele

Koreaner je gesehen hatten. Mein Körper war ein riesiger Leuchtturm in einem Land der Gleichförmigkeit. Ich wurde angefasst, ausgelacht und beleidigt, sobald ich meine Wohnung verließ. Eines Tages ging ich zur Arbeit, als ein Mann mittleren Alters auf seinem Fahrrad neben mir verlangsamte. Als ich ihn ansah, nannte er mich ein Schwein und bespuckte mich. Sobald ich abends in meiner Wohnung war, weinte ich, was in dieser Zeit regelmäßig passierte. Da waren so viele Emotionen – Ärger, Demütigung und Scham –, die mich wie Stromschläge durchzuckten.

Ich stand auf und setzte meine Füße fest auf den Laminatboden. Und dann passierte etwas: Ich begann mich zu bewegen. Mein Körper wiegte sich, meine Knie beugten und streckten sich, und bevor ich mich versah, erlaubte ich mir selbst zum ersten Mal seit meinem 18. Geburtstag zu tanzen. Meine Tränen der Wut wurden zu Tränen der Befreiung, und nach einigen Minuten brach ich auf meinem Bett zusammen, außer Atem und voller Verlangen nach Freiheit.

Es sollte drei Jahre dauern, bis ich wieder tanzte. Ich lebte wieder zu Hause in North Carolina und arbeitete beim Radio, als mein Freund Todd mich anrief, mit dem ich als Teenager im Laientheater aufgetreten und in Tanzkurse gegangen war. Das war 2014, und ich war immer noch fett, nachdem ich 100 Pfund ab- und mehr wieder zugenommen hatte. Ich war so fett wie nie zuvor und glaubte immer noch nicht, dass ich mich eine Tänzerin nennen durfte, aber irgendetwas hatte sich geändert.

Die Jahre der Beleidigungen hatten mich unter meiner weichen Hülle stärker gemacht. Ich war eine Feministin, ich war zornig, und ich begeisterte mich für eine beinahe erotische neue Sache, für die ich noch keinen Namen hatte: Body Positivity. Todd und ich nahmen ein paar Videos für meine YouTube-Serie »A Fat Girl Dancing« auf, und ich tanzte mir zum ersten Mal seit zehn Jahren die Seele aus dem Leib. Eines der Videos ging viral, und so landete ich in dem viel zu engen Stuhl der Today Show und wurde gefragt, ob ich die Tänzerin sei.

Ich sah die Stylistin an und erlaubte mir die vier Worte, von denen ich sicher gewesen war, sie nie wieder zu sagen.

»Ja«, sagte ich. »Ich bin die Tänzerin.*«*

In diesem Augenblick wusste ich, dass sich mein Leben veränderte und ich das Ruder in der Hand hielt. Es folgten noch viele weitere Auftritte: Good Morning America, The Steve Harvey Show, CNN, Inside Edition, Dr Oz, The View. *Ich machte Pressetouren durch Amerika und Europa, schrieb meine Memoiren mit dem Titel* I Do It with the Lights on *und habe sogar eine Realityshow auf TLC namens* My Big Fat Fabulous Life *in* America (Whitney: Fat Girl Dancing *in the UK), die jetzt in die fünfte Staffel geht und mein Leben als fette Frau zeigt, die tanzt.*

Mein Leben ist immer noch hart, es ist längst nicht alles eitel Freude und Sonnenschein. Mein öffentliches Auftreten wird von den besten und den schlechtesten Menschen beobachtet, aber ich kämpfe mich Tag für Tag durch die Fettphobie und Misogynie und finde Trost in den Armen meiner Schwestern, die wichtige Arbeit tun und für Hilfe bei Essstörungen, intersektionellen Feminismus und die Sichtbarkeit aller Körper ungeachtet von Rasse, Alter, Gender oder Fähigkeit kämpfen. Der Tanz hat mein Leben verändert. Er schafft eine unbeschreibliche Verbindung zwischen Körper und Geist. Durch das Betrachten, Berühren und Bewegen des eigenen Körpers entsteht eine ganz neue Intimität.

Tanz ist eine wunderbare Metapher für all das, was ich schon immer leben sollte. Mein Körper ist fett, aber wertvoll. Er pulsiert vor Liebe, vibriert in neu gefundenem Zutrauen und drückt jederzeit die ganze Wahrheit aus. Heute weiß ich, dass der Tanz mein Leben gerettet hat.

Das kann ich nicht tragen

Nur wenige Dinge im Leben können so negative Gefühle auslösen wie Umkleidekabinen. Die Neonleuchten, die Spiegel, die einen von allen Seiten zeigen, der Druck, welche Kleidergröße man anprobiert, die Verkäuferin, die beim Verlassen der Kabine fragt: »Irgendwas gefunden?« Meist denken wir, die Kleider sind in Ordnung, nur mit unserem Körper stimmt was nicht. Wenn etwas nicht passt, liegt das nicht am Schnitt, sondern an uns.

Wie viele Crash-Diäten wurden schon durch einen Reißverschluss ausgelöst, der nicht zuging? Wie oft waren wir auf dem Weg nach Hause den Tränen nahe? Einige von uns haben diese Scham so oft gefühlt, dass sie keine Umkleidekabine mehr betreten. Da greift man besser zu etwas Sicherem und Dehnbarem und hofft aufs Beste, selbst wenn es zu eng sitzt. Wir messen der Zahl auf dem Etikett so viel Bedeutung bei, als sei ein lebloses Stück Stoff mehr wert als unser Selbstwertgefühl.

Bei der Kleidungswahl lautet das Zauberwort »schmeichelnd«, und das ist meist das Codewort für »das lässt dich schlanker wirken«. Wir haben brav gelernt, unsere Problemzonen zu kaschieren, unsere Vorzüge herauszustellen und den Rest zu verstecken. Um das klarzustellen: So etwas wie eine Problemzone gibt es nicht, unser Körper ist nicht mangelbehaftet, und unsere größten Vorzüge haben nichts mit unserem Äußeren zu tun. Aber das werden Sie von der Modepolizei nie hören.

Wir haben alle verinnerlicht, was Menschen mit unserer Figur tragen dürfen. Wenn Sie eine Frau mit Übergröße sind, werden Sie vermutlich explodieren wollen, wenn Ihnen noch jemand ein Wickelkleid als schmeichelnd für Ihre Figur empfiehlt. Egal, wie dick wir sind, wir alle wissen, dass eine elegante Taille wichtiger ist als das Leben selbst!

In Bekleidungsgeschäften in aller Welt tönt es: »Das kann ich mit meiner Figur nicht tragen«, »Da muss ich wohl reinschrumpfen«, »Wenn meine Kurven an den richtigen Stellen säßen«, »Das leiste ich mir, wenn ich abgenommen habe«. Warum sollen wir eigentlich warten, bis sich unser Körper verändert hat, bevor wir uns in unserer Kleidung wohlfühlen? Warum muss Kleidung zunächst anderen gefallen, bevor sie uns gefallen darf? Es gibt nämlich nur eine bindende Kleidungsregel: SIE DÜRFEN ANZIEHEN, WAS IMMER SIE ANZIEHEN WOLLEN.

Sogar Shorts? Ja … warum nicht? Helle Farben? Verdammt, ja! Kräftige Muster? Jep! Eng anliegende Kleider? Natürlich! Bikinis? Haben Sie den ersten Gastbeitrag gelesen? Aber sicher doch nicht bauchfrei? Zeigen Sie so viel Bauch, wie Sie wollen! Was, wenn es nicht zu mir passt? Wenn es Sie glücklich macht, passt es auch zu Ihnen. Und wenn es anderen nicht gefällt? Sie tragen die Sachen für sich, nicht für andere. Aber wenn es mir doch nicht schmeichelt? Vergessen Sie die Schmeichelei. Wenn es ausdrückt, wer Sie sind, dann schmeichelt es Ihnen auch.

Ich hatte immer Probleme mit körperbetonter Kleidung. Ich dachte immer, ich könnte niemals eng anliegende Sachen tragen, ohne einen flachen Bauch, einen runderen Hintern und festere Brüste zu haben. Lustigerweise habe ich mich nie getraut, egal, wie sehr ich abgenommen habe.

Als ich die Body-Positivity-Bewegung gefunden hatte, sah ich auf einmal Menschen jeder Form und Größe körperbetonte Kleidung tragen. Sie zeigten sogar ihre nicht flachen Bäuche mit Stolz. Bevor ich denken konnte: »Das sollten sie nicht tragen«, fiel mir auf, wie verdammt großartig sie darin aussahen, und ich wollte das auch mal ausprobieren.

Und so kaufte ich mir mein erstes körperbetontes Kleid und zwang mich, es auch zu tragen. Zunächst nur in der Wohnung, dann vor der Kamera und schließlich auf der Straße. Wissen Sie was? Nichts ist passiert. Die Welt ist nicht implodiert, weil ich die Modegesetze gebrochen habe.

Ich brach sie Stück für Stück, bis nichts mehr übrig war. Wenn ich mein Spiegelbild in einer Schaufensterscheibe sehe, denke ich auch heute noch manchmal: »Das schmeichelt mir aber gar nicht«, bis ich mich daran erinnere, dass mir schmeichelt, was mir gefällt, und weiter wie eine Body-Positivity-Königin stolziere. Tragt, was ihr wollt, kauft die Größen, die ihr braucht, und vergesst die Modepolizei. Ihr seid makellos.

Die Körpernorm, Männlichkeit, Selbstliebe und Stil
Kelvin Davis (@notoriouslydapper), Autor von Notoriously Dapper: How to Be a Modern Gentleman with Manners, Style and Body Confidence

Beim Begriff Body Positivity denken Leute automatisch an starke Frauen, die das Recht der Frau verteidigen, jeden Zentimeter ihres Körpers zu lieben. Männer kommen im Zusammenhang mit Unsicherheiten oder Emotionen bezüglich ihres Körpers eher selten vor. Als Mann kann ich zugeben, dass ich unter Depressionen, Ängsten und Essstörungen gelitten habe. Die Gesellschaft fordert von Männern, dass sie maskulin zu sein haben und keine Emotionen zeigen. Männer weinen nicht. Warum eigentlich nicht?

Fast 75 Prozent aller Selbsttötungen werden von Männern begangen, das ist eine erschreckende Zahl, ergibt aber tatsächlich Sinn. Nach den Regeln der Männlichkeit dürfen Männer auf keinen Fall über ihre Unsicherheiten und Emotionen sprechen. Frauen haben dagegen schon lange die gesellschaftlichen Normen der Weiblichkeit durchbrochen und bewiesen, dass Ideale nicht einfach deshalb richtig und zwingend sind, weil jemand sie aufgestellt hat. Heute glauben mehr Frauen in aller Welt als je zuvor daran, dass sie zu jeder Zeit alles erreichen können, und das ist wunderbar.

Ich erinnere mich, wie ich zum ersten Mal meinen Vater weinen sah, als er mir erzählte, wie sein Vater gestorben ist. Ich spürte pure Emotion, sein Herz und seine Seele. Ich konnte seinen Schmerz nachfühlen und verstand, dass es okay ist zu weinen. Er hat mir nie gesagt, dass Jungs nicht weinen, hat mich nie ausgeschlossen oder mir Emotionen verboten. Er nahm mich voll und ganz an und liebte mich, wie ich bin, wie das Eltern tun sollten. Und doch befahl mir die gesellschaftliche Norm, stark zu sein und bloß keine Emotionen zu zeigen, gerade und besonders als schwarzer Mann.

Das Leben als schwarzer Mann in Amerika kann schwierig sein. Wir werden ständig in Schubladen gesteckt und müssen immer noch um Gleichbehandlung kämpfen. Als Instagram-Influencer und Model habe ich das Gefühl, noch härter arbeiten zu müssen, um ernst genommen zu werden. Als schwarze Menschen dürfen wir auf keinen Fall emotional sein, um bloß nicht als schwach dazustehen. Wir müssen in jeder Hinsicht selbstbewusst, stark und hart sein.

Wie aber soll man seinen Körper schätzen, wenn er als weniger wert als andere Körper angesehen wird? Wie kann man sich in der eigenen Haut wohlfühlen, wenn man ständig über seine Haut definiert wird? Wie soll man sich selbst lieben, wenn die Medien so viel Hass und Angst vor dem schwarzen Mann schüren?

Mein Selbstvertrauen erhielt einen schweren Schlag, als ich in den Medien von unbewaffneten schwarzen Männern erfuhr, die niedergeschossen wurden. Es passierte immer wieder, und es fällt schwer, ein positives Körpergefühl zu pflegen, wenn dein Körper nichts wert ist. Man kann sich kaum in der eigenen Haut wohlfühlen, wenn man wegen dieser Haut erschossen wird. Menschen können das bestreiten, so viel sie wollen, und behaupten, das sei eine Masche und ich würde nur die Rassenkarte ausspielen. Ich lebe in diesem Körper, ich weiß, wie es sich anfühlt, wegen seiner Hautfarbe oder Kleidung anders behandelt zu werden.

Die Wahrheit ist, dass ein Anzug für einen schwarzen Mann eine Rüstung ist. In einem Anzug sind wir jemand. In »normaler« Kleidung werden wir schnell als Bedrohung aufgefasst. Meine Kleidung ist für mich Rettung und Rüstung. Meine Eleganz hat mir geholfen, selbstbewusster zu werden, und dafür

gesorgt, dass ich von der Gesellschaft seltener als Gefahr ange-
sehen werde. Wenn ich mein Outfit zusammenstelle, fühle ich
mich unbesiegbar und strahle Selbstvertrauen aus. Es ist trau-
rig, dass wir in einer Welt leben, in der man im Anzug mehr gilt
als im Hoodie. Ob ich im Blazer oder im Sweatshirt auftrete,
ich bin derselbe selbstsichere, positive Mensch, der ich war, als
ich mich angezogen habe. Aber mein Weg hin zu einem selbst-
bewussten schwarzen Mann war kein leichter.

Ich lernte mich selbst zu lieben, indem ich mir selbst treu war.
Ich genieße die Unterstützung von Freunden und Familie, die
mich als den schätzen, der ich bin. Ich habe über die Jahre aus
persönlicher Erfahrung gelernt, meine mentale und körperliche
Gesundheit zu pflegen. Mein Stil ist ich, und ich bin mein Stil.
Man muss die Kleidung tragen, in der man sich wohlfühlt, und
sich mit positiver Energie umgeben. Das macht die trüben
Body-Tage gut und die guten Body-Tage besser.

Jeder hat sein Päckchen zu tragen, von dem wir nichts wissen.
Seien Sie also nett zu Menschen, auch wenn die es nicht sind.
Freundlichkeit kann die Welt verändern, und wenn man nett zu
sich und anderen ist, macht man die Welt besser. Passen Sie auf
sich auf, achten Sie auf Ihre Seele, und tun Sie etwas, das Sie
glücklich macht. In diesem hektischen Leben vergessen wir uns
leicht selbst. Es ist einfacher, andere zu mögen, wenn man sich
selbst mag.

Männlichkeit und Gesellschaft

Jungs, ihr definiert, was Männlichkeit ist, und nicht die Gesellschaft. Wenn ihr ein Modedesigner sein wollt, dann seid
einer, wenn ihr Ballett tanzen wollt, tanzt, wenn ihr program-
mieren wollt, programmiert. Lasst euch nicht von gesellschaftlichen Normen von euren Träumen abbringen.

Jeder hat das Recht auf ein positives Körpergefühl, unabhängig von Rasse, Geschlecht und Alter. Wir dürfen nicht verges-

sen, dass auch Männer mit diesen Problemen kämpfen. Auch sie müssen über ihre Unsicherheiten und Emotionen sprechen können, damit wir mutige Männer für die kommenden Generationen erziehen. Wir alle verdienen es, uns sicher, geliebt und gefeiert zu fühlen und nicht gefürchtet, gehasst und ignoriert. Teilt eure Liebe und Achtsamkeit mit euren Freunden, Männern, Brüdern, Vätern, Onkeln und Neffen. Zeigt ihnen, dass es okay ist, ihre Männlichkeit selbst zu definieren!

Dates, Sex und Liebe

Ich liste hier einfach mal die Lügen auf, die man uns über Romantik, Sex, Liebe und unseren Körper erzählt hat.

Lüge: Du musst abnehmen, hübscher sein oder deine Persönlichkeit ändern, bevor sich jemand für dich interessiert.

Wahrheit: Man macht uns glauben, dass wir so, wie wir sind, nicht liebenswert, unattraktiv und ungewollt sind. Wenn wir glauben, dass die Liebe der große Preis am Ende der großen Wandlung ist, kaufen wir Dinge, um uns zu wandeln. Wir glauben fest daran, dass das Happy End schon kommen wird, solange wir nur Diät halten, das richtige Parfüm tragen, die richtigen Klamotten besitzen und ins richtige Make-up investieren. Dabei haben wir keines dieser Dinge je gebraucht, um liebenswert zu sein, unsere eigene Sexualität zu besitzen oder ein Happy End zu erleben.

Es gibt zahllose Menschen auf der Welt, die sich für Sie interessieren, Sie anziehend finden und sich Hals über Kopf in Sie verlieben würden, hätten sie nur die Chance dazu. So, wie Sie sind. Ich weiß, das ist schwer zu glauben, wenn man sich ein Leben lang für nicht liebenswert gehalten hat. Vielleicht hatten Sie auch eine miese Erfahrung, die Sie weiter davon überzeugt hat, das Problem zu sein. Hätten Sie nur anders ausgesehen, hätte es geklappt. Wenn Sie doch nur nicht so ... *Sie* wären. Sie können aber nur Sie selbst sein, und Sie sind gut genug.

Sagen wir, Sie schaffen es, sich in eine Rolle hineinzuzwängen, damit sich jemand in Sie verliebt. Sie nehmen ab, simulieren einen für Sie fremden Sinn für Humor, ändern Ihren Stil und streifen eine neue Persönlichkeit über. Die Leute, die Ihnen nie eine Chance gegeben haben, liegen Ihnen jetzt zu Füßen, aber wollen sie wirklich Sie?

Warum sollen sich Leute für jemanden interessieren, den es gar nicht gibt? Wer will denn schon mit jemandem zusammen sein, der ihn nicht wegen seiner selbst schätzt? Ich habe immer geglaubt, dass ich den perfekten Mann finde, wenn ich nur abnehme. Dann habe ich verstanden, dass dem perfekten Mann völlig egal ist, wie viel ich wiege.

Sie müssen sich nicht den Erwartungen anderer anpassen. Es sind schließlich nur Erwartungen. Man soll Sie in all Ihrer echten, ungekämmten, einzigartigen Pracht mögen. Sie sind eine gute Partie, so, wie Sie sind.

Lüge: Wenn Sie nicht den gängigen Schönheitsstandards entsprechen, müssen Sie halt nehmen, was Sie kriegen.

Wahrheit: Sie verdienen das Beste: Feuerwerk, Leidenschaft, Geborgenheit, Kommunikation, Lachen, Vertrauen, Freundschaft, Romantik und Schmetterlinge. Geben Sie sich nie mit weniger zufrieden, egal, wie Ihr Prachtkörper aussieht. Es gibt Menschen, die Sie mögen, lieben und wie eine Prinzessin behandeln.

Lüge: Sobald sie mich nackt sehen, ergreifen sie die Flucht.

Wahrheit: Ich weiß, das klingt verrückt, aber wenn jemand, der Sie angezogen gesehen hat, Interesse an Ihnen zeigt und sagt oder zeigt, dass er Sie sexuell anziehend findet, sollten Sie ihm vielleicht einfach glauben. Solange es unter Ihrer Kleidung nicht mysteriöser zugeht als in Mary Poppins' Handtasche, hat dieser Mensch vielleicht eine ganz gute Vorstellung davon, was ihn erwartet. Er kennt auf jeden Fall Ihre Figur, und wenn Sie schon an diesem Punkt sind, hat er wohl kein Problem damit.

Wissen Sie, was den Sex wirklich ruiniert? Wenn man zwanghaft nachgrübelt, was der andere (oder die anderen) über das eigene Aussehen denkt, statt ganz im Hier und Jetzt zu sein. Auch die Angst, wie man gegenüber dem letzten Partner abschneidet, nimmt der Sache jegliche Freude. Ich garantiere Ihnen, dass er nicht das über Sie denkt, was Sie denken, dass er denkt. Höchstwahrscheinlich wird er schlicht denken: »OH MANN, ICH HABE GERADE SEEEEX!«, oder sich Sorgen machen, wie sein Körper auf Sie wirkt. Würde es nicht viel mehr Spaß machen, wenn wir uns einfach auf das konzentrierten, was wir da gerade tun?

Sollten Sie je einen Sexpartner haben, der etwas Negatives über Ihren Körper sagt, dann verdient er es nicht, in Ihrer Gegenwart, geschweige denn in Ihrem Bett zu sein. Wenn das passiert, jagen Sie ihn auf der Stelle vom Hof.

Lüge: Niemand wird Sie lieben, wenn Sie sich nicht selbst lieben.

Wahrheit: Diese Lüge ist ein beliebtes Argument, um die Leute dazu zu bringen, sich selbst zu lieben. Das Problem ist nur, wenn es schiefgeht, fühlt man sich umso weniger liebenswert, was natürlich Quatsch ist. Sie sind die Liebe wert, selbst wenn Sie das selbst anders sehen, unsicher sind oder Ihren Körper sogar hassen.

Immer Rot
Melissa Gibson

Ich scherze gern, dass roter Lippenstift mein Leben verändert hat. Ich bin fett. Ich war schon als Kind und Teenager fett. Und bei mir waren es nie nur zehn Pfund »zu viel«. Ich war mein Leben lang ein unvollendetes Werk. Meine erste Mitgliedschaft in einem Fitnessstudio hatte ich mit neun. Ich lernte, dass das Ziel von Bewegung ist, abzunehmen. Bewegung war kein Spaß und kein Abenteuer, sondern diente einem Ziel. Über die Jahre habe ich den Kontakt zu meinem Körper zunehmend verloren.

Das Abnehmen hat nie gut geklappt, und wenn, dann war es nie genug. Es war niemals ein Sieg, sondern fühlte sich eher wie ein Preis an, den ich zahlen musste, um am Leben teilhaben zu können. Ich war ein Problem, eine Peinlichkeit und das Leben nicht wert, das meinen schlanken Altersgenossen gegönnt war. Das habe ich wirklich geglaubt! Ich habe all die Lügen geglaubt, mit der ein fetter Körper stigmatisiert wird. Das war so, bis eines Abends der Körper einer selbstbewussten fetten Frau in einem Bikini mit einem Text zu Body Positivity auf meinem Bildschirm auftauchte.

Ich war zunächst unangenehm berührt. Ich sollte meinen Körper nicht hassen? Ich glaube, ich war neidisch. Wie sollte ich mich je mit meinem Körper aussöhnen? Positive Gefühle waren schlanken Körpern vorbehalten. Und doch konnte ich die Bilder nicht abschütteln und begann allmählich, meine Erfahrungen in einem anderen Licht zu sehen. Hier kam der rote Lippenstift ins Spiel.

Ich war langweilig, weil ich dachte, das muss so sein. Ich hatte kein Recht, aufzufallen, und habe immer alles getan, von meinem Körper abzulenken. Ich hatte aber noch einen roten Lippenstift, den ich zum Abschlussball aufgelegt hatte. Eines Tages holte ihn raus und trug ihn auf. Sollte ich wirklich so rausgehen? Mir war klar: Wenn ich ihn nicht mit Überzeugung trug, würde ich mich einfach lächerlich fühlen. Er wurde zur

Herausforderung – so wie das körperbetonte Kleid ein paar Wochen darauf, dann, ohne Pullover vor die Tür zu gehen und so weiter. Jede Herausforderung erforderte mehr Selbstvertrauen, und mit dem wachsenden Selbstvertrauen fühlte ich mich zum ersten Mal als Erwachsene selbstbestimmt.

Ich wollte mich bewegen, wollte gesehen und gehört werden. Meinen Körper zu nutzen gab mir Kraft, ließ mich mich lebendig fühlen. Endlich fühlte ich, was ich berührte, schmeckte, was ich aß, sah die Schönheit in der Welt. Ich löste mich langsam von den Abnehmzielen und begann, Reisepläne zu schmieden, mein Leben zu ändern und für die Zukunft zu planen, ohne das von meinem Gewicht abhängig zu machen.

Ich erfreute mich an meinen Bewegungen, entwickelte meinen eigenen Stil, fühlte mich sexy und fantastisch. Ich ging zu Dates, zum ersten Mal nach meinen Regeln. Ich genoss diese Erfahrung mit einer ganz neuen Einstellung und frischem Selbstvertrauen. Dann genoss ich es auch, meinen Körper in intimen Begegnungen mit neuen Partnern zu teilen. Ich bin immer ein sexueller Mensch gewesen, habe mich dessen aber geschämt. Ich war nicht für die Liebe geschaffen. Ich habe gelernt, dass das nicht stimmt.

Auf dieser Reise hat mir Body Positivity Raum gegeben, meine Freundschaften, Träume und mein Selbstwertgefühl zu erkunden. Das Leben war spannend, und ich teilte meine Freude und Aufregung gern mit anderen. Meine Mutter hatte mich immer angeregt, mehr zu flirten: »Melissa, ich sehe, wie die Jungs dich angucken, du musst sie nur wissen lassen, dass du sie auch magst.« Ich wollte aber nicht flirten. Ich war sicher, bestenfalls zweite Wahl zu sein, und das wollte ich nicht. Ich will das immer noch nicht, aber heute weiß ich, dass ich nicht das Mädchen bin, mit dem die Jungs sich zufriedengeben, ich bin diejenige, die sie wollen. Das war ich immer schon.

Mein neu gefundenes Selbstvertrauen eröffnete mir eine ganz neue Welt, in der ich erkunden konnte, was ich mir von einer

Beziehung mit einem Mann erwarte, und mich nicht danach richten musste, was er sich erwartet. Sex wurde zu einem gemeinsamen Erlebnis, in dem mein Partner und ich unsere Körper zu unserem gegenseitigen Lustgewinn einsetzten. Genau dafür war mein Körper gemacht. In dieser Welt schätzte man mich nicht für die Dinge, die ich im Bett tun konnte, sondern für den simplen Umstand, dass ich es in meiner fetten, sexy, selbstbewussten Pracht war, die mit ihnen im Bett, auf der Couch, im Auto, im Park, im Krankenwagen war. Ich erkundete meine Sexualität, liebte sie und verliebte mich in meinen Körper.

Unser Körper definiert uns zwar nicht, aber häufig hindern uns unsere negativen Gefühle ihm gegenüber daran, zu glauben, dass wir das Leben verdienen, das wir uns wünschen. Diese Gefühle machen uns stumm, und wir machen uns körperlich und mental klein. Wir lernen, weniger Raum in Freundschaften, Beziehungen und in unserem eigenen Kopf einzunehmen. Wir lernen, dass wir unsere Sehnsüchte nicht verdient haben, und so wird unser Körper oft zu unserem eigenen Gefängnis.

Der von einer Fett fürchtenden Gesellschaft geförderte Körperhass hält uns davon ab, über den eigenen Tellerrand zu blicken, zu gedeihen und im Augenblick zu leben. Unser Körper gehört uns. Er ist ein Werkzeug zum Fühlen, Sein, Tanzen, Lieben und Bewegen. Ich habe einmal gesagt: »Hemmungslose, schamlose Freude ist das größte Geschenk, das die Body-Positivity-Bewegung mir gemacht hat.« Sie hat mich gelehrt, mein Leben in vollen Zügen zu genießen, im Augenblick zu leben und mich nicht mehr als unvollendetes Werk zu sehen.

Am Anfang fühlte es sich gut an, mich als schön zu begreifen, zu wissen, dass meine Schönheit nicht nur innerlich ist, und meine äußerliche Schönheit in ihrer ganzen prachtvollen Einzigartigkeit zu sehen. Body Positivity bedeutete für mich, dass ich ganz neue Seiten an mir entdecken durfte. Meine Leidenschaften, meine Lebensziele, mein Verhältnis zur Sexualität und meine Lippenfarbe änderten sich. Das waren alles Zeichen da-

für, dass ich mir der Welt um mich herum und meiner Beziehung zu dieser Welt, zu meinem Körper und meinem Leben neu bewusst wurde.

Kuchen

Vor einiger Zeit fragte ich Leute online, wie sich ihr Leben durch Body Positivity veränderte. Am nächsten Tag hatte ich über 1500 Kommentare, die all die fantastischen Dinge aufzählten, die möglich waren, nachdem Menschen Frieden mit ihrem Körper geschlossen hatten.

Ein Kommentar lautete: »Ich war letztes Jahr zum ersten Mal auf meinen eigenen Urlaubsfotos zu sehen.« Jemand anders schrieb: »Ich habe diesen Sommer erstmals Shorts getragen (seit ich 14 war) ... ich bin jetzt 35, und dank Body Positivity schwitze ich mich nicht mehr aus Angst vor meinem und dem Urteil anderer zu Tode.« Dann war da noch dieser Kommentar, der eigentlich alles sagt: »Ich genieße endlich wieder mein Leben ohne Kalorienzählerei, dafür mit wunderbaren Erinnerungen. Ich habe begriffen, dass ich nur dieses eine Leben habe.« Die Botschaft war eindeutig: Body Positivity erlaubte den Menschen, endlich zu leben.

Wenn man damit aufhört zu glauben, dass man nur lebt, um einem unerreichbaren äußerlichen Ideal zu entsprechen, ist man frei, das Leben zu leben, das man verdient. Man kann endlich tun, was man immer tun wollte, Outfits tragen, die man immer tragen wollte, reisen, ausgehen und Menschen treffen. Man kann damit aufhören, alles vom Abnehmen abhängig zu machen, und seine Träume verwirklichen.

Viel zu lange haben wir geglaubt, dass wir unseren Körper ändern müssen, um all diese Dinge zu tun, dass wir leben können, sobald wir nur anders aussehen. Das war falsch. Der Schlüssel zu einem erfüllten Leben steckt nicht in Zahlen auf einer Waage, sondern in uns selbst. Wir müssen uns den Platz, den unser Körper einnimmt, zurückerobern und ihn ohne Scham ausfüllen.

Wir müssen aufhören, uns einzureden, dass wir es nicht verdienen, glücklich zu sein, und unser Glück in die eigenen Hände nehmen. Von all den Kommentaren, die ich gelesen hatte, hat mich einer besonders berührt. Er war von einem Mädchen namens Carrie, die mit Magersucht kämpfte und durch Body Positivity die Kraft fand, weiterzukämpfen: »Ich bin endlich auf dem aufsteigenden Ast und werde am 28. August meinen Geburtstagskuchen auch essen.« Ein Foto vom Kuchen hatte sie mitgeschickt.

Also, meine Lieben, esst Kuchen, tut Dinge, lebt jetzt. Das Leben wartet nicht auf diese zehn Pfund, und ihr solltet das auch nicht.

#seenwithoutshame
Rebekah G. Taussig

Mit vier Jahren war ich sicher, eine Disney-Prinzessin zu sein. Meine Schwester und ich knoteten unsere T-Shirts zu sexy Tops à la Prinzessin Jasmin, zogen Jogginghosen an und lümmelten auf dem Sofa wie kleine Prinzessinnen. Wenn wir schwimmen gingen, holten wir tief Luft, tauchten ins Wasser und schmetterten beim Auftauchen: »Ein Mensch zu sein!« Wir schüttelten unsere nassen Mähnen und stellten uns vor, dass unser Haar im Wind wehte wie bei den gezeichneten Meerjungfrauen. Damals wand und wiegte und kroch und lümmelte ich mit meinem Körper herum – genoss meinen Körper –, ohne zu bemerken, dass meine gelähmten Beine ganz anders aussahen und sich ganz anders bewegten als die der anderen Kinder.

Mit drei Jahren drückten zwei Tumore auf meine Wirbelsäule und lähmten mich. Das klingt vielleicht seltsam, aber ich brauchte eine Zeit, bis ich meine Verwandlung zu einem »Kind mit Behinderung« bemerkte. Ich habe mich anfangs nicht anders gefühlt, aber dann musste ich mit dem Behindertenbus zum

Kindergarten fahren. Ich war noch nie so vielen behinderten Menschen begegnet, und es schockierte mich. Diese Kinder sahen so gar nicht wie elegante Prinzessinnen aus, aber ich saß mit ihnen im Bus. Sah ich auch so aus? Bewegte ich mich auch so? Ich war so sicher gewesen, dass ich federleicht wie Belle durch den Raum schwebte, aber wenn ich mich umschaute, sah ich meine eigenen klobigen Beinschienen, meine vernarbten und geschwollenen Füße und meine schlecht sitzende Kleidung.

Nach und nach ging es weniger darum, wie ich mich in meinem Körper fühlte, und mehr darum, was andere sahen. Ihre Gesichter bestätigten meinen Verdacht, dass etwas nicht stimmte – ihre Augen und Münder zeigen ihr Mitleid mit mir. Ich lernte, diese Anzeichen für akzeptable und inakzeptable Körper zu erkennen.

Als ich älter wurde, wichen die Disneyfilme romantischen Komödien, Sitcoms, Soap Operas und Werbung für alles Mögliche, von Tampons bis zu Bier. Das waren keine Cartoons, aber die Märchen waren dieselben. Langsam lernte ich bestimmte Regeln des Universums: Es war lebenswichtig für eine Frau, Männer anzuziehen, aber Männer wählten nur schöne Frauen aus, und »Schönheit« war sehr eng definiert.

Ich war unerreichbar weit von diesem Ideal entfernt. Wie überlebt ein Mädchen eine solche Ausgangslage? Wenn man wie ich tickt, schneidet man seine deformierte untere Hälfte auf Fotos ab, bedeckt seine Beine auch im Sommer mit Strumpfhosen und versucht, so zu tun, als hätte man keinen Körper. Dann heiratet man den ersten Jungen, der diesen Körper mag, weil das ja nur Zufall sein kann und man auf ewig allein bliebe, wenn man diese Gelegenheit nicht ergriffe. Jahrelang verhüllte ich schamvoll und geradezu ritualistisch meinen Körper. Ich lebte nach dem Mantra: Deine verkrüppelten Beine sind grotesk, verbirg diese schrecklichen Füße, lass niemanden sehen, dass du kaum aufstehen kannst.

Ich wünschte, ich könnte den genauen Tag nennen, an dem ich endlich begriff, dass diese Scham auf einer Fiktion beruhte,

*aber Scham zu verlernen ist ein langer, schwieriger Prozess, der
für mich noch lange nicht abgeschlossen ist. Vielleicht fing es
damit an, dass ich meinen Ehemann verließ. Nicht, weil er ein
schlechter Mann war, sondern weil wir aus den falschen Gründen geheiratet hatten und ich irgendwann merkte, dass es nicht
der Traum war, den ich mir erwartet hatte. Also ging ich.*

*Ich zog in eine kleine Wohnung und fing an, mich nackt
durch die Zimmer zu bewegen und mich mit den weichen Falten meines Bauchs, meinen schlaffen, bläulichen Füßen und
meinen knochigen Knien vertraut zu machen. Ich begann, auf
meinen Körper zu hören, achtete genau darauf, wie sich meine
Haut im warmen Bad anfühlte. Das fühlte sich so an, wie wenn
meine Mutter mich morgens in die warmen Handtücher frisch
aus dem Trockner wickelte – sicher und lebendig. Ich hörte zu,
wenn mein Körper mir sagte, dass ich angespannt war, und
fühlte mein hämmerndes Herz und die verspannten Schultern.
Je mehr ich meinen Körper als Verbündeten sah, als ein Werkzeug, das mich leitet, ein Quell der Freude, eine Verbindung
nach draußen, desto weniger sah ich ihn als Grund zur Scham.
Wie kann ein Körper hässlich sein, der schmeckt und atmet,
weint und lacht, Blut pumpt und Witze macht, Empathie emp-
findet und umarmt?*

*Ich richtete einen öffentlichen Instagram-Account ein, der
meinen behinderten Körper feiert, weil ich mehr Bilder von
starken Frauen mit den unterschiedlichsten Körpern in der Welt
sehen wollte und weil das Gegenteil von Scham der Gang in die
Öffentlichkeit und der Kontakt zu anderen ist. Die ersten Bilder,
die ich unter @sitting_pretty postete, zeigten meine schlappen,
vernarbten Füße und meine verschrumpelten Beine, und ich
sprach über meine Scham, die sie bei mir ausgelöst hatten. Ich
verwendete das Hashtag #seenwithoutshame (schamfrei gesehen), weil ich wieder mein kindliches Glück erfahren wollte,
meinen Körper zu erfahren, ohne gewertet zu werden. Ich wusste nicht, ob das irgendjemanden interessieren würde – kannten
andere diese Scham überhaupt?*

Das Ergebnis verblüffte mich. Es gab zwar auch die Kommentare, wie unproportional groß meine Arme wirkten, und die Fußfetischisten, aber das überwältigende Echo war: »Ich auch!« Deshalb teilte ich noch mehr persönliche Erfahrungen: den Stich, den es mir jedes Mal gibt, wenn man meinen Freund dafür lobt, dass er mit mir ausgeht, die großen Probleme, die ich damit habe, wenn man mich mühsam mit einem Walker gehen sieht, die tiefe Verletzlichkeit, die es mit sich bringt, eine Schullehrerin mit einer sichtbaren Behinderung zu sein.

In diesem virtuellen Raum stieß ich auf so viele unterschiedliche Körper, die zusammen gegen die Scham ankämpften, Körper mit Behinderungen, Narben, Dehnungsstreifen und Cellulite, Körper, die als zu dick oder zu queer oder zu knubbelig verunglimpft wurden. Ich fühlte mich beinahe wie auf einer Stadiontribüne voller Leute, die gemeinsame Schlachtgesänge anstimmten. Viel zu lange hatten wir uns von engstirnigen Körperidealen bestimmen lassen, und zusammen erheben wir nun unsere Stimmen: Wir sind hier, um die Diktatur des Bodyshaming zu beenden – wir werden sehen und ohne Scham gesehen werden (#seenwithoutshame), weil alle Körper gute Körper sind (#allbodiesaregoodbodies) und weil alle Körper schön sind (#allbodiesarebeautiful).

Ich habe es nie wieder ganz geschafft, mich wie damals mit meiner Schwester als Disney-Prinzessin zu sehen. Wenn ich heute schwimmen gehe, weiß ich, dass meine Haare an meiner Stirn kleben, meine Nase von der Sonnencreme glänzt und mein Bauch auf einer Seite dicker ist. Ich glaube aber, dass ich etwas Besseres gefunden habe als diese Kindheitstage. Als ich klein war, war Prinzessin sein das Allergrößte. Ich musste erst langsam lernen, dass schöne Prinzessinnen in einer zweidimensionalen Welt gefangen sind: Sie dürfen nie wachsen, altern oder Narben bekommen, was auch heißt, dass sie niemals wirklich leben dürfen.

Als ich in die dreidimensionale Welt hinausgetreten bin, habe ich gelernt, dass ich von meinem allerersten Schrei an (»Ich lebe!«) selbst das Allergrößte bin. Mein rasender, fuchtelnder, alternder Körper ist in sich schön. Er war schon fantastisch, als ich ein rosiges Baby war, er war schön, als der Chirurg meinen Rücken aufschnitt, um die verschlungene Masse der Tumore zu entfernen, er war strahlend, als ich mit meinem frisch gelähmten Körper auf allen vieren über den Boden kroch, bis meine Knie aufgeschürft waren, er war exquisit, als ich bei meinem ersten Schulball im Rollstuhl neben meinem Freund saß und mich ungelenk zur Musik wiegte, er war schön an meinem Hochzeits- und an meinem Scheidungstag, beim Schulabschluss und allen meinen Geburtstagen, und er wird großartig bleiben, während er schrumpelt, altert und sackt. Diese Schönheit ist nicht passiv und dient nicht zum Verbrauch. Mein Körper ist schön, weil er vor Geschichten vom Leben birst, weil er die Kraft besitzt, mit der Welt zu interagieren, weil er mich von einem Leben zum nächsten trägt. Diese Art von Schönheit hat die Kraft, Berge zu versetzen.

Nicht wirklich krank

Und andere Mythen über Essstörungen

Ich las zum ersten Mal in einem der Magazine meiner Mutter über Magersucht. Dort war alles am Start, was zu einer Mediengeschichte über Essstörungen gehört: das schockierend niedrige Gewicht, das verstörend dünne Esstagebuch, und natürlich alle Zahlen fett gedruckt. Ich war fasziniert und entsetzt zugleich, wie es ja auch beabsichtigt war.

In den folgenden Jahren habe ich immer wieder solche Geschichten gelesen, und es kam mir so vor, als ob Essstörungen ausschließlich in Frauenzeitschriften vorkommen. Im echten Leben sprach niemand über so was, auch in der Schule nicht. Das waren also eindeutig unvorhersehbare Tragödien, die einige wenige Unglückliche trafen. Vor allem aber habe ich immer gedacht: Das kann mir nicht passieren.

Als bei mir ein paar Jahre später Anorexia nervosa diagnostiziert wurde, wusste ich immer noch nichts darüber. Wie soll das plötzlich ein Problem sein, wenn die Leute mich doch noch 15 Pfund zuvor für meine Entschlossenheit und Willenskraft gelobt hatten? Ich konnte es einfach nicht verstehen (das ist übrigens typisch für Anorexie, wie ich mittlerweile gelernt habe). Ich sah das Problem nicht, als meine Kleidung zu groß wurde, als ich aus der Schule genommen wurde. Ich sah es nicht bei den wöchentlichen Gewichtsmessungen und Therapiestunden. Ich sah es noch nicht einmal, als ich in die Psychiatrie eingewiesen wurde.

Ich realisierte zum ersten Mal, wie groß das Problem war, als ich im Krankenhaus landete. Ich verstand aber immer noch nicht, was da mit mir passierte. Ich wusste nur, dass es übel war. Ich wusste nicht, wo es hergekommen war, wie ich an diesen

Punkt gelangt war. Was war dieses Ding, das sich aus dem Nichts anschlich und mich von meinem Verstand wegriss? Wieso hatte es diese Macht über mich? Wie war ich zu einer dieser Geschichten geworden, ohne es zu merken?

Es war völlig klar, dass alle um mich herum genauso wenig wussten wie ich, sogar die Profis, die mir eigentlich helfen können sollten. Wir waren alle ratlos. Seit meiner Diagnose vor zehn Jahren werde ich täglich daran erinnert, dass unsere Gesellschaft immer noch nicht mit Essstörungen umgehen kann.

Essstörungen haben unter allen psychiatrischen Erkrankungen die höchste Sterblichkeitsrate.[1] Beat, die führende britische Selbsthilfeorganisation für Essstörungen, schätzt, dass allein in Großbritannien 725 000 Menschen betroffen sind[2] (andere Schätzungen gehen von 1,6 Millionen[3] oder noch mehr aus, da die Statistiken nur diagnostizierte und behandelte Fälle erfassen und es eine hohe Dunkelziffer gibt). NEDA, das amerikanische Pendant zu Beat, spricht von 33 Millionen Betroffenen in den USA.[4] Diese Erkrankungen machen aus Menschen mit großem Potenzial leere Hüllen. Sie richten mehr Schaden an, als Worte beschreiben können, und doch ist das gängige Bild immer noch das hübsche, reiche Mädchen, das sein Mittagessen ausspeit, oder der gerade angesagte weibliche Promi, der es mit der Diät etwas übertrieben hat.

Einer der häufigsten Mythen ist der, dass Anorektiker nur Aufmerksamkeit heischen. Dieses völlig verzerrte Bild gibt es schon, seit Magersucht zum ersten Mal vor 150 Jahren als Krankheit erkannt wurde. Joan Jacobs Brumberg schreibt in *Todeshunger: Die Geschichte der Anorexia nervosa vom Mittelalter bis heute,* dass die Krankheit von Anfang an von den Ärzten als weibliche Dummheit abgetan wurde. Der englische Arzt Samuel Gee schrieb seinerzeit: »Anorexia nervosa scheint aus einem morbid übersteigerten Verlangen nach Sympathie heraus zu entstehen, die allen Menschen eigen, aber beim weiblichen Geschlecht besonders ausgeprägt ist.« Jep, das ist es! Ich wollte einfach nur ein bisschen Sympathie!

Neben der Suche nach Aufmerksamkeit gibt es noch weitere Mythen: Anorektiker mögen einfach kein Essen, man kann gar nicht essgestört sein, wenn man nicht wirklich krank aussieht, Essstörungen sind gewollt. Im besten Fall werden daraus blöde Witze, die dumme Menschen lustig finden (jeder Rekonvaleszent kennt diesen Schlag in die Magengrube, den man fühlt, wenn im Kino ein unsensibler Witz über Magersucht gemacht wird und alle lachen). Im schlimmsten Fall führen all diese falschen Vorstellungen dazu, dass Betroffene keine Hilfe suchen. Wer möchte schon als egozentrisch oder eitel gelten oder gar zur Pointe eines allzu offensichtlichen Witzes werden?

Bei einer psychischen Erkrankung Hilfe zu suchen erfordert angesichts der Stigmatisierung dieser Krankheiten viel Mut. Diese Stigmatisierung beruht auf völlig falschen Annahmen, deshalb ist es Zeit, dass wir mit einigen dieser Mythen aufräumen.

Eines muss von vornherein klar sein: Das ist kein seltenes Spektakel, wie es in den Magazinen dargestellt wird. Essstörungen sind keine Phase und keine übertriebene Diät. Sie sind eine

Epidemie, und wir sollten alles in unserer Macht Stehende tun, um sie zu verstehen und zu verhindern.

WICHTIG: In diesem Kapitel beschreibe ich viele Details meiner Erfahrung mit Anorexie. Darunter sind auch Dinge, die bei Betroffenen neue Schübe auslösen können. Wenn Sie sich gerade in der Rekonvaleszenz befinden und Ihnen Beschreibungen der Realität von Essstörungen schaden könnten, überspringen Sie bitte dieses Kapitel. Wenn Sie weiterlesen möchten, aber harte Details und Zahlen meiden wollen, achten Sie auf diese Warnungen:

------------ STOP 🎀 READING ------------

Diese Warnung steht jeweils vor einer potenziell bedenklichen Passage. Wenn Sie dann weiter unten beruhigt weiterlesen können, finden Sie dieses Symbol:

------------ START 🎀 READING ------------

Die erste solche Warnung steht über dem nächsten Abschnitt. Ihre mentale Gesundheit und Ihre Rekonvaleszenz gehen vor (PS: Machen Sie weiter, Sie sind großartig).

Der größte Teil dieses Kapitels dreht sich um Anorexia nervosa, mit der ich viel Erfahrung habe, aber wir werden uns auch mit anderen Essstörungen befassen. All das beruht auf meiner eigenen Geschichte, und ich weiß definitiv nicht alles über Essstörungen. Auch ich lerne noch. Ich hoffe, dass ich jedem, der jemanden kennt, der gerade mit einer Essstörung kämpft, ein besseres Verständnis vermitteln kann. Jeder, der selbst betroffen ist oder war, soll wissen, dass er oder sie nicht allein ist und nie allein war.

------------ STOP 🎀 READING ------------

Wie es wirklich war

Wenn ich an diese Zeit zurückdenke, denke ich an die Klischees, die Kälte. Nicht etwa die Kälte an einem windigen Abend, sondern die Art, die in den Knochen beginnt und alles durchdringt. Der Schwindel. Das Abstürzen des Blutdrucks, wenn ich aufstand, die Frage, ob es das jetzt gewesen ist, Licht aus.

Ich erinnere mich, wie ich langsam ertaubte und die ganze Welt sich wie unter Wasser anhörte. Wie ich mich auf einen harten Plastikstuhl setzte und der Schmerz wie Blitzschläge von meinen Hüftknochen ins Rückgrat fuhr. Meine Nägel und Haare waren seidenpapierdünn, und gigantische Felsen krachten zusammen, wo früher meine Knie waren. Ich fühlte mich leicht wie Luft und umso unbesiegbarer, je mehr ich auseinanderfiel.

Keines dieser körperlichen Dinge ist von Bedeutung, denn sie erfassen nicht den Wahnsinn. Keines zeigt, wie schmerzvoll es ist, auch nur einen Augenblick im eigenen Kopf zu existieren. Sie zeigen nicht, wie sich Minuten wie Wochen anfühlen, bis man sich fragt, ob die Zeit wirklich vergeht, ob es jemals fünf Uhr wird. Dann darf man nämlich den einen Apfel essen, der bis halb sieben halten muss und an den man die ganze Nacht denkt.

Die Kälte beschreibt nicht den Kampf, der Tag und Nacht im Kopf tobt, wo kurze Fetzen von Vernunft und Rationalität langsam verblassen: »Der Arzt sagt, wenn ich nicht esse, kann ich sterben. Vielleicht hat er ja recht … nein … NEIN … hat er nicht … er versucht, mich reinzulegen wie die anderen … der hat ja keine Ahnung, wovon er redet.«

Die Stimme, die alles übernimmt, ist von außen nicht zu bemerken. Die Stimme, die zählt, rechnet, anklagt und dich jede Sekunde jeden Tages in Stücke reißt. Die Stimme, die schließlich deine eigene verdrängt. Alles, was du dann noch in Endlosschleife hörst, ist, dass du wertlos bist, und nichts sonst.

Diese Stimme ist ein Kraftfeld. Ich habe monatelang nur

noch »Ja« und »Nein« gemurmelt. Ich habe mich nicht mehr getraut, meine eigene Stimme zu benutzen. Abnehmen ist nicht zu vergleichen mit dem Verlust von allem, was du glaubtest zu sein, jeder Meinung, jeder Leidenschaft, jeder Freude. Alles, was bleibt, ist diese Stimme und was sie dir zu tun erlaubt.

Es gibt Augenblicke völliger Klarheit, wenn das Gewicht dieses Schmerzes dir die fragilen Lungen abschnürt und du nicht glauben kannst, was du getan hast. Dann ist dieser Augenblick vorbei und nimmt dein Ich mit sich.

Ich erinnere mich, wie die ganze Welt an mir vorbeigezogen ist. All diese Leben, die in die Zukunft streben, sich verändern, wachsen und mich in meinem Gefängnis zurücklassen, das niemand sehen kann. Wenn meine Familie mich besuchte, wollte ich so gern bei ihnen im Zimmer sein. Ich wollte ihre Wärme fühlen, hatte ich doch so lange gefroren. Ich wünschte, ihre Liebe wäre stark genug, mich aus dieser Hölle zu ziehen und wieder zu lehren, wer ich bin. Es war aber nie genug, und sie gingen ohne mich wieder weg, zurück zu ihren Leben, um wenigstens kurzzeitig den Schmerz zu vergessen, den mein Anblick ihnen bereitete. Ich blieb zurück, sicher, dass nichts jemals ausreichen würde.

Bis eines Tages doch etwas ausreichte. Mein Tiefpunkt war nämlich nicht mein niedrigstes Gewicht. Es war nicht der Schulabbruch oder der Verlust meiner Freunde. Es war nicht einmal der Arzt, der meiner Familie sagte, dass ich vielleicht nur noch ein paar Stunden zu leben hätte, weil meine Organe versagten. Es war der Anblick meines Vaters, den ich zum ersten Mal im Leben weinen sah.

Meine Eiche von Vater, der ewig Geduldige, der endlos verstehen Wollende, brach. Unter Schluchzen sagte er mir, dass er nicht mehr konnte. Er konnte so nicht mehr leben, ich konnte es nicht, wir beide konnten das nicht. Bevor er aus dem Zimmer ging, warf er mir das Taschentuch, das er in den Händen gewrungen hatte, dort vor die Füße, wo ich schweigend saß. Er hatte so viel Trauer, Frustration, Wut und Hoffnungslosigkeit angestaut, und all das kam mit diesem Taschentuch auf mich niedergestürzt. Ich fühlte das alles. Vor allem aber fühlte ich Wut.

Ich war auf einmal wütend über all die Zeit, die mir gestohlen worden war, all die Jahre, in denen ich mich weiterentwickeln sollte, hatte ich mit meinem stückweisen Verschwinden verschwendet. Alle meine Träume, die ich hätte träumen sollen, waren verhungert. All die Abenteuer, die ich nie haben würde. All die dämlichen Teenagerfehler und die miesen ersten Küsse. All die Augenblicke, die die lebendigsten Jahre meines Lebens hätten ausmalen sollen, waren dem Grau der Magersucht gewichen.

Ich war zornig, wie viel Schmerz dieses Ding verursacht hatte, das meine Hand genommen und diejenigen weggeboxt hatte, die ich am meisten liebte. Dieses Ding, das sich in mir eingenistet hatte und mich brennen ließ, tatenlos zusehend, wie jeder, der mir zu nahe kam, mit verbrannte. Wofür? Fürs Dünnsein? Für Kontrolle? Für die Angst vor Veränderung? Scheiß drauf. Und scheiß auf Magersucht.

Dieser Zorn trieb mich an. Er gab mir die Kraft, den ersten Bissen zu essen, Kraft, die Stimme zu besiegen. Er ließ mich all die Lügen erkennen, wie dass der Stimme zu folgen nichts mit Kontrolle zu tun hatte, sondern mit Verlust der Kontrolle, die ich jetzt zurückgewinnen musste. Jahre später trieb derselbe Zorn mich zur Body Positivity, die mir half, mich nicht eine Sekunde länger zu hassen. Ich möchte, dass Sie alle diesen Zorn fühlen, wenn Sie an die Zeit denken, die Sie mit Selbsthass verschwendet haben.

Ich bin nicht mehr dieses Mädchen, aber alles, was ich bin, baut auf ihm auf. Wenn ich an es denke, ist das nicht mit dem scharfen Schmerz von Scham und Angst, sondern mit einem stumpfen Stechen und einer Trauer um all die Dinge, die ich nie verdient habe. Ich realisiere dann, dass ich noch so weit kommen, noch so viel lernen und heilen kann, aber diese Zeit hat mich für immer verändert. Ich wurde in diesen Flammen geschmiedet. Lange Zeit dachte ich, Gesundung wäre, einfach so zu tun, als wäre nichts passiert, die verbliebenen Wunden zu verdecken und dieses Mädchen als eine gänzlich Fremde zu behandeln.

Heute weiß ich, dass ich es immer bei mir tragen werde. Ich stelle mir vor, wie ich seinen dürren Körper aufhebe, es an meinem wohlgefüllten weichen Bauch ruhen lasse und ihm zeige, was es alles erreicht hat. Ich zeige ihm, wie es alles zum Guten gewendet hat, dass sein Schmerz nicht umsonst war. Ich zeige ihm, was schon immer in ihm steckte: die Kraft zum Überwinden, zum Heilen.

Vor allem weiß ich heute mit absoluter Sicherheit, dass es nicht sein Fehler war. Es war nicht mein Fehler. Ich verlor wie wir alle gegen Kräfte, die viel stärker sind als ich. Niemand von uns wollte in einer Welt leben, die Millionen Arten zu hungern verkauft und dann die Schreie derjenigen ignoriert, die die Lektion zu gründlich gelernt haben. Dieser erlernte Schmerz drückt sich zwar in jedem anders aus, entwickelt sich zu einer Essstörung oder auch nicht, aber eines haben wir alle gemeinsam: Wir haben diese Saat nicht gelegt.

»Ich kann endlich zumindest für mich selbst sagen: Mit 13 zu Tode hungern? Nicht schuldig. Nicht dieses Kind. Es ist sicherlich längst überfällig, Schuld zuzuschreiben. Aber nicht mir. Die Schuld liegt ganz woanders.«
— Naomi Wolf, *Der Mythos Schönheit*

Diät außer Kontrolle

Wenn Sie bis hierhin gelesen haben, wissen Sie bereits, was ich von Diäten halte. Sie haben gelesen, wie gefährlich sie sind, dass sie nicht funktionieren und wie sie uns uns selbst noch mehr hassen lassen, als wir das so schon getan haben. Wenn Sie noch mehr Argumente brauchen, lesen Sie weiter. Diäten und die Kultur um sie herum spielen eine große Rolle bei der Entstehung von Essstörungen:

○ Heranwachsende Mädchen, die auch nur moderat Diät halten, haben eine fünffach höhere Wahrscheinlichkeit, eine Essstörung zu entwickeln, als die, die nie Diät halten.

○ Heranwachsende Mädchen, die streng Diät halten, haben eine ACHTZEHN Mal höhere Wahrscheinlichkeit, eine Essstörung zu entwickeln, als die, die nie Diät halten.[5]

Wie kann man die Beziehung eines jungen Mädchens zum Essen und seinem Körper besser ruinieren als mit einer Diät? Diäten verleiten nicht nur zu gestörtem Essen, sie *sind* gestörtes Essen. Die übliche Diät verführt zum Zählen jeder Kalorie, zum Weglassen ganzer Lebensmittelgruppen, zum Wiegen und Messen von Speisen, zum Führen eines Esstagebuchs, zum täglichen Wiegen, zum wöchentlichen Vermessen des Körpers, zum täglichen Work-out, zum sehr langsamen Essen, dazu, jeden Bissen mindestens 20-mal zu kauen, zur unkontrollierten Einnahme von Diätpillen, dazu, nur Flüssigkeiten zu sich zu nehmen, zu Hungerkuren (natürlich nur an zwei Tagen der Woche, was völlig harmlos ist), dazu, vor fünf Uhr nur Obst zu essen, nicht nach fünf Uhr zu essen usw. Sehe nur ich, dass diese Liste ziemlich genau den Symptomen entspricht, anhand derer man eine Essstörung diagnostiziert?

Und wo ist jetzt der Mythos? Diäten sind eindeutig für viele der Beginn einer Essstörung. Das Problem mit der Annahme, eine Essstörung sei nur eine übertriebene Diät, ist, dass Essstörungen keine Diäten sind, selbst wenn sie als solche angefangen haben. Wenn jemand die Grenze zwischen Diät und Essstörung überschreitet, entsteht ein ganz neues Monster. Dieses Monster ist viel hungriger und viel gefährlicher als alles davor.

Jemand, der Diät hält, zählt vielleicht Kalorien, aber er hat diese Zahlen vermutlich nicht in jeder wachen Minute in seinem Verstand eingebrannt. Er plant seine Mahlzeiten vielleicht im Voraus, aber ist wohl nicht so von der Planung besessen, dass er sich nicht mehr auf Gespräche, Ereignisse oder Aktivitäten konzentrieren kann. Jemand auf Diät mag verzweifelt abnehmen wollen, aber nicht glauben, dass seine Existenz davon abhängt. Vor allem aber wird er selbst merken, wenn er »zu weit gegangen« ist. Für jemanden mit Anorexie existiert kein »zu weit«.

Der Unterschied zwischen Diät und Essstörung ist die mentale Gesundheit. Anorexie, Bulimie, Binge Eating und andere Essstörungen sind psychische Erkrankungen. Extremes Diäthalten schädigt die mentale Gesundheit, ist aber etwas gänzlich anderes als das, was bei einer Essstörung im Gehirn abläuft. Diäten können zu Essstörungen führen, aber sobald sich jemand in diesem chaotischen Zustand befindet, ist er viel weiter gegangen, als das bei einer Diät möglich ist.

Diäten sind oft der letzte Schritt, bevor jemand in den Abgrund einer Essstörung stürzt. Die Einschränkungen einer Diät bringen Erfolgsgefühle, das Hoch der Selbstkontrolle und einen Vorgeschmack darauf, wie süchtig das Verweigern des eigenen Hungers machen kann. Einschränkungen führen zu physiologischen Veränderungen im Gehirn, die über längere Zeit hinweg eine wichtige Rolle bei der Entwicklung einer ausgewachsenen Essstörung spielen können. Meine Schritte bestanden aus den Diäten, die ich mit zehn Jahren begann, eine strenger und wichtiger für mein Selbstwertgefühl als die andere. Mein letzter Schritt war meine Erkrankung mit 13.

- - - - - - - - - - STOP ✎ READING - - - - - - - - - -

Es war eine ganz normale Krankheit: ein bisschen Grippe, ein paar Tage Kopfschmerzen und Mattigkeit, die mich zu Hause bleiben ließen. Zuerst verlor ich meinen Appetit und war glücklich darüber. Ich sah mich zehn Pfund leichter in die Schule zurückkehren und die Komplimente huldvoll entgegennehmen.

Während ich dalag, dachte ich viel darüber nach, wie ich mit ein wenig Obst am Tag überlebte und was für eine fantastische Abnehmtechnik das wäre, wenn ich das dauerhaft durchhielte. Als mein Appetit zurückkehrte, ignorierte ich ihn so lange ich nur konnte. Ich bin zwar nicht Hals über Kopf in die Hungerkur eingetaucht, aber ich habe auch nie wieder normal gegessen. Ich begann den Rausch der Versagung zu fühlen.

---------------- START ❧ READING ----------------

Während ich mich nach meiner Erkrankung mehr und mehr einschränkte, veränderte sich eines unbestreitbar, nämlich das, was eine übertriebene Diät eindeutig von einer Essstörung unterscheidet: Es fühlte sich nicht mehr wie eine Option an. Ich konnte nicht mehr einfach mal »sündigen« und mich hinterher schlecht fühlen. Die pure Versagung war eine eiserne Pflicht. Es dauerte nicht lange, bis es sich wirklich so anfühlte, als hinge meine Existenz von dieser Versagung ab … nicht nur figurativ, sondern im wahrsten Sinn des Wortes.

Susan Bordo beschreibt in *Unbearable Weight,* wie Diäten leicht zum Ausgangspunkt einer restriktiven Essstörung werden können:

> In der Regel entwickelt sich die Magersucht nicht als bewusste Entscheidung, so dünn wie möglich zu werden, sondern als Resultat einer recht beiläufig begonnenen Diät … man hat mit großartigem Erfolg fünf oder zehn Pfund abgenommen und ist dann nach diesem berauschenden Gefühl von Errungenschaft und Kontrolle süchtig geworden.

Ich war endgültig süchtig geworden. Ich war vielleicht noch selbst ins Auto gestiegen und hatte den Motor angelassen, aber kurz darauf passierte etwas, und bevor ich mich versah, saß ich nicht mehr am Steuer. Ich saß hilflos auf dem Beifahrersitz und raste einem unbekannten Ziel entgegen, das ich allerdings sicher nicht im Sinn hatte, als ich einstieg.

Ich weiß nicht genau, wann, nach wie vielen Pfunden, nach wie vielen Kalorien, aber irgendwann hatte ich keine Wahl mehr. Ich konnte unmöglich aus dem fahrenden Auto aussteigen. Die Türen waren verriegelt, und nach einiger Zeit hatte ich vergessen, dass man sie überhaupt öffnen konnte. Das ist der wirkliche Unterschied: Bei einer harmlosen Diät kann man sich entschließen aufzuhören, bei einer Essstörung verliert man jede Wahlmöglichkeit.

Warum isst du nicht einfach mehr?

All meine Mitüberlebenden werden diesen Satz mehr als einmal gehört haben. Diese wohlmeinenden, aber ahnungslosen Leute, die dir die Zauberformel für die Gesundung reichen: Iss doch einfach! Jesses, danke, Brenda, jetzt geht's mir schon viel besser! Ob gut gemeint oder nicht, diese Worte zu einem Magersüchtigen zu sagen ist, als fordere man einen Ertrinkenden auf, er solle doch einfach ans Ufer schwimmen.

- - - - - - - - - - STOP READING - - - - - - - - - - -

Besonders häufig hörte ich solche und ähnliche Sätze, als ich in der Psychiatrie war. Das war die beängstigendste Zeit meines Lebens. Meine Eltern hatten realisiert, dass sie mich trotz all ihrer unermüdlichen Unterstützung und bedingungslosen Liebe verloren. Die Magersucht hatte mich zu einer Meisterin der Täuschung gemacht, die Essen versteckte, heimlich trainierte und Gewichtskontrollen fingierte, um zehn Pfund schwerer zu wirken.

Als mein Vater mich eines Morgens dabei ertappte, wie ich Runden um unser Haus rannte, war ihnen klar, dass ich Hilfe brauchte. Sie konnten mich nicht rund um die Uhr überwachen und mir nicht helfen, wenn ich zusammenbrach. Also brachten Sie mich in ein Gebäude gegenüber einem Krankenhaus, wo noch 15 andere psychisch kranke Jugendliche lebten. Dieser Haufen angeknackster Teenager wurde von Leuten überwacht, die keine Ahnung hatten, was sie mit uns anfangen sollten.

Das Erste, was mir auffiel, war das Unkraut, das durch die Risse im Asphalt des Parkplatzes wucherte. Ich hoffte inständig, es würde sich um meine Beine wickeln und mich in die Risse hineinziehen. Vielleicht konnte ich meinen Körper zurücklassen und einfach in der Erde versinken. Ich beobachtete das Unkraut und wünschte meine Existenz fort, bis mein Vater seinen Arm um mich legte und mich zur Tür führte.

Wir gingen durch den Empfangsbereich, durch einen endlosen Korridor und in ein Zimmer mit grünen Stühlen, um den Chef zu treffen. Der Chef nimmt einen auf und entscheidet, wann man wieder gehen darf. Er trug leuchtend rote Socken und lächelte auf die gönnerhafteste Art, die ich je gesehen hatte. Nach einer Begutachtung, während der ich stumm blieb, wurde ich auf mein Zimmer geführt, wo alles grau war. Man durchsuchte meine Sachen auf spitze Objekte, Handys und Drogen. Ich bettelte meine Eltern an, mich von diesem Ort wegzubringen, an den ich nicht gehörte, nicht zu diesen Leuten, nicht allein …

Dann gingen sie. Ich glaube, dass es ihnen nie schwerer fiel, mich zurückzulassen. Ich habe noch nie so sehr geweint wie in dieser ersten Nacht. Ich habe geschluchzt und geheult, bis ich keine Luft mehr hatte und mir alles wehtat. Jede Stunde machte jemand die Runde, um mit einer Taschenlampe durch die Scheibe in meiner Tür zu leuchten und mich daran zu erinnern, wo ich war.

Am Tag bastelten und malten wir in einem baufälligen Schuppen neben dem Hauptgebäude. Ich dachte zuerst, unsere

Bilder und Pappmaschee-Kunstwerke würden irgendwo analysiert, um herauszufinden, was mit uns nicht stimmte. In Wirklichkeit sammelten sie einfach in einer Schublade oder in einer Ecke Staub – es gab eine Menge Staub in diesem Raum.

Die anderen gingen zum Bowling, ins Kino, schwimmen. Ich durfte mich nicht anstrengen, also blieb ich im Haus und suchte nach ungestörten Ecken zum Trainieren. Ich fand eine ungenutzte Stufe, die ich rauf- und runterspringen konnte. Ich hüpfte über endlose Korridore, deren Wände sich nach innen zu wölben schienen, und verlangsamte, wenn ich an den Türen der Büros und Aufenthaltsräume vorbeikam.

Gelegentlich durfte ich auf den ungepflegten Innenhof, der jeden Nachmittag kurz ein wenig Sonne abbekam. Ich nahm ein Buch mit, und wenn ich zu fertig zum Lesen war, schloss ich die Augen und versuchte, in dem roten Licht zu versinken, das durch meine Lider drang. In der Gruppentherapie starrte ich auf einen einzelnen roten Faden auf dem grauen Teppichboden, während ich zuhörte, wie die anderen mit den Betreuern über irgendwelche Vorfälle vom Vortag stritten. Ich hatte den ganzen Tag Angst vor der nächsten Essenszeit, wenn alle in den Speisesaal zum Büfett in der Ecke stürmten.

Ich saß an einem grauen Tisch, während ein mir zugeteilter Mitarbeiter mir einen Teller mit Essen brachte. Dann verbrachte ich die nächsten 45 Minuten mit starr zu Boden gerichtetem Blick, während er alles versuchte, mich zum Essen zu bewegen. Die Netten versuchten, mit mir zu reden, mich etwas zu entspannen und aus dem wirbelnden Abgrund in meinem Kopf herauszuholen. Die nicht so Netten gingen schnell zu Befehlen über, drohten mir, meine Eltern nicht sehen zu dürfen, und sprachen davon, ihre Zeit mit mir zu verschwenden.

An manchen Tagen ertrug ich das schlechte Gewissen nicht mehr, wenn mich jemand mit bittenden Augen ansah, und ich nahm mit gefesselten Händen und jedem bisschen Kraft, das ich noch übrig hatte, ein paar armselige Bissen vom Sandwich oder den Frühstücksflocken. Anschließend zog ich mich so lange in mein Zimmer zurück, wie man mich ließ, tanzte wie wahnsinnig und sprang auf dem Bett auf und ab. Ein Mann in einem rot karierten Hemd sah mich eines Tages und öffnete meine Tür. »Wie willst du denn zunehmen, wenn du so herumspringst?« – Warum sollte ich denn zunehmen wollen?

Das war so in etwa das Ausmaß des Verständnisses, das die Betreuer hatten. Eines Tages saß ich auf einem verschlissenen blauen Sofa und bekam meinen Abendsnack, bestehend aus Saft, einem Apfel und zwei Keksen. Die Betreuerin schien ernsthaft überrascht, dass ich die Kekse nicht anrühren wollte. Als hätte ich mich selbst hier eingewiesen, um alles essen zu können, was ich darf. Als hätte ich es mit dem Abnehmen nur ein bisschen übertrieben und wollte jetzt wieder ein bisschen mehr auf die Rippen kriegen.

Tag für Tag bestätigten sie mein Empfinden, eine Last zu sein, wertlos zu sein. Ihre Aufgabe bestand lediglich darin, mich zu füttern. Die Menschen, die mich mit allen Mitteln dazu zwangen zu essen, schienen keine Ahnung zu haben, dass Magersucht mehr ist als nur keine Lust zu essen. Ich war eine Fütterungstabelle. Ich war eine wöchentliche Gewichtskontrolle. Ich war niemals eine Person, die kennenzulernen sich lohnte.

Meine Therapie erschöpfte sich in der anklagend vorgebrachten Frage: »Warum hast du diese Woche nicht gegessen?«, und in Versuchen, meiner Familie die Schuld anzuhängen. Ich starrte unverwandt zu Boden und traute keinem. Warum sollte ich meine eingerosteten emotionalen Schlösser öffnen und meinen ganzen Schmerz vor Leuten ausbreiten, die mich nicht einmal als menschliches Wesen behandeln?

Eines Tages sollte ich in der Küche bei der Zubereitung des Abendessens helfen. Das war ein weiterer grauer Raum mit winzigen Fenstern, durch die das magere Sonnenlicht den in der Luft tanzenden Staub beleuchtete. Ich durfte nur zugucken, nachdem ich gemurmelt hatte, dass ich keine Ahnung hatte, wie man Kartoffeln schält oder Möhren würfelt. Ich hatte reale Angst, unter all dem Essen zu ersticken, das sich über mir häufte, bis alles schwarz wurde. Ich muss die Köchin wohl echt frustriert haben. Sie hörte auf zu schälen, drehte sich zu mir um und sagte: »Glaubst du wirklich, du bist die erste Magersüchtige, die wir hier hatten? Da hatten wir schon viel Schlimmere!«

Okay, sagte die Stimme meiner Essstörung, das kannst du haben. Ich gebe euch das Schlimmste.

Ich begann, meine Zähne bis zu 30 Minuten am Stück zu putzen. Ich saß auf dem harten Toilettensitz und putzte, bis jemand an die Tür klopfte, während ich alte Frauenzeitschriften durchblätterte, die mir meine Mutter von zu Hause mitgebracht hatte. Es ist schon ironisch, dass man Selbstverletzern alle scharfen Gegenstände wegnimmt, ich aber ungehemmten Zugang zu all diesen Hochglanzseiten voller Diätpläne und retuschierter Körper hatte, die mir immer noch dünner vorkamen als mein eigener. Ich saugte diese Seiten auf, bis sie mit weißen Spritzern bedeckt und mein Zahnfleisch rot vom Putzen war.

Ich beobachtete meine Mitbewohner von meiner stillen Ecke aus. Da gab es Mädchen mit Reihen geröteter Narben auf den Armen. Mädchen, die nach dem Essen eine Stunde am Tisch sitzen bleiben mussten, damit sie nicht auf die Toilette rannten, um sich zu erbrechen. Das Mädchen, dessen Stimmung ohne Vorwarnung umschlug. Das Mädchen, das man in der Nacht schreien hörte. Und einen Jungen, einen großen, blonden Jungen, der mir ein schreckliches Gedicht schrieb und mich auf die Stirn küsste, als ich entlassen wurde. Offensichtlich konnte nicht mal eine psychiatrische Klinik sein Bedürfnis nach weiblicher Aufmerksamkeit abtöten.

Eines Abends sagte er mir, dass er mich mochte, und ich fragte ihn, ob er wie alle anderen auch glaubte, ich sei zu dünn. Nur ein bisschen, sagte er. Ich wog damals um die 75 Pfund. Nur ein bisschen. Er wurde einige Tage später entlassen, nur um tags darauf mit gebrochener Hand wieder eingewiesen zu werden, weil er gegen eine Mauer geschlagen hatte. Es ist eine Schande, dass die Romanze nie eine Chance zum Erblühen hatte. Wir hätten Beyoncé und Jay Z der psychischen Störungen sein können … Ich erinnere mich an ein Gespräch, nachdem die Magersucht mal wieder über das Mittagessen gesiegt hatte:

»Willst du hier rauskommen?«

Ich nickte.

»Warum isst du dann nicht einfach mehr?«

Da war es. Warum aß ich nicht einfach mehr?

Ich habe nicht mehr gegessen, weil es mir unmöglich war. Es war der absurdeste Vorschlag, den ich je gehört hatte – warum sollte ich mehr essen wollen? Ich musste doch noch so viel abnehmen, so vielen Regeln folgen und so viele Kalorien verbrennen. Nichts anderes zählte. Ich hatte keine Wahl.

Meine Freundin Rachel, die sich im Moment in Rekonvaleszenz befindet, hat mal gesagt, dass es sich wie ein Mensch anfühlt, der ihr überallhin folgt und ihr seine Hand vor den Mund hält, sobald sie versucht zu essen. Als ob es tatsächlich nicht ihre Entscheidung ist, ob sie isst oder nicht.

Deshalb nennen Essgestörte ihre Krankheit »Ana« oder »Mia«, geben ihr eine Persönlichkeit, weil es sich anfühlt, als bestimmte ein echter Mensch mit realer Stimme und realen Händen darüber, was man tun darf. Als ich also Lord Byrons Frage »Warum isst du nicht einfach mehr?« mit einem schwachen »Ich kann nicht« beantwortete, war das die Wahrheit. An diesem Punkt meiner Essstörung war das Licht noch nicht durch die Dunkelheit gebrochen, es gab für mich keinen anderen Weg.

Magersüchtige zu fragen, warum sie nicht mehr essen, zeigt absolutes Unverständnis gegenüber restriktiven Essstörungen. Die Frage unterstellt ein Maß an bewusster Wahlfreiheit, die es schon lange nicht mehr gibt, und verkennt zudem, dass es bei Essstörungen um viel mehr geht als nur um Essen.

Anorexia bedeutet »Appetitlosigkeit«, was unterstellt, dass jemand mit Anorexie einfach keine Lust auf Essen oder schlicht keinen Hunger hat. Aber wie Susan Bordo schreibt: »Magersüchtige Frauen sind ebenso vom Hunger wie vom Schlanksein besessen. Die typische Magersüchtige verliert nicht ihren Appetit, sie wird von ihm gequält ... und hat beständig Angst, von ihm überwältigt zu werden.«[6] Glauben Sie ernsthaft, dass jemand, der so von Hunger und Essen besessen ist, nicht essen würde, wenn er eine Wahl hätte?

Essen, Sport und Gewicht sind drei Formen, in denen sich eine psychische Erkrankung ausdrücken kann. Das sind die Dinge, die wir fassen und kontrollieren können, die Dinge, womit wir unseren Schmerz kanalisieren können in der Hoffnung, dass es dann vielleicht ein bisschen weniger wehtut.

Ich lerne immer noch über meinen Schmerz und warum er die Form einer Magersucht annahm. Ich bin keine Ärztin oder Psychologin, und ich habe noch ein ganzes Leben vor mir, um zu lernen. Aber ich weiß schon, dass es bei Essstörungen nie einfach nur ums Essen geht. Sie sind viel komplizierter als der Wunsch nach dem Schlanksein. Sie wachsen tief in uns heran und können sich körperlich ausdrücken, aber ihre Wurzeln liegen viel, viel tiefer, als das Auge sehen kann.

Meine Wurzeln bestehen aus vielen Dingen. Dazu gehören meine Persönlichkeit, die Beschaffenheit der Welt und die Verheißungen des Hungers.

Wessen Fehler ist es denn jetzt?

Jeder meiner Therapeuten wollte unbedingt einen Schuldigen finden. Für sie war meine Essstörung mehr ein Detektivspiel als eine echte psychische Krankheit. (Die Magazine sind schuld! Das Schlafzimmer! Oder die Eltern! Die Kindheit! Das muss die Lösung sein!) Natürlich müssen wir die Ursache für diese Erkrankungen finden, aber das ist bei Weitem nicht so einfach wie eine simple Schuldzuweisung. Essstörungen sind viel komplexer.

> ### Was man rekonvaleszenten Magersüchtigen nicht sagen sollte
>
> »Du siehst jetzt viel besser aus!«
> »Jungs mögen lieber Kurven als Knochen.«
> »Bevor du so schrecklich dürr wurdest, warst du einfach nur schön schlank.«
> »Es ist so viel einfacher zuzunehmen, als abzunehmen.«
>
> ### Was man stattdessen sagen sollte
>
> »Ich bin stolz auf dich.«
> »Ich bin so froh, dass du hier bist.«
> »Du bist ein verdammt starker Mensch!«
> »Wenn du reden möchtest, verspreche ich, dir zuzuhören, ohne zu werten.«
> Solange Sie keine enge Bindung zu diesem Menschen haben, sagen Sie am besten gar nichts. Kommentieren Sie weder seine Figur noch seine Essgewohnheiten, sondern behandeln Sie ihn wie einen ganz normalen Menschen, denn genau das ist er.

Wenn es heißt, Essstörungen seien mehrdimensional, sind damit vor allem drei Bereiche gemeint: das Psychologische, das Soziokulturelle und das Physiologische.

Die psychologische Erklärung konzentriert sich darauf, warum die Psyche mancher Menschen Essstörungen entwickelt, während andere ihr ganzes Leben lang Diät halten und ihren Körper verabscheuen können, ohne aus dem Tritt zu kommen. Eigenschaften wie Perfektionismus, Detailverliebtheit und die Tendenz, unerreichbare Normen zu setzen, wurden alle schon mit der Entwicklung von Essstörungen in Verbindung gebracht. Ich bin schon immer ein Alles-oder-nichts-Mensch gewesen, für mich gab es nie einen Mittelweg.

Aus der Psychologie kommt auch der Begriff der »Kontrolle«. Magersüchtige kontrollieren, wie viel sie essen. Bulimiker kontrollieren, wie viel Essen drinnen bleibt. Orthorektiker kontrollieren die Art ihres Essens und wie viel davon verbrannt wird. Binge Eating bringt das Gefühl, die Kontrolle verlieren zu dürfen, aber das Gefühl der Befreiung gleicht immer noch dem der Einschränkung beziehungsweise Säuberung der anderen. Das Element der Kontrolle steht hier für die Dinge im Leben der Betroffenen, über die sie die Kontrolle verloren zu haben glauben.

Als ich in die Magersucht abrutschte, hatte ich gerade mein neuntes Lebensjahr abgeschlossen. Es wurde viel darüber geredet, in die Oberstufe zu wechseln und Dinge zu studieren, die den Rest meines Lebens bestimmen würden. Es gab Pyjama-Partys mit geflüsterten Unterhaltungen, wem wohl zuerst Brüste wachsen würden und welche Jungs sie dann anfassen wollten. Die Kinderspielzeuge waren weggepackt, und die Hormone sorgten dafür, dass die unbeschwerten Kindheitstage für mich ein für alle Mal vorbei waren.

Veränderungen über Veränderungen machten mir Angst. Ich wusste nicht, was da passierte, und ich wollte nicht, dass sich etwas änderte. Aber mit 14 war alles anders: mein Schulleben, meine Familiendynamik, meine Freundschaften, mein Körper. Viele Magersüchtige verspüren das tiefe Bedürfnis, so zu bleiben, wie sie sind, oder sogar die Uhr zurückzudrehen in eine Zeit, als sich alles geordneter anfühlte. Pubertierende Mädchen werden so oft magersüchtig, weil die Krankheit die natürlichen körperlichen Veränderungen aufhält.

Es gibt einen Grund, warum Essstörungen immer noch überwiegend Frauen treffen (die am häufigsten zitierten Statistiken sprechen von rund 90 Prozent Frauen unter den Erkrankten[7], und diese Zahl ist seit Jahrzehnten relativ stabil). Platz und Rolle der Frau in unserer Kultur lassen uns so gehäuft zu Opfern einer Essstörung werden. Frausein ist schwierig und voller Dinge, die sich unserer Kontrolle entziehen. Das Frausein konfrontiert uns ständig mit Leuten, die uns sagen, wer wir werden sollen, und es ist voller Regeln, wie wir auszusehen, zu leben, uns zu verhalten und zu sein haben.

Der Wert einer Frau bemisst sich vor allem am Körperlichen. Frausein bedeutet sexuellen Druck und sexuelle Bedrohung. Frausein bedeutet nach wie vor, gesellschaftlich, politisch und ökonomisch nicht auf einer Stufe mit den Männern zu stehen, es bedeutet, gesagt zu bekommen, dass wir doch alles hätten und dass wir übertreiben, wenn wir unseren Unmut darüber ausdrücken, in all diesen Bereichen als weniger wertvoll behandelt zu werden. Frausein bedeutet die Erkenntnis, dass jemand anders die Kontrolle hat. Also kontrollieren wir das, was wir kontrollieren zu können glauben: Essen und die Zahl auf der Waage. In Wahrheit haben wir keine Kontrolle darüber, denn wir folgen dabei weiterhin den überlieferten Regeln unserer Kultur.

Soziokulturell erklären sich Essstörungen aus dem, was um uns herum passiert, also aus dem, worüber ich hier in epischer Breite schreibe. Die Diätkultur und die Körperideale, die Ess-Scham und die Angst vor Fett, all die kleinen Dinge, die uns lehren, dass das ultimative Ziel der Gewichtsverlust ist, und all die Unzufriedenheit mit unserem Körper, die uns von Kindheit an eingebläut wird, damit Leute von unserem Selbsthass profitieren können.

Diese Einstellung zum Körper und zum Essen, die so in unserer Kultur verankert ist, ist der perfekte Nährboden für Essstörungen. In dieser Umgebung hat jemand, der psychisch anfällig ist (vielleicht ein Perfektionist, für den sich die Welt zu schnell dreht), nicht den Hauch einer Chance.

Manchmal stelle ich mir vor, wie all die Kräfte sich um einen großen Tisch herum versammeln, wo Entscheidungen über die Welt fallen. Eines Tages stand auf dem Tagesplan, wie man eine Welt schafft, die am wirksamsten zu Essstörungen führt. Nach langen Beratungen und Absprachen mit Diät-, Schönheits-, Fitness- und Lebensmittelindustrie stellte man einen Plan auf, um dieses Utopia der Essstörungen in die Wege zu leiten.

Das Ergebnis dieses Plans ist die Welt, in der wir leben. Wollte man eine Kultur schaffen, die möglichst effizient die Entstehung von Essstörungen fördert (und gleichzeitig Milliarden Menschen davon überzeugen, dass es überhaupt kein Problem gibt), dann wäre das das Resultat. Es ist ein Wunder, dass so viele von uns überleben.

Die soziokulturellen und psychologischen Bedingungen sind erstklassige Voraussetzungen für eine Essstörung. Sobald jemand dann auf dem Weg nach unten ist, kommt noch ein weiterer Faktor hinzu, der dafür sorgt, dass er auch unten bleibt: die Physiologie. Damit meine ich die körperlichen Auswirkungen, die Hungern, Erbrechen oder Essattacken mit sich bringen, vor allem die Neurobiologie des Gehirns.

Laut der Website von Anorexia Nervosa and Related Eating Disorders (ANRED) »kann sowohl zu wenig als auch zu viel Essen Botenstoffe im Gehirn aktivieren, die zu Empfindungen von Frieden und Euphorie führen und vorübergehend Ängste und Depression zerstreuen«. Das Gefühl der Befreiung, das ich weiter oben beschrieben habe, ist die Folge einer Veränderung der Hirnchemie. Gibt es einen besseren Weg, um eine Sucht nach einem gestörten Verhalten zu fördern?

Ein wichtiger physiologischer Aspekt vor allem bei restriktiven Essstörungen ist, dass das Gehirn buchstäblich ausgehungert wird, bis es nicht mehr normal funktioniert. Erinnern wir uns an das Minnesota Starvation Experiment und die Wirkung der Unterernährung auf eine Gruppe psychisch gesunder Männer: Zwangsvorstellungen, Konzentrationsstörungen, Wutanfälle, Verlust der Libido, Entwicklung gestörter Essrituale, konstantes Denken ans Essen, Kannibalismusfantasien, Selbstverstümmelungen!

Geistig gesunde Männer. Ohne den gnadenlosen Druck der Diätkultur. Ohne Diäterfahrungen. Bei 1800 Kalorien am Tag. Ich mag gar nicht sagen, wie wenige Kalorien ich zu meinen schlimmsten Zeiten gegessen habe, aber es waren deutlich weniger. Wie muss dann erst die Unterernährung einer Magersüchtigen das Gehirn beeinflussen? Wie Em Farrell in *A Is for Anorexia* schreibt: »Unterernährung bringt ihren ganz eigenen Wahnsinn mit sich.«

Dann ist da noch die Perfektionistin, die sich nie gut genug fühlt, die von den toxischen Botschaften der Medien und ihrer Kultur über Körper und Wertigkeit komplett vergiftet ist, süchtig nach Selbstbeschränkung wird und schließlich ihr Gehirn so aushungert, dass sie nur noch ein Schatten ihrer selbst ist und keinen Ausweg aus den Tiefen der Magersucht mehr findet. So sieht zurzeit für viele Menschen die Realität aus. Das war meine Realität. Wenn Sie das immer noch nicht überzeugt, dass Essstörungen mehr sind als eine Abneigung gegen Essen oder der Wunsch nach Gewichtsverlust, dann wird nichts das schaffen.

Immer noch entdeckt die Forschung jeden Tag neue Faktoren. Wir haben noch nicht über die Rolle der Familie, der genetischen Veranlagung oder tatsächlicher körperlicher Ursachen bei der Entstehung einer Essstörung (im Gegensatz zu den Auswirkungen der Unterernährung als treibender Faktor) gesprochen. Was die Schuld angeht, so ist die Welt voller möglicher Verursacher, wir müssen nur die Augen aufmachen und Verantwortung für die Aspekte übernehmen, die wir tatsächlich ändern können.

Nicht krank genug

Einer der heimtückischsten Mythen über Essstörungen ist der, dass man erst Hilfe verdient, wenn man »krank genug« ist. In den meisten Fällen bedeutet das »dünn genug«. Ärzte sagen Hilfesuchenden buchstäblich, dass sie wiederkommen sollen, wenn sie genug Gewicht verloren haben, um ernst genommen zu werden, denn ganz offensichtlich ist eine psychische Erkrankung erst dann real, wenn man sie sehen kann.

In Großbritannien muss man für die Diagnose einer Anorexia nervosa einen BMI von 17,5 oder niedriger haben, das heißt, dass eine 1,68 m große Frau höchstens 49 kg wiegen darf, um ernst genommen zu werden. Nehmen wir mal an, dieselbe Frau wiegt 77 kg.

STOP → READING

Sie wog mal 86 kg, hat aber im vergangenen Jahr nicht viel anderes getan, als abzunehmen. In Wirklichkeit waren ihre Gedanken in jedem wachen Moment vom Abnehmen, Essen und Work-out beherrscht.

Jeder Tag war eine Gelegenheit, weniger zu essen als am Tag zuvor. Montag: Porridge, grünen Salat, Hähnchenbrust, zwei Äpfel. Dienstag: Porridge, grünen Salat, Hähnchenbrust, einen Apfel. Jeder Bissen bewusst und immer und immer wieder berechnet. Sie lässt Mahlzeiten aus und geht stattdessen ins Fitnessstudio, wo sie zwei Stunden auf dem Laufband rennt, bis ihr schwarz vor Augen wird. Ihre Mittrainierenden loben ihre Entschlossenheit. Sie schleppt sich nach Hause und versucht trotz der Schmerzen des Hungers, den sie so lange ignoriert hat, zu schlafen. Jeder Stich ist ein Schrei ihres Körpers nach Hilfe, nach Nahrung, aber sie braucht das nicht – sie ist ja nicht einmal untergewichtig. Sie träumt davon, die Welt zu verschlingen, und wacht wieder in ihrem Kopfgefängnis auf, wo Kalorien, Pfunde und Zentimeter ohne Unterlass rotieren.

Ist diese Frau auf Diät? Will sie sich einfach nur harmlos selbst optimieren? 14 Kilo weniger, und bei ihr würde im Handumdrehen Anorexia nervosa diagnostiziert. Aber selbst wenn sie es gegen ihre Essstörung zum Arzttermin schaffen würde (und das ist ein großes Wenn, da eines der Hauptmerkmale von Essstörungen die Leugnung ist und jeder in ihrem Umfeld sie darin zu bestärken scheint, dass alles mit ihr in Ordnung ist), was erwartet sie dort?

Wenn sie extremes Glück hat, ist der Arzt erfahren genug, um eine atypische Anorexia nervosa zu diagnostizieren, die sich durch alle Merkmale einer Anorexie mit Ausnahme des Gewichts auszeichnet. Aber diese Diagnose ist noch relativ neu, und viele Ärzte scheinen sie nur ungern zu stellen.

Die vielen Menschen, die online berichten, dass wegen ihres Gewichts niemand ihre Probleme ernst nimmt, sind ein Beleg dafür, wie sehr wir immer noch glauben, dass das Gewicht das wichtigste Kriterium einer Essstörung ist. Jede Menge Menschen suchen Hilfe und hören immer dasselbe: »Kommen Sie in sechs Monaten wieder, Ihr BMI ist zu hoch.«

Jemandem mit einer Essstörung zu sagen, er solle abnehmen, ist, wie einem Pyromanen einen Flammenwerfer zu geben, um zu sehen, wie viele Häuser er dann niederbrennt. Vielleicht verbrennt unsere Frau sich selbst. Vielleicht verliert sie genug Gewicht, dass sich die Leute auf der Straße erschrecken. Sie bekommt schließlich ihre Diagnose und wird ambulant behandelt. Um wie viel ist ihre Heilungschance gesunken, nachdem sie bereits vor 18 Monaten in die Magersucht abgestürzt ist?

Es ist allgemein bekannt, dass der Weg zurück umso schwerer wird, je länger jemand schon auf dem absteigenden Ast war. Das britische National Institute for Health and Care Excellence schreibt, dass »ernsthafte langfristige Konsequenzen drohen, wenn eine Behandlung verzögert wird … Menschen mit Essstörungen sollten zum frühestmöglichen Zeitpunkt diagnostiziert und behandelt werden«[8], aber offensichtlich nur, wenn sie dann auch entsprechend aussehen.

Es kann natürlich auch sein, dass sie nicht genug Gewicht verliert, um behandlungsbedürftig auszusehen. Manche werden auch bei starker Unterernährung nicht supermodeldünn oder sinken unter einen BMI von 17,5. Manche Betroffenen werden nie ausreichend abnehmen, um den diagnostischen Standards zu genügen. Wenn sie keinen Arzt finden, der weiß, dass die

Gewichtsvorgaben für Essstörungen Unsinn sind, stürzen sie einfach immer weiter ab.

Achtung, hier kommt die Wahrheit über diesen Mythos: Man kann mit jeder Figur eine Essstörung haben. Essstörungen sind psychische Erkrankungen, keine Körpertypen.

Die Diagnose an ein bestimmtes Gewicht zu binden ist regelrecht gefährlich. Die eine Frau für ihre Diäterfolge zu loben und bei der anderen Magersucht zu diagnostizieren, wenn der einzige Unterschied zwischen ihnen ihr Gewicht ist, zeigt ein eklatantes Missverständnis psychischer Erkrankungen. Von einer Frau mit 64 kg zu fordern, sie solle weiter abnehmen, bevor man sie behandelt, wäre lächerlich, wenn es nicht so entsetzlich wäre.

An jeden, dem jemals sein Schmerz abgesprochen wurde, weil er nicht in den engen Stereotyp eines Essgestörten passt: Ihre Erfahrung ist keine Einbildung. Sie verdienen es, dass man Ihre Probleme anerkennt und mit Respekt und aller gebotenen Dringlichkeit behandelt. Es ist wichtig, dass Sie gesund werden. Ihr niedrigstes Gewicht spielt keine Rolle. Es spielt keine Rolle, wie tief Sie gefallen sind. Sie sind es wert, gesund zu werden, und Sie sollten diesen Kampf nicht allein ausfechten müssen.

Das unsichtbare unglaubliche Geheimnis eines fetten Mädchens
Danielle Galvin (@chooselifewarrior)

Ich bin 16 und sitze im Badezimmer meines Elternhauses. Es ist ein Uhr, und das Haus ist ganz still. Ich habe Dunkelheit und Schatten schon immer gehasst, aber heute Nacht bin ich so benommen, dass ich hoffe, dass sie mich einfach verschlucken. Meine Eltern und mein kleiner Bruder schlafen, sie haben keine Ahnung, wer ich bin. Ich sitze mit einem 30 cm langen Küchenmesser, das ich mir gerade geholt habe, auf dem Klodeckel. Die Klinge glänzt im Licht einer Neonlampe vor dem Fenster. Es ist eigentlich schön, ganz im Gegensatz zu der Person, die es hält.

--------- STOP  READING ---------

Ich starre auf meine dicken Schenkel. Sie sind noch der dünnste Teil von mir, aber immer noch so dick, dass sie nicht zu einem hübschen Mädchen gehören können. An hübschen Mädchen ist überhaupt nichts dick, außer vielleicht ihre Brüste. Ich starre auf das fremde Mädchen im Spiegel. Ich sehe mich dort gar nicht. Ich sitze hier mit dem Messer nicht, weil ich deprimiert bin ... ja, natürlich bin ich deprimiert, aber wegen meines Geheimnisses.

Wegen des Dings, über das ich nicht reden kann, mein Geheimnis, von dem sie behaupten, es sei nicht real. Die Welt sagt mir, dass ich das alles erfinde. Ich habe also gelernt, nicht darüber zu sprechen. Leider bricht es manchmal noch gegenüber Freundinnen aus mir heraus, von denen ich glaube, dass es sie kümmert. Ich versuche, das nicht mehr zu tun.

Jeder ist abgelenkt. Immer. Meine fetten Schenkel lenken sie ab, mein Bauch, mein Gewicht. All das zeigt nicht, was wirklich passiert, wie hart ich wirklich kämpfe. Wie verzweifelt ich es will. Deshalb habe ich jetzt dieses Messer. Ich kann nicht mehr in meinem Gehirn leben. Ich ertrage es nicht mehr, zu leben.

---- ---- ---- ---- ---- --- START READING ---- ---- ---- ---- ----

Heute bin ich 24, und dieses Geheimnis hat mich beinahe umgebracht, aber es hat mich auch zu der Person gemacht, die ich heute bin. Das große Geheimnis war, dass ich eine Essstörung hatte – eine schwärende, gefährliche, entsetzliche Essstörung, obwohl ich den größten Teil meines Lebens übergewichtig oder fettleibig war. Dieser Dämon befiel mich als pummelige Elfjährige, die ihren Babyspeck loswerden wollte. Nicht aus gesundheitlichen Gründen, sondern wegen der Schönheit, und mit allen notwendigen Mitteln.

Diese Besessenheit von Schönheit und der dünnstmöglichen Figur beherrschte das Leben dieser Elfjährigen. Langsam, aber sicher wurde ich nach Work-outs und der Fitnesskultur süchtig. Ich glaubte dem Versprechen, dass dünn zu werden die größte und wichtigste Errungenschaft meines Lebens sein würde. Es hat sich nur nie bewahrheitet. Zusammen mit persönlichen Traumata wuchs sich diese Besessenheit mit 14 Jahren zu einer ausgeprägten Essstörung aus. Kontrolle und Selbstbestrafung dienten als extrem einfaches Ventil für den ganzen Schmerz in meinem Leben.

Aber ich war fett, und deshalb war meine Krankheit unsichtbar, und deshalb musste ich wohl lügen. Ich war einfach nur faul. Ich widmete meine gesamte Jugend dem Ziel, »perfekt«, »schön« und »wert« zu sein.

Ich war überzeugt, keine Essstörung zu haben, während ich von möglichst wenigen Kalorien lebte und auf Websites zu Essstörungen surfte, die mir sagten: »Streng dich mehr an, Schwabbel. Du bist nicht wie wir. Du hast keine Willenskraft. Du willst es nicht genug!«

Das wurde durch die Reaktionen der Menschen um mich herum verstärkt, die von »Phase« und von »Aufmerksamkeit heischen« sprachen, als würde sich diese psychische Krankheit irgendwie von selbst erledigen. Das tat sie aber nicht, und manchmal fühlt es sich so an, als hätte sie das immer noch nicht vollständig getan.

Ich war ein junges, intelligentes, talentiertes und geselliges Mädchen. Und doch fühlte ich mich wie in einem Doppelleben. Meine Unsicherheiten würgten bei jeder Gelegenheit mein Selbstwertgefühl ab. Meine Essstörung wütete und steuerte mich, bis mir eine Freundin mit 19 ein Ultimatum stellte: Entweder sie ließ mich das nächste Mal, wenn ich von Selbstmord sprach, in eine geschlossene Anstalt einweisen, oder ich ging freiwillig in Therapie.

Fünf Jahre später habe ich begonnen, meine Geschichte in aller Öffentlichkeit zu erzählen. Ich habe die Nöte und Kämpfe einer Essgestörten geteilt, die nie den körperlichen Kriterien für eine Anorexie oder Bulimie entsprach. Es war immer noch ein extrem schwerer Weg, mit der Tatsache umzugehen, dass ich unter einer lebensbedrohlichen, glücksvernichtenden Krankheit

litt, die mich ohne Behandlung umgebracht hätte. Diese gerade-
zu religiöse Überhöhung der Gnade einer Diagnose einer Ano-
rexie als der »schlimmsten« aller Essstörungen trug dazu bei,
dass ich so lange keine Therapie gesucht habe.

Ich konnte kaum mit meinem Gefühl der Unsichtbarkeit (bei
gleichzeitiger extremer Sichtbarkeit) umgehen. Es war, als wür-
den alle auf mein Fett starren, und ich wollte herausschreien,
dass ich stundenlang trainierte und doch so wenig aß. Die hin-
terhältige Essstörung hielt mich gefangen und zog mich mit je-
dem weiteren Menschen tiefer hinab, der aufgrund meiner Fett-
polster bezweifelte, dass ich Hilfe brauchte.

Ich war eine Gefangene der Unsichtbarkeit und Abwertung.
Ich war ein junges Mädchen, das von Zielen zerrissen wurde,
die niemandem zugemutet werden sollten. Ich war verängstigt,
allein und fett und entschuldigte mich beständig für meine
Existenz. Ich war unsichtbar, der Hilfe »nicht würdig«. Ich gab
mir nicht genug Mühe. Ich war eine Versagerin, schlicht wegen
meines beschissenen BMI.

Die Bestätigung und Hilfe, die ich durch die Therapie erfuhr,
rettete mein Leben und spornte mich an, meine Geschichte zu
erzählen. Niemand, der unter einer psychischen Erkrankung
leidet, sollte noch kränker werden müssen, bevor man ihm end-
lich glaubt.

Die Frau, die ich heute bin, unterscheidet sich sehr von dem
elfjährigen Mädchen, aber ich trage dieses Kind jeden Tag mei-
nes Lebens in mir, weil es eine Stimme verdient und ich endlich
diese Stimme sein kann.

STOP READING

Geheilt versus Gewicht wiederhergestellt

In der letzten Therapiesitzung starrte ich wie jede Woche in den zurückliegenden 18 Monaten schweigend auf meine Nägel, nicht ansprechbar, unwillig und zu ängstlich, um zu sagen, was ich wirklich empfand. Ich habe wahrscheinlich während der gesamten »Behandlung« nicht mehr als 15 Wörter gesprochen. Was ich wirklich empfand, war Erleichterung, nicht weil ich »gesund« geworden war, sondern weil ich bald wieder darangehen konnte, mich ungehindert selbst zu zerstören. Ich hatte mitgespielt, zugenommen (sehr viel in sehr kurzer Zeit), und ich galt nicht länger als magersüchtig. Endlich geheilt!

Ich hatte tatsächlich ein paar stolpernde Schritte hin zur Genesung gemacht. Ich hatte gelernt, ohne Angst zu essen, ohne zwanghaft an jede einzelne Kalorie zu denken. Ich hatte gelernt zu fressen. Ich hatte gelernt, wie befreiend es ist, nach Monaten des Hungers alles zu essen, was ich in die Finger kriegen konnte. Aber meine Essstörung war nicht verschwunden, sie hatte sich nur zurückgezogen, um wieder herauszukommen, wenn ich am verletzlichsten, am vollsten war. Äußerlich war ich genesen, ich bot nicht mehr das Elendsbild der Magersüchtigen, also war alles gut. Ich ging wieder zur Schule und in den Alltag, zurück zum Hungern und dann zum Fressen, bis ich mich nicht mehr bewegen konnte.

Die Jahre, in denen ich immer weniger geworden war, wurden übertapeziert und ignoriert. Es war für alle einfacher, so zu tun, als wäre das einem anderen Mädchen passiert, nicht der mit den immer dickeren Schenkeln und Backen. Ich spielte mit, hungerte nur, bis es jemandem auffiel, und fraß mir die Pfunde dann wieder drauf. Im Urlaub mit der Familie ging ich nicht mit aus und schwamm stattdessen endlose Bahnen im Pool. Ich nahm zehn Pfund in elf Tagen ab. Wieder zu Hause, eilte ich zum Bäcker und nahm diese zehn Pfund (und mehr) wieder zu, bevor ich noch den Koffer fertig ausgepackt hatte.

Mein neuer moppeliger Körper erlaubte mir, meine extremen Hungerphasen als »Diät« und meine Work-out-Sucht als »Fitnesstraining« zu verkaufen. Jeder schien mir zu glauben. Eltern von Freundinnen merkten an, wie schön ich »aufgerundet« hätte, andere umarmten mich und waren erleichtert, mich nicht mehr so sehen zu müssen wie zuvor. Freundinnen redeten wieder über ihre Diäten und klagten vor mir darüber, wie fett ihre Arme seien. Es war, als hätte ich einen Schalter umgelegt und es wäre überhaupt nichts gewesen, zumindest für die anderen.

— — — — — — — — — — — START 🎀 READING — — — — — — — — — —

Zu glauben, dass Gesundung das Gleiche ist wie das Gewicht wiederzuerlangen, unterschätzt vollkommen die Gefahr einer Essstörung. Um zuzunehmen, musste sich nur ein kleiner Teil von mir erholen, der mir das Essen erlaubte. Es gab immer noch unzählige kaputte Dinge, die niemand sehen wollte. Meine Gefühle gegenüber dem Essen, Lebensmitteln, meinem Körper und mir selbst waren nicht geheilt. Eine der ersten »Therapien« für Magersucht im späten 19. Jahrhundert war, die Patientin in Baumwolllaken einzuwickeln und zwangszuernähren. Wenn sie zunahm, war sie geheilt. Ich wickelte all meinen Schmerz in Laken ein und aß. Ich war nicht geheilt.

Ich wünschte, mir hätte damals jemand gesagt, dass es okay ist. Dass nicht alles verschwindet, wenn der Zeiger auf der Waage klettert. Dass all der Schmerz mich tiefer verletzte, als mir selbst klar war, und dass ich mich nicht dafür schämen musste. Zuzugeben, was alles wehtut, bedeutet auch noch nicht, dass man heilt.

Wenn Sie gerade in der Rekonvaleszenz sind und das hier lesen, sollen Sie wissen, dass es okay ist, diesen Schmerz zu fühlen. Sie müssen sich nicht jeden Tag verkleiden und so tun, als sei alles wunderbar. Sie müssen sich nicht selbst davon überzeugen, dass Sie geheilt sind, wenn es sich nicht so anfühlt. Sie kämpfen gerade den härtesten Kampf Ihres Lebens. Lassen Sie sich das von niemandem absprechen oder sich einreden, dass Sie Ihren Schmerz um seinetwillen verstecken müssen. Seien Sie gut zu sich selbst. Haben Sie Geduld mit sich. Und machen Sie weiter. Wir glauben an Sie.

 STOP READING

Ist eine Gesundung möglich?

Als ich meinen persönlichen Tiefpunkt erreichte, landete ich im Krankenhaus. Ich weiß nicht mehr, was zu dieser Entscheidung geführt hat, aber ich erinnere mich an den Tag. Ich erinnere mich an die Notfallsprechstunde mit meinem Therapeuten, dessen Worte wie durch Sirup zu mir drangen und am Glas meines Goldfischglases, in dem ich lebte, kratzten, als er erklärte, dass ich mich selbst gefährde und mein Leben in Gefahr sei.

Ich musste 200 Meter von seiner Praxis zum Auto gehen. Ich fühlte, wie die Venen gegen meine Haut pressten und mein Herzschlag sich verlangsamte, als ich mich über den schnell verblassenden Gehweg schleppte. Zum ersten Mal in all den Monaten glaubte ich ernsthaft, sterben zu müssen, hier auf diesem Gehweg auf dem Weg zum Krankenhaus. Es fühlte sich an, als hätte mein Körper schließlich aufgegeben.

Die Ankunft erinnere ich verschwommen, sie haben mich wohl im Rollstuhl auf die Kinderstation gebracht. Ich weiß nicht mehr, was wirklich geschah, aber meine Magersucht brachte noch einmal die Energie auf, mir zu sagen, dass ich mehr Kalorien verbrennen musste, bevor ich dort ankam. Man brachte mich in einen kleinen, nüchternen Raum, wo ich auf eine Waage steigen sollte.

Ich weiß nicht, was diese Waage anzeigte, aber die Waage zu Hause hatte am Tag zuvor auch beim dritten, vierten und fünften Mal 29 Kilo angezeigt. Ich musste wohl noch so um die drei

Kilo abnehmen. Mir war nicht klar, dass es niemals genug sein würde.

Dann saß ich auf einem harten Plastikstuhl in der Ecke und wurde in die Realität zurückgerissen, als mir ein Schlauch in meinen trockenen, stimmlosen Hals geschoben wurde. Nur, bis ich wieder äße, sagte die Schwester. Ich wurde zu meinem Bett gebracht, während ich entsetzt wartete, dass meine flüssigen Kalorien zusammengerührt wurden.

Ich blieb die ganze Nacht wach, überzeugt, sie in meinen Magen fließen zu fühlen, wo sie sich sofort als Fettklumpen auf meine Arme und Beine setzten. Man sagte mir am nächsten Tag, ich erhielte zunächst nur 200 Kalorien, verteilt über zehn Stunden, und dass ich das unmöglich fühlen könnte. Ich glaubte ihnen nicht. Ich warf mich in der nächsten Nacht in meinem Bett hin und her und heulte wie ein verwundetes Tier. Eine Schwester schnauzte mich an, ich solle aufhören, weil ich den anderen Kindern Angst machte.

Ich bestand darauf, tagsüber meine Hausaufgaben zu machen. Ich legte Projektmappen an und las ganze Wissenschaftsbücher. Während meiner gesamten Krankheit hatte ich Einser, ohne auch nur einmal den Unterricht besucht zu haben. Wenn ich nur beweisen konnte, dass ich mich konzentrieren und arbeiten konnte, gäbe es doch keinen Grund, nicht wieder zur Schule zu gehen. Die Lehrer hatten nicht damit gerechnet, dass ein Mädchen, das sich fast zu Tode hungerte, Shakespeare interpretieren und wissenschaftliche Formeln lernen konnte.

Ich strickte stundenlang an logischen Argumenten, warum man den Schlauch entfernen musste – ich weiß heute nicht mehr, was das für Gründe gewesen sein sollten, aber sobald ich die Chance bekam, nervte ich die Schwestern damit. Ich galt bald als Querulantin. Ich tat so, als schliefe ich, und lauschte Gesprächen darüber, dass ich eigentlich auf eine Spezialstation für Essstörungen gehörte. In meiner Krankenakte stand, dass ich verlogen und grausam sei. Das war ich auch, schließlich versuchten diese Leute, dass ich fett werde und all das Gewicht zunehme, das ich so mühsam losgeworden war. Ich kämpfte mit allen Mitteln, die die Magersucht mich lehrte: scharfe Worte und gefährliche Heimlichtuerei.

Niemand konnte glauben, dass ich immer noch nicht zunahm. Sie hatten noch nicht mitbekommen, dass ich dreimal täglich im Badezimmer Hampelmann, Sit-ups und Liegestütze machte. Der Boden dort roch nach Desinfektionsmittel und Salz. Er war grau mit winzigen Sprenkeln, die mir vor den Augen tanzten, wenn ich lange genug hinsah. Über dem Waschbecken hing ein Spiegel, aber ich habe, glaube ich, niemals mein Spiegelbild darin gesehen, sondern nur Visionen meines anschwellenden Bauchs und meiner wabbelnden Schenkel. Wenn ich mich wieder so fühlte, als würde ich gleich sterben, hörte ich auf. Ich konnte meine Glieder kaum aus dem Bett zum Fenster schleppen, um in den trüben britischen Herbst hinauszustarren.

Alles, was ich aß, musste verhandelt werden. Wenn ich diese Kartoffel aß, brauchte ich abends weniger Flüssignahrung. Wenn ich die Hälfte dieses Safts trank, durfte ich einmal über den Gang laufen. Mein Hauptziel war, die Magensonde loszuwerden, denn sie schmerzte im Hals und nahm mir meine Autonomie. Ich aß wieder, als man versprach, sie zu entfernen, und mir wurde klar, dass das der einzige Weg war, hier rauszukommen. Ich konnte dann ja wieder abnehmen.

START ❦ READING

Eines Tages hatte meine meistgehasste Schwester Dienst, die mich immer wie ein Adler im Auge behielt. Beim Mittagessen sagte sie mir, dass ich niemals vollständig gesund werden würde. Ich würde den Rest meines Lebens Probleme mit dem Essen haben und müsste halt lernen, damit fertigzuwerden.

Vermutlich dachte sie, sie gäbe mir damit einen hilfreichen Rat, aber ich glaube, sie hat es selbst nicht verstanden. Sie hätte besser sagen sollen, dass Essstörungen mit der Zeit leichter zu beherrschen sind, aber niemals völlig verschwinden, und dass es immer einer bewussten Anstrengung bedarf, vor allem in schwierigen Zeiten. Stattdessen klang es bei ihr so, als würde ich beim Anblick jeder Mahlzeit eine Panikattacke bekommen und in alle Ewigkeit leiden müssen – nicht hilfreich.

So, wie viele Alkoholiker sich selbst niemals als »geheilt« betrachten, geht es auch vielen Essgestörten. Für sie ist die Heilung ein lebenslanger Kampf. Es ist nicht notwendigerweise ein endloser Kampf, wie die Schwester es so düster ausmalte, aber es ist eine bewusste Anstrengung, ein täglich neuer Kraftaufwand. Viele Menschen finden Trost im Gedanken an eine lebenslange Heilung, er wird sicherlich dem harten Kampf gegen die Essstörung gerecht, der Jahre, Jahrzehnte oder sogar ein Leben dauern kann.

Ich halte es aber für gefährlich, Menschen, die gerade erst mit ihrer Gesundung begonnen haben, zu sagen, dass sie die andere Seite nie erreichen werden oder dass es gar keine andere Seite gibt. Bei mir, die ich gerade das kleine bisschen Kraft gefunden hatte, zwei oder drei kleine Stückchen am Tag zu essen, zerstörte diese Aussage jeden Hoffnungsfunken. Warum sollte ich überhaupt den härtesten Kampf meines Lebens beginnen, wenn ich doch nicht gewinnen konnte?

Man kann sich kaum vorstellen, was eine vollständige Heilung in einer Kultur bedeutet, in der gestörtes Essverhalten als normal und harmlos gilt. Der als geheilt Entlassene kehrt in ein Leben zurück, in dem die Kalorienbesessenheit weit verbreitet ist und das Verbrennen aller Nahrung, die man zu sich genommen hat, gefördert wird. Nachdem er so viel Kraft aufgewendet hat, die Stimme seiner Essstörung zum Schweigen zu bringen, kommt er zurück in eine Welt, in der die vertrauten Körper auf Magazintiteln prangen und Frauen in Umkleiden ihr Spiegelbild verreißen und schwören, viel weniger zu essen. Kann man in dieser Umgebung gesund werden? Oder darf man höchstens hoffen, dass die Essstörung weniger extrem wird, und lernt, sich mit den Werten des Selbsthasses und der Beschränkung zu tarnen, die in unserer Gesellschaft akzeptiert sind?

Hier kommt Body Positivity ins Spiel. Nachdem ich als »geheilt« entlassen wurde, dauerte es fünf Jahre, bis ich sie entdeckte.

In dieser Zeit hatte ich keine Therapie, lernte nichts über Essstörungen und dachte nicht über meine Erfahrung nach. Ich versuchte mich nur so weit wie möglich von dieser Zeit in meinem Leben zu distanzieren. Tat so, als sei ich nicht dieses Mädchen gewesen. Ich hungerte, ich fraß, ich trainierte, bis ich ohnmächtig wurde, ich heulte mir jede Nacht die Augen über meinen widerwärtigen, fetten Körper aus.

Ich dachte, dass mein Leben jetzt auf immer so aussehen würde, dass es nicht mehr besser würde. Und dann kam Body Positivity mit Fakten und Zahlen, mit Gründen, warum wir unseren Körper hassen, und Erklärungen, wie es dazu gekommen ist. Ich lernte zum ersten Mal in diesen fünf Jahren, dass es nicht meine Schuld war. Ich lernte, durch diese Tage zu kommen, mit meinem Schmerz umzugehen und meine Erlebnisse anzunehmen.

Natürlich kann Body Positivity nicht jede Essstörung auf der Welt heilen, denn einige entspringen ja nicht Problemen mit der Selbstwahrnehmung. Aber man muss sie als Teil eines umfassenden Behandlungsplans für Rekonvaleszenten ernst nehmen. Das tiefste Gespräch über Selbstwahrnehmung, das ich während meiner Therapie je hatte, war die Frage meines mittelalten Therapeuten, welchem Promi ich denn nacheifern wollte, wenn ich abnahm. Niemandem, antwortete ich, und das war's auch schon. Ich musste fünf Jahre später selbst zu Body Positivity finden, um zu realisieren, was ich schon immer brauchte, schon lange vor meiner Magersucht.

Ich habe schon gesagt, dass Body Positivity mein Leben gerettet hat, und ich meine das so. Hätte ich sie nicht gefunden, hätte ich weiter jeden Morgen eine Handvoll Diätpillen geschluckt, zahllose Stunden Work-out gemacht und von so wenig Nahrung gelebt, bis entweder mein Körper oder mein Geist aufgegeben hätten. Ich war auf jeden Fall wieder auf dem Weg zurück ins Krankenbett. Body Positivity hat mich davor gerettet und mir erlaubt, endlich völlig gesund zu werden.

Ob sich jemand als rekonvaleszent oder geheilt bezeichnet, hängt davon ab, was ihm am meisten hilft, keines ist besser oder schlechter als das andere. Niemand hält die Rechte an Essstörungen oder darf entscheiden, wie sich jemand fühlt. Aber zurück zur Frage, ob man gesund werden kann. Meine Antwort ist eindeutig: Ja, verdammt!

Das gilt für uns alle. Man kann die Stimme seiner Essstörung vertreiben. Man kann eine gesunde Einstellung zu Lebensmitteln haben. Man kann frei von Schuld oder Angst essen. Man kann seinen Körper akzeptieren, egal, wie er aussieht. Man kann seine Work-out-Sucht überwinden. Man kann die Zwänge zum Erbrechen oder Fressen hinter sich lassen. Man kann sein Leben leben, ohne jeden Bissen, jedes Pfund und jede Minute bis zur nächsten Mahlzeit, Trainingsstunde oder Gewichtsmessung zu zählen.

Man kann dahin kommen, dass der Schmerz dieser Tage nicht über allem hängt, was man tut. Eines Tages merkt man schließlich, dass man schon eine ganze Weile nicht mehr an diese Zeit gedacht hat. Wenn man dann darüber nachdenkt, weiß man, dass diese Dämonen einen nicht mehr zerreißen können. Man kann gesund werden.

Vor drei Jahren fand ich Body Positivity, und es ist exakt drei Jahre her, dass ich über den Zustand meines Körpers geweint habe. Drei Jahre, seit ich gehungert, übertrainiert und mich selbst gewogen habe. Drei Jahre ohne gestörte Gedanken oder Verhaltensmuster. Drei Jahre ohne Kampf mit dem Essen. Ich bin nicht so arrogant zu denken, dass sich das niemals mehr ändern kann. Niemand kann sich auf ewig seiner geistigen Gesundheit sicher sein. Aber ich weiß, dass ich hier und heute gesund bin. Ich bin frei. Wenn diese Schwester mich nur sehen könnte.

Fünf Möglichkeiten, einem geliebten Menschen mit einer Essstörung zu helfen

1. Haben Sie Geduld. Ich weiß, wie frustrierend es ist, sich machtlos zu fühlen, wenn ein geliebter Mensch leidet, aber Sie dürfen nicht vergessen, dass es nicht seine Wahl ist. Es ist auch nichts, was man leicht überwinden könnte. Was für Sie einfach und nebensächlich ist, kann für den Betroffenen das Schlimmste auf der Welt sein. Versuchen Sie, geduldig zu sein, auch wenn Sie ihn nicht verstehen.

2. Hören Sie zu, wenn der Betroffene reden will. Lassen Sie all Ihre vorgefassten Meinungen zu Essstörungen außen vor. Lassen Sie ihn wissen, dass Sie zuhören, ohne zu urteilen, und immer für ihn da sind.

3. Versuchen Sie alles in Ihrer Macht Stehende, um zu verstehen: Recherchieren Sie, lesen Sie, nutzen Sie die Quellen am Ende dieses Kapitels. Es gibt viele Informationen zu Essstörungen, und auch ich stolpere immer noch über Dinge, von denen ich wünschte, jemand hätte sie mir damals gesagt. Nehmen Sie nicht alles, was Sie lesen, für bare Münze, jede Essstörung ist anders, und Sie werden am ehesten die für Sie richtigen Informationen finden, wenn Sie mit dem Betroffenen darüber sprechen.

4. Machen Sie dem Betroffenen klar, dass Sie bedingungslos an ihn glauben. Mein Vater hat immer gesagt, dass er nie daran gezweifelt hat, dass ich es schaffen würde, selbst als alle anderen die Hoffnung aufgegeben hatten. Er kannte mich gut genug, um zu wissen, dass ich es schaffen würde, und er hat mich unablässig daran erinnert, was ich alles leisten kann.

5. Erinnern Sie ihn vor allem daran, wer er ist. Reden Sie über Ihre gemeinsamen Erlebnisse und dass Sie in Zukunft gern mehr davon hätten. Reden Sie über gemeinsame Leidenschaften, auch wenn sie im Moment verloren scheinen. Sprechen Sie von all seinen fantastischen Seiten, die nichts mit Essen oder Aussehen zu tun haben. Eine der schlimmsten Seiten einer Essstörung ist, dass man vergisst, wer man einmal war. Lassen Sie ihn sich selbst nicht vergessen.

Ich danke meinem Bruder, der alles getan hat, um mich wieder zu mir selbst zurückzubringen, und der mir geholfen hat, diese neue Version meiner selbst zu schmieden, als die alte einfach nicht mehr passte. Ich danke meiner Mutter, die so viel Zeit und Kraft investiert hat, dass ich mich niemals allein fühlte. Ich danke meiner Schwester, die mich nie anders gesehen hat. Ich danke all meinen Freunden, die bei mir geblieben sind, versucht haben zu verstehen und Eis und Plätzchenteig mit mir gegessen haben, damit ich sehe, dass Essen völlig okay ist. Vor allem aber danke ich meinem Vater, der mir beigebracht hat, den Elefanten zu reiten. Ohne dich wäre ich nicht mehr hier.

Hilfe bei Essstörungen

Wenn Sie oder jemand, den Sie kennen, gerade mit einer Essstörung kämpfen, seien Sie bitte sicher, dass es Hilfe gibt. Jede Essstörung ist real, unabhängig von Gewicht, Geschlecht, Hautfarbe oder Gesundheit. Jeder verdient es, gesund zu werden. Suchen Sie bitte Hilfe, ich verspreche Ihnen, dass Sie nicht allein sind.

Nachfolgend einige hilfreiche Adressen im deutschsprachigen Raum [Anm. d. Red.]:

Deutschland
Bundeszentrale für gesundheitliche Aufklärung (BZgA)
Maarweg 149–161
50825 Köln
Tel. +49 221 892031
https://www.bzga-essstoerungen.de

BFE Bundesfachverband Essstörungen e. V.
Andreas Schnebel
Pilotystr. 6 / Rgb.
80538 München
Tel. +49 151 58850764
https://www.bundesfachverbandessstoerungen.de

Versorgungszentrum Essstörungen (ANAD e. V.)
Poccistr. 5
80336 München
Tel. +49 89 2199730
https://www.anad.de

Österreich
Institut für Frauen- und Männergesundheit (FEM)
FEM Frauengesundheitszentrum in der Semmelweis Frauenklinik
Bastiengasse 36–38
1180 Wien
Tel. +43 1 476155771
http://www.fem.at

Netzwerk Essstörungen
Templstr. 22
6020 Innsbruck
Tel. +43 512 576026
http://www.netzwerk-essstoerungen.at

Schweiz
Experten-Netzwerk Essstörungen Schweiz (ENES)
c/o Klinik für Kinder- und Jugendpsychiatrie
Psychiatrische Universitätsklinik Zürich
Neumünsterallee 3
8032 Zürich
http://www.netzwerk-essstoerungen.ch

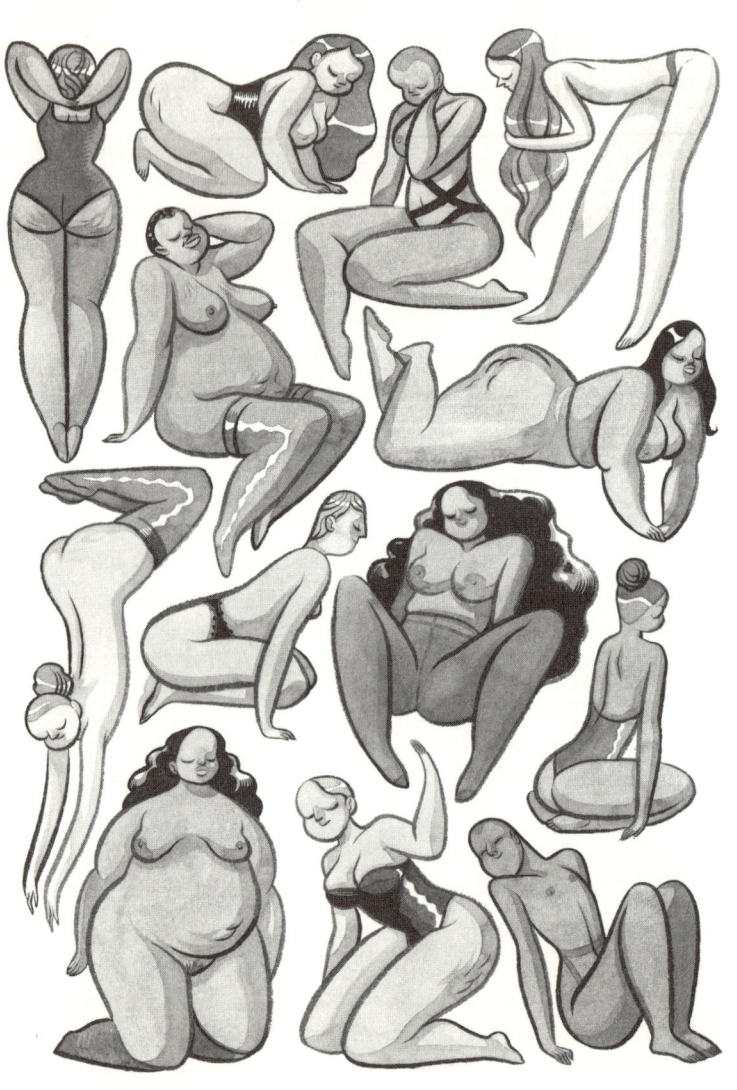

»Übergewicht ist genauso ungesund wie Magersucht«

Und andere Lügen über Gesundheit und Körpergewicht

»Könnte Scham Fettleibigkeit heilen, gäbe es auf der Welt keine einzige dicke Frau.«

– Susan Wooley, PhD

Was ist mit meiner Gesundheit?

Jeden Tag äußern sich Menschen, die mich noch nie getroffen haben, über meine Gesundheit. Manche finden es toll, dass ich nun einen gesunden Körper habe, andere sagen, ich sei mit 40 tot, weil ich fett bin. Manche finden es befreiend, dass Menschen nun erkennen, dass Kurven gesund sind. Andere sagen, dass ich mich sicher ins Grab esse und dringend abnehmen muss.

Und das Tollste ist, dass ich mich nicht erinnern kann, auch nur einen dieser Kommentatoren persönlich kennengelernt zu haben, geschweige denn so viel Zeit mit ihnen verbracht zu haben, dass sie meine Gesundheit beurteilen könnten. Ich habe mich sicher nie ausführlich mit ihnen über meine Ess- oder Sportgewohnheiten ausgetauscht. Ich glaube auch nicht, dass einer von ihnen Zugang zu meiner Krankenakte oder versteckte Kameras in meinem Kühlschrank hat. Woher wissen sie also, wie gesund ich bin?

Leider sind die Kommentare, die ich bekomme, ein Witz gegen das, was Menschen mit dickeren Körpern als meinem täglich erfahren. Heute muss ein Mensch, der es wagt, dick und

sichtbar zu sein, mit einer ständigen Flut von phobischem Di-
ckenhass leben. Nur weil sie ihren Körper zeigen, wirft man
ihnen vor, für Fettleibigkeit zu werben. Die tägliche Schikane
reicht von einfachen Beleidigungen bis hin zu Todesdrohun-
gen – und das nur, weil sie aussehen, wie sie eben aussehen.

Man behandelt sie wie eine Belastung für die Wirtschaft und
das Gesundheitssystem. Man verweigert ihnen kompetente Behandlung und faire Chancen im Berufsleben. Sie sind das Ziel
endloser Witze. Sie sind lebende Beispiele für jede moralische
Verfehlung, die man einem Menschen nur zuschreiben kann:
Dummheit, Faulheit, mangelnde Hygiene, Hemmungslosigkeit,
Völlerei und jedes andere Klischee, mit dem man Randgruppen
belegt. Schlussendlich behandelt man sie menschenunwürdig,
nur weil sie fett sind.

Fette Menschen sind die letzte Gruppe, gegen die man gesellschaftlich anerkannt Vorurteile haben darf – diese werden sogar gefördert. Viele Menschen, die nie auf die Idee kämen, jemanden wegen seiner Hautfarbe oder Behinderung zu schikanieren, sind die Ersten, die einen fetten Menschen aus
Überlegenheitsgefühl verhöhnen.

Bei Diskussionen über Gleichberechtigung wird die Ge-
wichtsdiskriminierung ausgelassen, und so bleiben Dicke in unserer Gesellschaft verunglimpft und geächtet. Warum? Weil sie
ungesund sind. Weil sie wissentlich und willentlich ihre Gesundheit zerstören, indem sie sich weigern, ihr Aussehen zu ändern. Zumindest lehren die Schlagzeilen uns das.

Wenn Sie nicht seit Jahrzehnten hinter dem Mond leben, wissen Sie, dass Fettleibigkeit uns alle umbringt. Sie ist für jedes
Problem der Gesellschaft verantwortlich. Kate Harding und
Marianne Kirby sprechen vom »Volkskrankheits-Überge-
wichts-Bla-Bla-Bla«, das man uns allen als größte Gefahr für
die Volksgesundheit ins Gehirn gehämmert hat.

Andererseits zählen körperliche Gesundheit und Wohlbefinden (zumindest der Anschein) als Gipfel menschlicher Leistun-
gen. Danach sollen wir alle streben und unseren Wert als

Mensch danach bemessen. Und nach den Regeln des Gesundheitsspiels reicht ein Faktor, um zu bestimmen, ob jemand gewinnt oder verliert: sein Gewicht. Dünn heißt gesund, dick ungesund. Punkt!

Was jede dieser Botschaften erzeugt, ist eine Kultur, die wahrlich vor jedem Gramm Fett Angst hat. Und egal, welche Kleidergröße Sie haben, Sie verspüren diese Angst. Wenn die Tatsache, dass Sie nicht dem gängigen Schönheitsideal entsprechen, Sie nicht in die nächste Diät treibt, dann spätestens die dauernde Beschallung damit, dass Ihr fetter Körper Sie umbringt.

Das Thema Fett wurde so aufgebläht und mit Panik machender Rhetorik überfrachtet, dass nicht nur Menschen am oberen Ende der BMI-Skala (kurz für: Blödsinn Mumpitz Irrsinn) diese Angst verspüren, sondern wir alle. Man hat uns glauben gemacht, dass selbst das kleinste Wabbeln am Körper ein Anzeichen für Krankheit ist. Sie sehen unser Fleisch als todbringenden Parasiten. Wie sollen wir in einer Kultur, die Fett dermaßen verteufelt, unsere Körper anders empfinden als gefährlich und ekelhaft?

Ich höre es schon: Aber Gesundheit ist doch wichtig! Ich bin die Letzte, die Ihnen sagt, es sei nicht wichtig, sich um seine Gesundheit zu kümmern. Wer möchte, soll sich gern nur darum kümmern. Aber ich möchte Ihnen sagen, dass Gesundheit so viel mehr ist als dieses eindimensionale Bild, das die Medien verbreiten.

Die Beziehung zwischen Gewicht und Gesundheit ist nicht so einfach, wie man denkt. Und die üblichen Vorurteile dazu schaden uns allen, ob dünn, dick oder irgendwo dazwischen. Und schlussendlich ist es Body Positivity egal, was wir über Kleidergröße, Fitness, Gewicht und Gesundheit glauben. Denn Gesundheit ist keine Voraussetzung, um sich selbst zu lieben, zu respektieren und menschenwürdig behandelt zu werden. Denn das verdienen wir alle, egal, wie unser Köper aussieht oder funktioniert.

Ich bin keine Wissenschaftlerin, aber das muss man auch

nicht sein, um zu erkennen, dass im Umgang unserer Kultur mit dem Dicksein etwas ernsthaft schiefläuft. Es ist nicht nur moralisch, sondern auch auf faktischer Ebene falsch, und es gibt reichlich Studien, die Ihnen das viel besser aufzeigen können als ich. Ich möchte aber über einige Dinge sprechen, die mich dazu gebracht haben, über Gesundheit und Gewicht völlig anders zu denken, und die mich von der Angst befreit haben, wir würden täglich gemästet. Ich möchte, dass Sie beim Lesen dieses Kapitels eines im Hinterkopf behalten: Selbsthass ist bei keinem Körperumfang gesund.

Gewicht ≠ Gesundheit

Als ich knapp ein Jahr von meiner Magersucht genesen war, begann ich, die Pille zu nehmen. Nach drei Monaten ging ich zum Kontrolltermin. Ich hatte keine Probleme, sondern brauchte nur das nächste Rezept. Die Arzthelferin fragte mich, ob ich rauche, maß meinen Blutdruck und prüfte natürlich mein Gewicht. Ich war noch nicht so weit, sie zu bitten, mir mein Gewicht nicht zu sagen.

Ich setzte mich hin und sah ihr ungeduldig zu, wie sie die Zahlen in den Computer eintippte, denn ich wollte die Party planen, die ich eine Woche später feiern wollte. Sie drehte sich zu mir und sagte – nachdem sie meine medizinische Geschichte auf dem Bildschirm hatte: »Es wäre am besten, Sie würden ein paar Pfund abnehmen, um wieder im gesunden Bereich zu sein«, und nickte wissend.

Ich lag drei Pfund über der Marge für einen »normalen BMI«, hatte also laut medizinischem Standpunkt Übergewicht. 18 Monate zuvor lag ich im Krankenhaus, und man sagte meinen Eltern, es könne nur noch Stunden dauern, bis meine Organe wegen Unterernährung versagten. Diese drei Pfund müssen wirklich lebensbedrohlich gewesen sein, wenn medizinisches Fachpersonal es für nötig hielt, eine genesende Magersüchtige auf Diät zu setzen, viel gravierender als die Gefahr, dass ich wieder instabil werden und einen Rückfall haben könnte.

Da war es, von den Menschen, die dafür bezahlt werden, sich um unsere Gesundheit zu kümmern: Übergewicht ist genauso ungesund wie Anorexie (das bekomme ich auch von Trollen im Internet immer zu hören, die sich ja soooo um mich sorgen).

Aber was stimmt nun? Die Beziehung zwischen Gewicht und Gesundheit ist viel komplexer. Man kann die Menschen dieser Welt nicht einfach in ein paar willkürlich festgelegte BMI-Gruppen stecken und sie über einen Gesundheitskamm scheren. Aber eins ist klar: Die Beziehung hat nichts mit dem in den Medien verbreiteten Bild zu tun. Nehmen wir zunächst die simple Tatsache, dass man einem Menschen nicht ansieht, wie gesund er ist. Es gibt fette Menschen, die gesund sind, und es gibt dünne Menschen, die krank sind.

Liebe deinen Bauch – Tipp 3

Speckröllchen wie eine Göttin
Erinnern Sie sich an die *Kniende Venus,* deren Speckröllchen der Inbegriff weiblicher Schönheit waren? Suchen Sie sie und all die anderen Kunstwerke früherer Zeiten und staunen Sie über prächtige Bäuche. Kleben Sie sich solche Kunstpostkarten an den Spiegel, oder, besser noch, stellen Sie eine Galerie der Bauchliebe aus Bildern mit Bäuchen aller Größen und Formen zusammen, und betrachten Sie sie häufig. Je mehr schöne, runde Bäuche Sie sehen, desto weniger erscheint Ihnen Ihr Bauch als Problem.

Ich kenne fette Mädels, die absolute Athletinnen sind. Ich kenne fette Mädels, die Marathon laufen, und welche, die sich zu so vielen Yogastellungen verbiegen können, dass jeder nur fasziniert zusehen kann. Ich kenne fette Mädels, die begeisterte Veganer sind – und wissen Sie was? Sie sind immer noch fett, trotz des ganzen Sports und der gesunden Ernährung. Es ist, als wären ihre Körper eben dazu gedacht, so zu sein ... ich weiß, das ist eine seltsame Vorstellung.

Aber auf der anderen Seite kennen wir alle doch auch Menschen, die sich mit Junkfood vollstopfen, nie Sport machen und trotzdem dünn bleiben. Trotzdem weigern wir uns zu glauben, dass das Gegenteil ebenso möglich ist. Die meisten Menschen glauben, dass wer dünn ist (aber nicht zu dünn), auch gesund ist, egal, ob er raucht, trinkt, Drogen nimmt, sich nährstoffarm ernährt oder kaum das Sofa verlässt. Anscheinend ist es viel wichtiger, gesund auszusehen, als gesund zu sein. Aber können denn wirklich all diese Schlagzeilen über die neue »Volkskrankheit Übergewicht« falsch sein?

Es scheint, als würden die Schlagzeilen täglich mit Hunderttausenden neuer Studien über Menschen zugepflastert, die an Fettleibigkeit sterben. Daneben findet sich fast immer das Bild eines »kopflosen Fetten«, wie Charlotte Cooper sie nennt – eines fetten Leibs ohne Kopf, Stimme oder Gedanken, seiner Menschlichkeit beraubt.

Egal, wie übertrieben die Zahlen sind oder die Titelzeile, die beschriebenen »Fakten« werden selten hinterfragt, da sie so wunderbar zu dem passen, was wir glauben. Irgendwann ist aus der Theorie, dass Übergewicht Gesundheitsrisiken mit sich bringen könnte, eine unumstößliche Wahrheit geworden, und jede Information, die sie stützt, wird zum Evangelium. Warum etwas infrage stellen, das so tief in unserer Weltanschauung verwurzelt ist? Aber wir sollten es auf den Prüfstand stellen – mit genau diesen Fragen:

Wer hat die Studie bezahlt?

Wenn Sie bis hierhin gelesen haben, wissen Sie bereits aus dem Kapitel über die Diätindustrie, dass Geld regiert – ganz besonders unsere Sichtweise fetter Körper, die man uns eingetrichtert hat, und ebenso die Forschung zum Thema Übergewicht und Gesundheit.

Diese Forschung wird nämlich vorwiegend von der Diätindustrie finanziert. Studien sind teuer, und mit Regierungsgeldern allein sind sie kaum durchzuführen. Was ein Glück, dass unsere Freunde von der Diätindustrie Studien mit Millionen fördern, die beweisen sollen, dass Fett uns umbringt, wodurch natürlich ihre Verkaufszahlen durch die Decke schießen, weil wir alle in Panik zur nächsten Diätgruppe rennen.

Die Übergewichtsforschung strotzt nur so vor Interessenskonflikten, und häufig sind es gerade die Experten, denen wir am meisten vertrauen, die ein eigennütziges Interesse haben, die Wahrheit zu verbiegen. Erlauben Sie mir, dies anhand des Beispiels Käse zu verdeutlichen (der bisher beste Satz dieses Buchs, oder?):

Es ist nicht lange her, da stolperte ich in den sozialen Medien über einen Artikel, Vollfett-Cheddar sei gesund. Ich liebe Vollfett-Cheddar, und da wäre es doch klasse, wenn er mir auch noch zu einem längeren Leben verhälfe. Es stellte sich heraus, die Studie war von der Milchindustrie gesponsert, also den Leuten, die davon profitieren, dass wir das glauben und deshalb noch mehr Käse essen. Das macht doch zumindest misstrauisch, was die Glaubwürdigkeit der Studie angeht.

Die medizinische Forschung zu Übergewicht ist mit solchen Beispielen gepflastert. Manchmal ist sie von Diätunternehmen finanziert, manchmal von Spezialisten, die nebenbei Abnehmkliniken betreiben, Patente an Abnehmpillen oder Anteile an Diätunternehmen halten. Viele der Experten sind also alles andere als unvoreingenommen und verdienen viel Geld damit, dass die Welt weiter glaubt, Dicksein sei gefährlich.

Ein perfektes Beispiel ist der derzeitige Heilige Gral der Gesundheit, der BMI. Vor nicht allzu langer Zeit lag die Grenze zum Übergewicht bei Frauen bei 27,3 auf der BMI-Skala. Inzwischen wurde sie auf 25 gesenkt. Was ist passiert?

1997 stufte eine behördlich einberufene Expertenkommission die BMI-Grenzen herab, woraufhin über Nacht die Zahl der Übergewichtigen in den USA von 58 Millionen auf 97 Millionen stieg. Journalisten fanden heraus, dass acht der neun beteiligten Experten Gelder der Pharma- oder Diätindustrie erhielten, ob als Berater oder in Form von Forschungsgeldern.[1]

Acht der neun Experten, die zu entscheiden hatten, ob mehr Menschen als übergewichtig eingestuft werden sollten, profitierten davon, dass Menschen sich für übergewichtig und damit gesundheitlich gefährdet hielten. Solche Scheiße kannst du dir nicht ausdenken.

Marilyn Wann fiel zudem auf, dass dadurch Frauen von 1,63 m Körpergröße mit einem Gewicht von 65 kg übergewichtig waren. Die durchschnittliche Amerikanerin (also die Zielgruppe der Diätindustrie) war damals 1,63 m groß und wog 64 kg – wie praktisch. Sie bemerkte: »Es muss toll sein, an einem einzigen Tag 30 Millionen neue Kunden zu bekommen. Die Tabakindustrie muss furchtbar neidisch sein.«

Ich weiß, das klingt nach Verschwörungstheorie. Am Anfang meiner Recherche dachte ich das auch, aber es gibt zahllose Beispiele. Autorinnen wie Laura Fraser und Harriet Brown führen kapitelweise Belege auf, wie Interessenskonflikte die Ergebnisse der Adipositasforschung verändern und die Wahrheit verdrehen.

Es gibt reihenweise Ärzte, die bestimmte Diätprodukte empfehlen, ohne offenzulegen, dass sie Teilhaber des Herstellers sind (so bewarb der Arzt Dr. Alan Howard weiter die Cambridge-Diät, an deren Herstellerfirma er beteiligt war, obwohl bereits 58 Menschen daran gestorben waren[2]).

Es sind die Adipositasexperten, die – von einer Handvoll Pharmakonzerne gesponsert – die neuesten gefährlichen Diätpillen an die Frau bringen.[3] Diese Konzerne haben auch keine Bedenken, Experten dafür zu bezahlen, Studien zu Mitteln mit gefährlichen Inhaltsstoffen wie Fenfluramin abzuzeichnen.[4] (Ja, Sie erinnern sich richtig, der Appetitzügler, an dem Menschen starben. Ja, Adipositasexperten befürworteten ihn und wurden dafür bezahlt.)

Auch die Entscheidung der American Medical Association von 2013, Adipositas als eigenständige Krankheit einzustufen, riecht gefährlich nach Interessenskonflikt. Das AMA-eigene Forscherteam präsentierte umfangreiche Belege dagegen, aber die AMA entschied sich dennoch dafür.[5] Das hat vermutlich damit zu tun, wie viele Mediziner mit der Behandlung von Fettleibigkeit verdienen können. Diätpläne, Adipositaschirurgie etc. Was macht es schon, wenn die Behandlungen nicht wirken, wenn wir eine Krankheit bekämpfen, ist es das doch wert!

Das bedeutet aber dummerweise, dass die Menschen, von denen wir fast all unsere Informationen über Gesundheit und Gewicht erhalten, viel weniger vertrauenswürdig sind, als wir denken. Die meisten werden leugnen, dass die Finanzierung ihre Forschungsergebnisse beeinträchtigt, und glauben es vielleicht sogar.

Aber wenn so viel Geld und Macht im Spiel sind, lässt sich die Wahrheit leicht in die Richtung verdrehen, aus der der Geldwind weht. Geben Sie genug Geld für eine Studie aus, die besagt, Käse sei gesund, und kultivieren Sie derweil eine Gesellschaft, die Menschen schikaniert und diskriminiert, die keine Milchprodukte essen, und schon bald prügeln wir uns alle um Cheddar.

Wenn Sie das nächste Mal eine Studie sehen, die die fürchterlichen Folgen des Übergewichts beschreit oder eine »medizinisch überprüfte« Diät bewirbt, schnüffeln Sie mal, ob da nicht was stinkt. Folgen Sie der Spur des Geldes, seien Sie misstrauisch und glauben Sie nicht alles, was Sie in den Medien lesen.

Ist Fettleibigkeit wirklich der Grund?

Ist Ihnen schon mal aufgefallen, dass all diese Schlagzeilen über »Todesursache: Übergewicht« es so klingen lassen, als würde unser Fett nachts Gestalt annehmen und uns im Schlaf erdrosseln? Als ob unser Gewicht, und nur unser Gewicht allein, uns umbringen würde? Das macht eine so viel reißerischere Schlagzeile als: »Übergewicht wird mit verschiedenen Krankheiten in Korrelation gebracht, aber ein direkter Kausalzusammenhang ist noch nicht erkennbar«.

Korrelation bedeutet nichts anderes als eine Verbindung zwischen zwei Dingen. Hier bedeutet es, dass Menschen mit einem höheren BMI anscheinend häufiger an bestimmten Krankheiten erkranken als Menschen mit niedrigerem BMI.

Weil Übergewicht ein offensichtlicher Faktor ist, den diese Menschen gemein haben, ist es einfach, mit dem Finger auf die Waage zu zeigen und zu brüllen, dass Übergewicht der Grund sei. Aber nur weil man ein Muster erkennt, muss es noch lange nicht die direkte Ursache sein. Korrelation ist nicht gleich Kausalzusammenhang. Meistens gibt es viel mehr Faktoren, die aber nicht sofort ins Auge fallen.

Ein beliebtes Beispiel ist Lungenkrebs. Es gibt ein Muster, nach dem Menschen mit gelben Zähnen häufiger an Lungenkrebs erkranken als Menschen mit weißeren Zähnen. Folgen wir derselben Logik wie beim Übergewicht, hieße das, dass gelbe Zähne Lungenkrebs auslösen. Wir wissen, das ist falsch. Es gibt einen dritten Faktor, der beides auslösen kann: Rauchen.

Gelbe Zähne und Lungenkrebs stehen also in Korrelation, aber das eine ist nicht der Auslöser des anderen. Genauso steht Übergewicht mit verschiedenen Krankheiten in Korrelation, da aber Fettzellen nicht giftig sind, sollten wir nach einem dritten Faktor als Auslöser suchen.

Was ist also dieser dritte Faktor? In *Lessons from the Fat-O-Sphere* bieten Kate Harding und Marianne Kirby mehrere Möglichkeiten:

Es könnte Bewegungsmangel sein oder schlechte Ernährung.*
Es könnte Stress sein, weil man dauernd als fett geächtet
oder beschimpft wird. Es könnte am ständigen Jo-Jo-Effekt
der vielen Diäten liegen, die man uns aufgezwungen hat.

*Denken Sie daran, dass dies nicht nur für fette Menschen gilt,
schon gar nicht für jeden fetten Menschen.

Der Unterschied zwischen Kausalzusammenhang und Korrelation ist wichtig, weil die Medien ihn anscheinend nicht begreifen. Jedes Mal, wenn Übergewicht für schlechte Gesundheit
verantwortlich gemacht wird, schlüpft der Übeltäter durchs
Netz, und das Vorurteil wird verstärkt. Wir haben einen Über-
gewicht-Tunnelblick und halten Abnehmen für den Schlüssel
zur Gesundheit, obwohl es eigentlich um gesundes Leben gehen
sollte – egal mit welcher Kleidergröße.

Ja, ist das denn alles erfunden?

Wussten Sie, dass einige der bekanntesten »Wahrheiten«
über Übergewicht reine Erfindung sind? Aber selbst wenn
sich diese »Fakten« als völlig falsch herausstellen, werden sie
weiter abgedruckt und setzen sich in unseren Köpfen fest. Lassen Sie uns einen Blick auf die lächerlichsten »Fakten« über das
Fettsein werfen (schließlich macht es Spaß, die Profiteure der
Diätindustrie »mit frischer Tarte« zu ertappen).
  Wer schon mal versucht hat, mit einem Internettroll über Akzeptanz zu diskutieren, hat bestimmt schon einmal so etwas
gelesen: »HÖR AUF ZU SAGEN, FETT SEI OKAY, WEISST
DU NICHT, DASS FETTSEIN JÄHRLICH 400 000 MEN-
SCHEN UMBRINGT, DU EKELHAFTER FETTER WAL.«
Nun sind Wale majestätische und elegante Herrscher der Meere,
der Vergleich ist also kaum eine Beleidigung. Aber der andere
Teil haut mich um: die 400 000 Toten, die immer noch auftau-

chen, obwohl der Mythos schon vor zehn Jahren widerlegt wurde. Die folgenden Informationen stammen vorwiegend aus Abigail C. Saguys brillantem Buch *What's Wrong with Fat?*.

Die Studie, auf die sich die Trolle beziehen, wurde von den amerikanischen Centers for Disease Control and Prevention (CDC) durchgeführt und 2004 veröffentlicht. Sie schrieb 385 000 Todesfälle (ein Jahr später auf 365 000 reduziert) im Jahr 2000 Übergewicht und Adipositas zu. Die Studie erwies sich als massiv fehlerhaft.

Außerdem entging den Medien der Unterschied zwischen Kausalzusammenhang und Korrelation, und statt sich auf ungesunde Lebensführung als potenziellen Grund zu konzentrieren, stürzten sie sich auf FETT BRINGT JEDEN UM, weil es sich gut verkauft. Und schon war ein neuer Fakt über das Dicksein entstanden: 400 000 Amerikaner fressen sich jährlich zu Tode. Falsch, aber so schön schockierend.

Eine weitere CDC-Studie aus dem Jahr 2005 befand, dass die Zahl der Todesfälle im Jahr 2000, die mit Übergewicht und Adipositas assoziiert waren, sich auf knapp unter 26 000 belief (auf 112 000 bei Adipositas, vorwiegend ab einem BMI über 35, und 86 000 Todesfälle weniger bei Übergewicht – das Übergewicht verlängerte die Lebenserwartung sogar).

Die CDC veröffentlichten eine Stellungnahme, die ihre früheren Schätzungen revidierte, beharrten aber trotz gegenteiliger Hinweise darauf, Übergewicht sei ein Gesundheitsrisiko. Und wer meint, 26 000 Todesfälle aufgrund von Übergewicht seien viel, bedenke, dass im selben Jahr 34 000 Amerikaner an Untergewicht starben. Wo sind denn die reißerischen Schlagzeilen darüber?

Saguy erkundet weiter, warum die Zahl 400 000 sich so leicht durchsetzte und viel weniger hinterfragt wurde als die 26 000. Die Zahl war zwar extrem, passte aber so schön zu all unseren Vorurteilen über das Fettsein. Deshalb verbreitete sie sich wie ein Lauffeuer und galt schnell als Tatsache. Sie fügte sich so schön ins Fettverteufelungsbild, warum sollte man sie also anzweifeln? Die revidierte Zahl hingegen wurde infrage gestellt, angezweifelt und auseinandergepflückt, obwohl sie aus der anerkannt besseren Studie stammte.

Natürlich ergibt 400 000 MENSCHEN VOM EIGENEN FETT ERDRÜCKT auch die bessere Schlagzeile. Sie schockiert die Menschen so schön, was Journalisten anscheinend lieben. Noch besser wäre es gewesen, sie hätten die Geschichte mit ein paar Lasern, Einhörnern und Aliens aufgepeppt. Lächerlich, aber leider kann ich kaum darüber lachen, denn manche Schlagzeilen sind genauso überzogen.

Erinnern Sie sich, dass Gott und die Welt mal behauptet haben, dass diese Generation dank Fettleibigkeit die erste sein wird, die kürzer lebt als ihre Eltern? Es verbreitete sich wie ein Lauffeuer, wurde in den Nachrichten, von Medizinern, anerkannten Gesundheitsexperten, Stars und Sternchen – sogar von Michelle Obama – und anderen aufgegriffen.

Diese schockierende Vorhersage wurde in den Augen der Öffentlichkeit bald zur Tatsache. Manche glaubten sogar, die Eltern würden ihre Kinder deswegen überleben und sie sterben sehen. Wenn in der Öffentlichkeit so viel Angst geschürt wird, muss das ja auf Fakten beruhen, oder?

Eine der Hauptquellen dieser Vorhersage gab zu, dass sie rein »auf Intuition basierte«[6]. Ein weiterer Urheber, der mit einer Studie Benzin ins Feuer goss, kommentierte, die Annahme basiere auf »rein überschlagenen, plausiblen Szenarien«, die »nie als präzise Aussagen gedacht waren«[7]. Mit anderen Worten: aus den Fingern gesogen.

Eine der bekanntesten »Tatsachen« über Fettleibigkeit ist also Erfindung. Außerdem steigt die Lebenserwartung in der Ersten Welt erwiesenermaßen weiterhin – obwohl uns Übergewicht doch angeblich alle umbringt ... Hä?

Schockierende Schlagzeilen über Fettleibigkeit sind für Journalisten pures Gold. Sensationen verkaufen sich. Adipositasexperten nutzen dieselben Strategien, dieselbe unheilschwangere Sprache, die in der Öffentlichkeit Panik erzeugt. (Allein die

Bezeichnung Volkskrankheit Nr. 1 oder Epidemie ist eine missbräuchliche Verwendung der Begriffe, die man besser für wirkliche Krankheiten reservieren sollte.) Hier ein paar der krassesten Beispiele der Panikmache:

- Ein Experte und die Medien vergleichen Adipositas mit einem »Tsunami«, der die Welt überschwemmt.[8,9]
- Der Direktor des US-Gesundheitsdienstes setzt sie mit einem Terroranschlag gleich, »der den 9. September in den Schatten stellt«.[10]
- An anderer Stelle ist sie »eine sich schnell ausbreitende Epidemie«[11], die das gesamte Land ergreift, vor allem Kinder, schlimmer als SARS, West-Nil-Fieber oder Lyme-Borreliose.

Infektion, Seuche, Untergang oder Naturkatastrophe – kein Wunder, dass die Trolle die Dicken-Foren stürmen und sie so frenetisch bekämpfen. Sie glauben vermutlich wirklich, dass sie die Menschheit vor dem sicheren Tod durch Fettsein bewahren.

Wie soll man sich bei dieser angsterfüllten Anti-Fett-Rhetorik eine Meinung bilden, die nicht von Angst oder Fehlinformation geprägt ist? Selbst wenn man irgendwo über den Gedanken stolpert, die Übergewichtsepidemie sei vielleicht gar nicht so schlimm, wie soll man ihn ernst nehmen? Wir sind schließlich im Krieg, Herrgott noch mal!

Was die meisten Menschen leider völlig vergessen, ist, dass sich der »Krieg gegen das Fett« nicht gegen unbelebte Objekte richtet. Wir bekämpfen keine frei fliegenden Fettzellen oder rücken gegen einen leblosen Feind vor. Wir bekämpfen Menschen, Menschen mit Gefühlen und Menschenwürde, wertvolle Menschen ... egal, wie groß ihre körperliche Hülle ist.

Diejenigen, die dem Einfluss der Fettphobie am stärksten erlegen sind, wollen keine Krankheit, sondern eine ganze Gruppe von Menschen ausmerzen – nur wegen ihres Aussehens. Das Thema Fettleibigkeit ist so in einem Netz aus gesundheitlichen und moralischen Werten gefangen, dass wir nicht erkennen, was dies wirklich ist: eine Hexenjagd – die Rechtfertigung für das letzte gesellschaftlich anerkannte Vorurteil. Egal, wie wir zu Gewicht und Gesundheit stehen, es sollte uns alle mit großer Sorge erfüllen, welche Anstrengungen unsere Gesellschaft unternimmt, die Hälfte ihrer Bevölkerung zu entmenschlichen, weil sie bestimmten Regeln nicht entspricht.

Wie sieht die andere Seite der Geschichte nun aus?

Kein Problem! Vermutlich fühlt es sich an, als hätte ich bisher nur die konventionellen Glaubenssätze über Gesundheit und Gewicht verrissen. Wo ist die Alternative? Wie sollen Sie ohne Gegenbeweise aufhören zu glauben, Fett sei Ihr Tod? Glücklicherweise gibt es die, auch wenn die meisten Menschen sie dank Lobbyisten, Fettphobie und Sensationsgier nie zu Gesicht bekommen.

Eine vernünftige Schlagzeile über die Komplexität von Gesundheit und Gewicht wird wenig Aufmerksamkeit bekommen. Außerdem drohen einige mächtige Menschen viel zu verlieren, wenn wir aufhören, die Panikmache der Medien und den Heilsversprechen der Diätanbieter zu glauben. Aber ich glaube, es ist nur fair, wenn wir die andere Seite auch kennen, um uns eine Meinung bilden und mit unserem Körper so umgehen zu können, wie wir möchten. Unsere Gesundheit und unser Gewicht sind schließlich unsere Sache.

Sie werden es nicht glauben, aber die Wissenschaft ist sich nicht einig, ob Dicksein immer schlecht für die Gesundheit ist. Es gibt sogar Studien anerkannter Adipositasspezialisten, die darauf hindeuten, dass es manchmal sogar gesund sein kann. Ich weiß, das widerspricht allem, was der Medien-Mainstream verbreitet. Sehen wir also genauer hin.

2013 veröffentlichte das *Journal of the American Medical Association* die Ergebnisse einer Überblicksstudie, die den Zusammenhang zwischen Sterblichkeitsrate und BMI endgültig klären sollte[12] – also ob Fett uns wirklich umbringt. Geleitet wurde die Studie von der Epidemiologin Katherine Flegal und ihren Kollegen.

Nach der Durchsicht von 97 Studien zu Sterblichkeit und BMI, die insgesamt drei Millionen Menschen umfassten, fand Flegal die sogenannte »u-förmige Kurve«. Im oberen Bereich der Kurve lagen die Menschen, deren BMI entweder extremes Untergewicht oder extremes Übergewicht angab. Am niedrigsten Punkt, wo die Sterberaten am niedrigsten waren, fanden sich Menschen, deren BMI sie als »übergewichtig« einstuft. Statistisch gesehen haben also Menschen, die laut BMI Übergewicht haben, das niedrigste Sterblichkeitsrisiko.

Laut dieser Kurve haben selbst Menschen mit BMI »leicht adipös« kein höheres Sterblichkeitsrisiko als Menschen mit »normalem« BMI. Erhöhte Sterblichkeit trat erst bei den Extremen auf beiden Seiten auf. Es war nicht das erste Mal, dass dieses Muster auftauchte. Flegal hatte es schon 2005 entdeckt und andere vor ihr bereits in den 1980er-Jahren.[13] Flegal schlussfolgerte: »Adipositas Grad 1 hat keine allgemeine Auswirkung auf die Sterblichkeit, und Übergewicht ist mit einer niedrigeren Gesamtsterblichkeit verbunden.«

Sie können sich vermutlich vorstellen, wie die der Diätindustrie nahestehenden Adipositasexperten auf die Ergebnisse reagierten. Shitstorm! Sie versuchten, die Arbeit zu diskreditieren. Einer war so davon besessen, sie in der Luft zu zerreißen, dass er ein Symposium mit 200 Gästen organisierte. Er soll die Studie als »Haufen Müll« bezeichnet haben, »mit dessen Lektüre niemand seine Zeit verschwenden sollte« – ziemlich starke Gefühle für jemanden, dessen Beruf es ist, Fakten neutral zu analysieren, um die Wahrheit zu finden. Das klingt fast, als hätte da jemand ein finanzielles Interesse, die Studie zu begraben.

Harriet Brown hat die Gegenreaktion in *Body of Truth* dokumentiert und zitiert eine Sprecherin des UK National Obesity Forums, die sagte: »Was für eine fürchterliche Nachricht. Wir sollten nicht davon ausgehen, dass wir das Sportstudio kündigen und uns an Schwarzwälder Kirschtorte zu Tode essen können.« Nichts davon hat Flegal gesagt.

Flegal sagte nicht, dass Menschen zunehmen, abnehmen, mehr oder weniger essen sollten. Sie hat nur Zahlen analysiert und das Resultat vorgestellt. In einem Interview bekräftigte sie zudem, ihre Ergebnisse seien »nicht als Botschaft intendiert«.[14] Es sind nur Zahlen. Im Gegensatz zu vielen ihrer Gegner bestand bei ihr bei der Durchführung der Studie keinerlei Interessenskonflikt.

Andere Forschungsarbeiten deuten darauf hin, dass Fettleibigkeit der völlig falsche Ansatzpunkt ist, wenn es um die Gesundheit geht. Steven Blair, langjähriger Forschungsleiter des Cooper Institute for Aerobics Research, war an mehreren Studien beteiligt, die zeigen, dass Fitsein zählt und nicht Fettsein (wenn Sie immer noch denken, beides zusammen geht nicht: Schnallen Sie sich an …).

Das Cooper Institute besitzt die größte Datenbank der Welt über Fitness. Im Rahmen einer Langzeitstudie, die seit 1970 läuft, hat es Daten von fast 100 000 Personen zusammengetragen – inklusive Fitnessstand, Allgemeingesundheit und Sterblichkeitsrate.

Blairs Studien ergaben wieder und wieder, dass es besser ist, körperlich aktiv und fett zu sein als körperlich inaktiv und dünn. Die Resultate zeigen, dass »die Sterblichkeit bei Frauen und Männern, die dünn und unfit sind, mindestens doppelt so hoch ist wie bei ihren fettleibigen, aber fitten Altersgenossen.[15] Mit anderen Worten: Dünn ist nicht immer gesund und dick nicht immer ungesund, aber Fitness ist ein Faktor.

Sie müssen kein superfitter Athlet sein. Bei 30 Minuten moderater Bewegung an fünf oder mehr Tagen die Woche zeigte sich eine um 50 Prozent geringere Sterblichkeitsrate – und das völlig ohne gleichzeitigen Gewichtsverlust. Blair selbst ist ein lebender Beweis dafür, dass manche Menschen einfach nicht zum Dünnsein geboren sind: »Ich war klein, fett und hatte eine

Glatze, als ich mit dem Laufen anfing ... und nach 30 Jahren täglichem Laufen und über 100 000 Kilometern ... bin ich immer noch klein, fett und habe eine Glatze.«

Man kann also gleichzeitig fit, fett und gesund sein – nimm DIES, Diätindustrie! Es gibt auch eine Bewegung namens Health at Every Size (HAES), die sich der Förderung eines gesunden Lebens mit Sport und gesunder Ernährung verschrieben hat, ohne dabei unnötig Gewicht auf das Körpergewicht zu legen. Eine HAES-Studie unter Leitung von Linda Bacon zeigte, dass Menschen, die sich auf einen gesunden Lebensstil konzentrieren statt auf traditionelle Diäten und Gewichtsverlust, viel länger durchhalten, ein höheres Selbstwertgefühl haben und langfristig gesundheitlich profitieren. Die Diätgruppe der Studie litt hingegen am Jo-Jo-Effekt, niedrigerer Selbstachtung und zeigte keinerlei dauerhafte gesundheitliche Verbesserungen.[16]

Ich will nicht behaupten, dass Fegals, Blairs oder Studien anderer zweifelsfrei korrekt sind. Ich erzähle Ihnen davon, damit Sie erfahren, dass es eine andere Seite der Geschichte gibt.

Denn ich glaube, wir alle sind mit dem Argument »fett = todkrank« vertraut. Wir hören es fast jeden Tag, werden ständig mit dieser oder jener Studie konfrontiert, die die Vorurteile und die kulturelle Verachtung für Dicke untermauert. Die andere Seite hören wir nie. Niemand sagt uns, dass die Ergebnisse alle noch stark umstritten sind und keine der »Wahrheiten« in Stein gemeißelt ist.

Gesundheit ist so viel mehr als nur Gewicht. Und ich möchte Sie nur darauf hinweisen, dass da draußen viel mehr Informationen verfügbar sind. Wo Sie was nachlesen und welche Schlüsse Sie für sich ziehen, ist rein Ihre Sache, aber zumindest hoffe ich, Sie misstrauisch genug gemacht zu haben, dass Sie Bockmist erkennen und nicht länger glauben, Ihr Fett würde Sie nachts ersticken.

Die wahren Auswirkungen

Ist jemandem schon einmal aufgefallen, dass der Kampf gegen das Übergewicht eins offensichtlich nicht getan hat, nämlich uns dünner zu machen? Das liegt vermutlich mit daran, dass die allseits verschriebene Methode gegen Fett Diäten sind. Und wie wir bereits gesehen haben, funktionieren die nicht und machen uns häufig sogar auf lange Sicht noch dicker.

Aber was ist mit unserer Gesundheit? Denn darum geht es doch angeblich bei diesem Kampf. Hat er uns gesünder gemacht? Die Antwort darauf hängt vermutlich davon ab, was wir als gesund definieren. Hängt es nur von Faktoren ab, die gezählt, gewogen und gemessen werden können – oder zählt psychische Gesundheit auch?

Was der Kampf gegen Übergewicht zweifelsfrei geschaffen hat, ist ein Stigma. Fettsein ist zur ultimativen Sünde aufgestiegen und hat dem Pöbel eine medizinische Ausrede zum Mobben, Schikanieren und Diskriminieren gegeben. Der Hass, den das geschürt hat, ist absolut widerlich. Und die Auswirkungen, die dies auf jeden hat, der nicht ins rigide Raster von »gesundem Aussehen« passt, sind nicht zu unterschätzen. Sie lassen sich vielleicht nicht auf der Waage ablesen oder geben Anlass für landesweite Kampagnen, aber sie sind da, schwelen im Untergrund und zerstören Menschen. Im Kampf für Gesundheit haben wir vergessen, dass auch psychische Gesundheit dazugehört.

Wenn Sie in einem fetten Körper leben, wissen Sie, wie viel Schmerz dieser Kampf verursacht hat. Sie wissen, wie es ist, die endlosen Verleumdungen, abfälligen Blicke, herabwürdigenden Kommentare, Drohungen und Schmähungen auszuhalten, nur weil Sie es wagen, das Haus zu verlassen bzw. zu existieren. Sie wissen, wie es sich anfühlt, wenn jeder Ihrer Bissen, jedes Ihrer Kleidungsstücke kritisch beobachtet und öffentlich kommentiert wird. Sie kennen die Angst, wenn in der Nähe eine Kamera klickt und Sie Angst haben, der nächste große Witz für die Kleingeister in den sozialen Medien zu werden.[17]

Sie wissen, wie es ist, in einer Welt zu leben, die buchstäblich nicht für Sie gemacht ist: Flugzeugsitze[18], Restaurantstühle, Kinoreihen, Freizeitparkfahrten, medizinische Hilfsmittel, öffentliche Verkehrsmittel etc. Sie wissen, wie es ist, für jedes politische, ökonomische und soziale Problem verantwortlich gemacht zu werden, das man Ihnen nur anlasten kann. Sie kennen vermutlich auch die Diskriminierung am Arbeitsplatz, die dazu führt, dass fette Menschen bei Berufschancen »übersehen« werden[19] und weniger verdienen als dünnere Kollegen[20].

Vermutlich hat die Gesellschaft Ihnen auch erzählt, Sie seien Liebe und sexueller Beziehungen unwürdig, hat Sie aber gleichzeitig zum Fetischobjekt stilisiert und Ihnen gesagt, dass jeder, der Sie attraktiv findet, ein kranker Perversling sei. Sie wissen, wie es sich anfühlt, die eigene Kleidergröße im Laden nicht zu finden und im Übergrößenladen das Dreifache dafür zu zahlen.

Sie wissen, wie es sich anfühlt, Körper wie Ihren in den Massenmedien stets nur als »Vorher«-Bild zu sehen, als kopfloses Hassobjekt oder als Ziel geschmackloser Witze. Sie haben ein Maß an Vorurteilen erfahren, das bei anderen Randgruppen als absolut untragbar gilt, und vermutlich jede Menge Schamgefühle internalisiert, weil Menschen sich weigern, diese Vorurteile zu erkennen, und Ihnen für Ihre Misshandlung selbst die Schuld geben. All das tut mir unendlich leid.

Ich kann vermutlich nie völlig erfassen, was Sie erlebt haben. Ich genieße das Privileg, halbwegs schlank zu sein, sodass ich vermutlich nie das erdulden musste, was Sie erdulden müssen. Und ich kann mir kaum vorstellen, was das mit Ihrer Seele getan hat.

Wenn Sie nicht in einem fetten Körper leben, dann hören Sie jetzt genau zu. Menschen aller Körpergrößen leiden an einem verzerrten Körperbild, und all diese Probleme mit dem eigenen Körper sind triftig und wichtig. Ein dünner Mensch kann genauso sehr mit seinem Körper hadern wie ein dicker. Aber in der Welt da draußen sind dicke Menschen mit einer ganz anderen Realität konfrontiert als dünne oder der Durchschnitt. Das müssen wir erkennen. Ich habe jahrelang meinen Körper gehasst, mit Essstörungen gekämpft und geglaubt, ich sei zu dick. Aber die Welt missachtete mich nicht so, wie ich mich selbst missachtete.

Body Positivity gilt für alle Körper, aber wer von uns privilegiert ist, sollte dies auch anerkennen und erkennen, dass wir nicht so zu kämpfen haben. Wenn Sie die oben beschriebenen Dinge nicht am eigenen Leib erfahren haben, genießen Sie das Privileg, schlank zu sein. Das heißt nicht, dass Sie nicht durch die Hölle des Selbsthasses gegangen sind – glauben Sie mir, ich weiß, dass Sie das sind. Aber in der Welt da draußen ist Ihnen nicht zusätzlich Hass gegen Ihren Körper entgegengeschlagen.

Das anzuerkennen schmälert Ihre eigene Erfahrung nicht, aber es öffnet uns die Augen für den Kampf, den unsere fetten Schwestern kämpfen, und hilft uns, uns mit ihnen zu verbünden. Body Positivity hat ihren Ursprung in der radikalen Annahme des Fettseins und wurde anfangs von fetten, queeren, schwarzen Frauen propagiert.

Die Anerkennung der Erfahrungen fetter Menschen in unserer Welt zeigt uns eins deutlich: Es geht hier nicht um Gesundheit. Menschen, die Fette aus »Sorge« um ihre Gesundheit verbal angreifen, scheren sich einen Dreck um Gesundheit. Sie nutzen sie nur als Ausrede, um ihr gesellschaftlich anerkanntes Vorurteil zu verschleiern. Würden sie sich wirklich sorgen, sollten sie in Betracht ziehen, was ihr Hass fetten Menschen in der Psyche antut.

Sie könnten erkennen, dass Erniedrigung und Beschämung Menschen viel eher dazu bringt, sich selbst zu verletzen, als sich zu pflegen. Sie könnten anerkennen, dass – wie bereits erwähnt – Selbsthass bei keinem Körperumfang gesund ist. Sie könnten ihre Augen öffnen und sehen, dass ein Kreuzzug im Namen der »Gesundheit«, der Menschen ignoriert und verletzt, eine Lüge ist – nichts als eine bequeme Ausrede für Bigotterie.

Ein Kampf gegen Übergewicht, der Menschen im Namen der

Gesundheit beibringt, sich zu hassen, ist wertlos. Eine Kampagne, die die Schäden ignoriert, die sie denen zufügt, denen sie angeblich helfen will, ist widersinnig. Die körperliche Gesundheit von Menschen mit Methoden verbessern zu suchen, die ihre psychische Gesundheit zerstören, ist so verkehrt, dass ich nicht begreife, wie Menschen das nicht erkennen können.

Aber lassen wir die psychische Gesundheit einmal außen vor und betrachten, ob der Kampf unsere körperliche Gesundheit fördert. Wir wissen bereits, dass die meisten Menschen diesen Kampf mit Diäten angehen, dass 95 Prozent von ihnen alles verlorene Gewicht wieder zunehmen und mit dem Jo-Jo-Effekt zu kämpfen haben, wie im Kapitel »Endlich schlank« beschrieben.

Wenn Ihnen klar wird, dass Diäten nicht ausreichen, fallen Sie vielleicht auf den anderen gefährlichen Schwindel der Diätindustrie, auf Pillen, Tees und Pülverchen herein. Wie ungesund das alles ist, muss ich nicht noch einmal erwähnen. Und wenn sie endlich genug der Fettphobie verinnerlicht haben, befolgen manche vielleicht den Rat und lassen sich, nur um abzunehmen, aufschneiden und ihre Organe unwiderruflich schädigen.

Adipositaschirurgie wird immer beliebter und gefährlicher. Die Werbung, die sorgenfreie, lächelnde Models zeigt, lässt alles wie eine sichere, schnelle Lösung erscheinen. Da die Menschen glauben, dass Abnehmen um jeden Preis gesund ist, boomt das Geschäft. 2013 wurden weltweit 470 000 solcher Eingriffe durchgeführt.[21] Aber die Wahrheit über sie ist viel düsterer, als die Werbung oder auch Mediziner uns glauben lassen (natürlich ist Geld wieder ein großer Motivator, und Adipositaschirurgen gehören weltweit zu den bestverdienenden Medizinern, die natürlich möglichst viele Operationen verkaufen möchten).

In *Health at Every Size* enthüllt Linda Bacon wenig bekannte Nebenwirkungen solcher Operationen und listet schockierende 82 Fälle, wie chronischer Vitaminmangel, Verlust der Stuhlkontrolle, ständiges Erbrechen und fürchterliche Schmerzen nach dem Essen, Hormonprobleme, Infektionen, Nieren-

und Leberversagen, Nerven- und Hirnschädigungen und erneute Gewichtszunahme. Bacon zitiert weitere Studien, die belegen, dass 4,6 Prozent der Patienten im ersten Jahr nach einem Adipositaseingriff sterben.[22] Sie meint, »solche Eingriffe würden angemessener als hochriskante, krank machende Schönheitschirurgie bezeichnet denn als gesundheitsfördernde Operationen«.

Man stelle sich vor: Wir sind so davon überzeugt, dass Fett das Problem ist, dass wir Menschen dafür bezahlen, uns aufzuschneiden und perfekt funktionierende Organe permanent zu verstümmeln, um abzunehmen. Viele der Patienten haben vor der OP keinerlei gesundheitliche Probleme (ihr Stoffwechsel ist gesund) und sind anschließend ein Leben lang krank – nur weil sie überzeugt wurden, Gewicht sei das A und O. Sie glauben, um jeden Preis abzunehmen würde ihnen zu einem besseren, gesünderen Leben verhelfen, und ruinieren am Ende ihre Gesundheit und ihr Leben.

Abseits aller Auswirkungen von Diäten, gefährlicher Diätprodukte und Adipositaschirurgie gibt es etwas, das die körperliche Gesundheit fetter Menschen im Kampf gegen Fettleibigkeit ebenfalls massiv schädigt. Die kulturelle Fettphobie ist so allumfassend, dass sie selbst beeinträchtigt, wie Mediziner ihren Beruf ausüben. Wenn Menschen, denen wir unsere Gesundheit anvertrauen, ausnahmslos unseren Körperumfang sehen, wird sich nichts, aber auch gar nichts an der Gesundheit fetter Menschen verbessern.

Diagnose: fett

Uns allen steht eine respektvolle und angemessene Behandlung zu, egal, wie wir aussehen. Man sollte meinen, dass Ärzte in der Lage sind, diesen ganzen Fetthass-Bockmist zu durchschauen und uns vorurteilsfrei zu behandeln. Falsch gedacht.

In einer Gesellschaft, die Fett so sehr verachtet, existiert kein neutraler Standpunkt. Mediziner leben in derselben Gesellschaft wie wir, werden von derselben kulturellen Fettphobie beeinflusst und sind möglicherweise noch empfänglicher für die Vorurteile, da sie von »Fachinformationen« über die »Übergewichtsepidemie« praktisch überrollt werden.

Für viele dicke Menschen ist ein Arztbesuch die Hölle, denn egal, mit welchem Problem sie ihn aufsuchen, ist der Rat immer: Nehmen Sie ab. Migräne? Abnehmen! Depression? Abnehmen! Allergische Reaktion auf einen Insektenbiss? Abnehmen![23] Das sind nur einige Beispiele aus einem Blog über Erfahrungen mit Fettphobie bei Ärzten[24], und es sind bei Weitem nicht die schlimmsten. Wenn Ärzte nur Fett und nicht die Person sehen, ist es nicht nur ärgerlich, verletzend und entmenschlichend, es ist gefährlich.

Potenziell lebensgefährliche Erkrankungen werden dann nicht erkannt. Die Beschwerden übergewichtiger Patienten werden abgetan, Symptome ignoriert, und die Erkrankung wird schlimmer und schlimmer.

In einem Blogbeitrag, der viral ging, erzählt Rebecca Hiles von ihrem Lungenkrebs, der jahrelang übersehen wurde, weil die Ärzte sich auf ihr Gewicht konzentrierten. Bei jedem neuem Symptom, das sie untersuchen ließ, bekam sie eine andere Diagnose und den Rat abzunehmen. Fünf Jahre später musste ihre Lunge amputiert werden (wäre der Krebs früher diagnostiziert worden, hätte man sie retten können). Sie sagt: »Die Ärzte behandelten lieber mein Fett, als nach den wahren Ursachen meiner Krankheit zu suchen, was mich fast umgebracht hätte.«[25]

Andere gehen aufgrund der ewigen herablassenden Predigten und Diätempfehlungen erst gar nicht mehr zum Arzt. Diverse Studien zeigen, dass dicke Frauen seltener an Screenings für Brust- und Gebärmutterhalskrebs teilnehmen. Sie zögern Krebsuntersuchungen beim Gynäkologen heraus, weil sie sich »respektlos behandelt fühlen, Angst vor dem Wiegen haben, sich nicht gut aufgehoben fühlen, unaufgefordert Diätratschläge bekommen oder die medizinische Ausrüstung für ihre Körpergröße ungeeignet ist«.[26]

Wer möchte damit schon bei jedem Arztbesuch konfrontiert sein? Und das sind nicht die Erfahrungen von ein paar Pechvögeln. Eine Studie ergab, dass 54 Prozent der britischen Ärzte glauben, der öffentliche Gesundheitsdienst solle Patienten die Behandlung verweigern dürfen, wenn sie nicht abnehmen.[27]

Eine Studie mit US-Ärzten ergab, dass sie über die Hälfte ihrer fettleibigen Patienten für »unangenehm, unattraktiv, hässlich und nicht kooperationsbereit« halten. Ein Drittel beschrieb sie sogar als »willensschwach, schlampig und faul«.[28] Wissen Sie, was richtig ungesund ist? Wenn Menschen mit Problemen nicht zum Arzt gehen, weil sie sich nicht ernst genommen fühlen.

Aber unsere Kultur ist ja so besorgt um fette Menschen, nur nicht genug, um sie medizinisch angemessen zu versorgen und menschenwürdig zu behandeln – als ob ihre Gesundheit nicht wirklich interessierte und nur als Vorwand für Schikane und Mobbing diente.

Man sollte meinen, dass zumindest Ärzte in der Lage sein müssten, die Lügen zu durchschauen und zu begreifen, dass wir alle eine ehrliche, unvoreingenommene, respektvolle Behandlung verdienen.

Wir bestehen nicht nur aus BMI. »Nehmen Sie ab« sollte nicht die Patentlösung für jedes Gesundheitsproblem sein. In einer Arztpraxis sollte man sich nicht entmenschlicht und beschämt fühlen. Wenn das Ziel wirklich gesündere fette Menschen sein sollen, wäre es ein guter Ansatz, wenn fette Menschen beim Arzt menschlich behandelt würden, oder?

Angst vor Fett

Wir alle leben in Angst vor Fett, egal, wie dick oder dünn wir sind. Sind wir fett, haben wir Angst vor dem, was unser Körper – oder die Welt – uns antun wird. Sind wir dünn, haben wir Angst, irgendwann fett zu werden. Liegen wir irgendwo dazwischen, erwischt uns die Angst genauso, und wir versuchen unser Leben lang, Pfunde loszuwerden, nur um sicherzugehen. Am Ende verlieren wir alle.

Diese Angst wird uns unter dem Deckmantel der Gesundheit beigebracht und soll uns motivieren, gesund zu bleiben oder zu werden. Da wir nun aber wissen, dass Fett nicht der Bösewicht ist, wie uns alle weismachen, gibt es nicht viel Grund, uns vor unserem Körper Angst zu machen. Jeglicher positive Effekt, den das haben könnte, wird von den negativen Folgen zunichtegemacht.

Sehen Sie sich um, welche Verwüstung diese Angst verursacht hat. Selbsthass ist die Norm geworden. Die Diätkultur verschlingt uns. Wir schaden uns selbst, nur um das Unmögliche zu erreichen. Unsere psychische Gesundheit leidet. Wir leben in einer Welt, in der 81 Prozent der Zehnjährigen Angst vor dem Fettsein haben – mehr als vor Krieg, Krebs oder davor, beide Eltern zu verlieren.[29] Und wir sind dafür verantwortlich, dass es so weit gekommen ist.

Ich selbst war lange ein Beispiel dafür, wie weit die Angst uns treiben kann. Ich hatte dermaßen Panik vor Fett, dass ich Pfund für Pfund jedes Gramm Fett meines Körpers ausmerzte. Jeder Magersüchtige wird Ihnen sagen, dass seine größte Angst ist, fett zu werden. Vielleicht hat man anfangs wirklich irrtümlich gedacht, die Angst könnte uns zu gesünderem Leben motivieren, aber das ging kräftig daneben.

Es gibt einen unbestreitbaren Zusammenhang zwischen dem, wie unsere Kultur zum Übergewicht steht, und der steigenden Zahl von Essstörungen. Der Kampf gegen das Fett ist untrennbar mit unserem Kampf gegen uns selbst verknüpft – ob dick oder dünn. Die Fettphobie ist in unser Bewusstsein gesickert, mit deutlich sichtbaren Folgen.

Man kann ein Land nicht mit der Angst vor Fett überziehen und dann die Konsequenzen für die Menschen ignorieren, für die sie nie gedacht war. Wir können einem jungen Mädchen, das alles Fett aus seiner Ernährung verbannt, weil es Angst hat, fett zu werden, nicht sagen: »Mach dir keine Gedanken, du warst nicht gemeint.«

Wir können nicht ignorieren, dass die Verteufelung von Fett die Verteufelung unserer Körper bedeutet – denn es gibt nun mal keinen Körper ohne Fett, selbst unser Gehirn besteht zu 20 Prozent aus Fett. Aber sobald wir diesen wichtigen Teil unserer selbst als Problem, als hässlich, als ungesund sehen, kommt die Diätkultur, profitiert von unserer Angst und macht unsere Selbstachtung zunichte. Genau da beginnen bei Millionen von uns Essstörungen.

Im Großen und Ganzen ist unser Umgang mit Fett für niemanden gesund. Die nachfolgende Abbildung zeigt, wie alles miteinander verknüpft ist und wie eines zwangsläufig zum anderen führt.

Noch einmal deutlich: Der Krieg gegen das Fett wurde ausgerufen, weil Fettsein offensichtlich ungesund ist. Die gewählten Waffen – Beschämung, Einschüchterung, Panikmache und Entmenschlichung – haben zu einer Angstkultur geführt, die uns alle berührt.

Sie hat sich zur Fettphobie entwickelt, richtet sich nicht gegen leblose Zellhaufen und hat sich zur Angst vor fetten Menschen ausgewachsen bzw. zu Ekel, Hass und Vorurteilen. Hat man die Klischees über fette Menschen erst einmal verinnerlicht, ist es ganz einfach, Fettsein in jeder Form für hässlich zu halten. Gestützt wird dies dann von dem Schönheitsideal, das uns seit Kindertagen eingetrichtert wird.

Kampf dem Fett

entwickeln sich parallel zu

Warum?

Essstörungen

Fett ist ungesund

und unweigerlich zu

das erzeugt

Es hängt alles zusammen

Diätkultur

Angst vor Fett

das führt zu

die führt zu

verzerrtes Körperbild

Fettphobie (Hass, Vorurteile und Klischees)

das verursacht

Fett ist hässlich

sie verstärkt

Unsere Probleme mit unserem Körperbild wachsen, nicht nur aus ästhetischen Gründen, sondern auch aus Sorge um unsere Gesundheit. Wir suchen im Diätland nach Auswegen und kehren mit leeren Konten, einer noch geringeren Selbstachtung und einem gestörten Verhältnis zum Essen zurück.

Das treibt Jahr für Jahr immer mehr Menschen in Essstörungen. Und wenn wir nach Bestätigung suchen, dass die Stimme unserer Essstörung recht hat, dass Fett hässlich, gefährlich und tödlich und Abnehmen das höchste Ziel ist, müssen wir uns nur umsehen. Wenn die Welt gegen Fett kämpft, ist ein fettfreier Körper der Sieg. Der Teufelskreis geht weiter.

Es muss nicht unbedingt in dieser Reihenfolge laufen, aber all diese Schritte sind unlösbar miteinander verwoben. Egal, wie man es betrachtet, der Kampf gegen Fett trägt zur wachsenden Epidemie von Essstörungen bei. In ihrem Buch *Fat Talk Nation: The Human Costs of America's War on Fat* erklärt Susan Greenhalgh anhand von Erfahrungsberichten, wie »die extreme kulturelle und medizinische Betonung der Bedeutung des Abnehmens um jeden Preis manche Menschen in Essstörungen zu treiben scheint«.

Der Zusammenhang ist eindeutig, wird aber weiterhin ignoriert, weil Dicksein als das Schlimmste bestimmt wurde, was man der Gesundheit antun kann, schlimmer als Hungern, Zwangsvorstellungen, Sucht und Wahnsinn. Genau deshalb sagen mir im Internet immer noch Leute, wie toll es ist, dass ich die Anorexie überwunden habe, aber für meine Gesundheit sollte ich besser ein paar Pfunde verlieren …

Zu genesen und meinen Körper zu lieben ist das Gesündeste, was ich je getan habe. Mag sein, dass es nicht dem entspricht, was andere für gesund halten und von dem sie meinen, es anhand eines Fotos beurteilen zu können. Aber die Angst abzuwerfen hat mir das Leben gerettet. Was könnte gesünder sein?

- - - - - - - - - - STOP READING - - - - - - - - - -

In dem Sommer, den ich in der Jugendpsychiatrie verbrachte, war nur ein anderes Mädchen wegen Anorexia nervosa dort. Sie befand sich schon ein paar Monate auf dem Weg der Besserung, und man erzählte mir, sie sei »richtig magersüchtig« gewesen, als sie ankam, »noch schlimmer als du« (das stachelt das Konkurrenzdenken des Magersüchtigen schön an).

Eines Tages, ich saß auf dem blauen Sofa im Gemeinschaftsraum und tat, als sähe ich fern, während ich wie besessen nur über Zahlen nachdenken konnte, hörte ich, wie über sie geredet wurde. Sie hatte etwas Schlimmes getan.

Wer eine weiße Akte hatte, durfte zum Duschen einen Rasierer ausleihen. Statt sich damit zu rasieren, hatte sie sich ein einziges Wort in ihren Unterarm geritzt: FETT.

Das Mädchen war von ihrem Spiegelbild so angeekelt, so entsetzt darüber, dass ihr Körper in eine Schicht lebenswichtiger Fettzellen gehüllt war, dass sie sich für immer verstümmelte. Ja, sie selbst hielt die Klinge, aber unsere Kultur führte ihr die Hand. Alles, was das Mädchen in 14 Jahren über Gewicht, Selbstwert, Essen und Schönheit gelernt hatte, verwandelte sich in furchterregende Dämonen.

Ich weiß ihren Namen nicht mehr, weiß nicht, wo sie lebte oder was sie später tun wollte. Ich weiß, dass sie dunkelblond war, blaue Augen hatte und milchweiße Haut. Ich weiß, dass sie dieses Wort immer sehen wird. Vielleicht hat sie sich erholt, kam heraus, hat sich die Haare gefärbt und den Schmerz mit einer Tätowierung überdeckt. Aber wo immer sie ist, ich hoffe, sie hat die Angst endlich hinter sich gelassen.

------------------ START 🎀 READING ------------------

Werbung für Fettleibigkeit

Sprechen wir über den Hauptvorwurf gegen Body Positivity: dass sie Fettleibigkeit fördert, glorifiziert, dazu anhält, fett zu sein, und prinzipiell die ganze Welt krank macht. Vielleicht haben Sie sich auch schon gefragt, ob Sie eine solche Bewegung unterstützen wollen. Mir ging das anfangs so. Glücklicherweise haben mir ein paar wunderbare Menschen die Augen geöffnet. Ich erkannte, was für ein lächerlicher Gedanke »Fettleibigkeit bewerben« ist und dass das nur eine Taktik ist, um eine Bewegung zu zerstören, von der man nicht die geringste Ahnung hat.

Schließlich wissen wir jetzt, dass Fettsein in Bezug auf Schönheit und Gesundheit bei Weitem nicht so fürchterlich ist, wie man uns einredet. Selbst wenn Body Positivity Fettsein fördern würde, gäbe es für niemanden einen Grund, herumzubrüllen, wir müssten alle sterben, nur weil wir uns selbst lieben. Aber

Body Positivity fördert Fettsein nicht, denn das würde bedeuten, etwas »aktiv unterstützen« oder »verbessern« zu wollen.

In meiner gesamten Zeit in der Body-Positivity-Bewegung bin ich niemandem begegnet, der verkündet hätte: »HALLO, IHR LIEBEN! DAS GEHEIMNIS DER SELBSTLIEBE IST EIN KÖRPER WIE MEINER! NICHT FETT GENUG? DANN NEHMT ZU! IHR SOLLTET ALLE EUREN BMI AUF ›ADIPÖS‹ ERHÖHEN, UM SO SCHÖN ZU SEIN WIE ICH!« (Tauscht man aber »fett« gegen »dünn« und »zunehmen« gegen »abnehmen« etc., klingt das plötzlich sehr vertraut.) Das wäre das absolute Gegenteil von Body Positivity und genau das, wogegen sich die Bewegung richtet: die Idee, dass Glück und Selbstliebe nur mit einem bestimmten Körpertyp zu finden sind. Ich habe stattdessen Hunderte Menschen gefunden, die sagen, dass jeder Mensch es wert ist, sich selbst zu lieben, und so, wie er ist, gut genug ist, egal, ob dünn, dick oder irgendwas dazwischen.

> Dies ist mein Körper. Ich liebe ihn und bin glücklich mit ihm.
> Diese Aussage ist für die meisten harmlos. Aber es gibt Menschen, die nicht wollen, dass ich das sage. Sie sagen mir, ich fördere das Fettsein und eine ungesunde Lebensweise – nur weil ich existiere –, und ich sollte mich schämen. Eigentlich vertrete ich aber nur, dass man sich selbst so lieben soll, wie man ist. Ich will gar nicht, dass jemand meine Lebensweise übernimmt, isst, was ich esse, oder so Sport macht wie ich. Ich möchte, dass Sie die Dinge tun, die Sie gern tun, und zwar für sich selbst. Ich möchte, dass Sie glücklich sind. Darum geht es bei Body Positivity: mit dem, wie und wer man ist, glücklich zu sein. Wem das nicht gefällt, der soll sich verflucht noch mal verpissen.
> – Amy Eloise

In Wahrheit leben wir aber heute in einer Kultur, die einen Körpertyp fördert, der alles andere als fett ist. Dünnsein wird überall beworben und uns buchstäblich zu jeder Gelegenheit als

Schlüssel zu Glück und Selbstliebe verkauft. Das hat mich verleitet, mir vorzustellen, wie es aussähe, wenn die Gesellschaft Fettsein förderte. Unter Umständen könnte ich besser verstehen, dass Menschen Bedenken gegen Werbung für Fettleibigkeit haben, wenn:

- alle Schönheitsideale in den Medien mit fetten Menschen besetzt würden: Models würden gezwungen, für Modeschauen mächtig zuzunehmen, dünne Schauspielerinnen würden ihre Hauptrollen verlieren, die Werbung würde mit dicken Menschen für Zahnpasta, Handtaschen und Autos werben, mit Photoshop würden allen Körpern extra Fettpolster hinzugefügt, Schönheitschirurgen würden Lipo-Injektionen anbieten und »fettastisch« würde das neue Körperideal.

- eine milliardenschwere Zunehmindustrie aus dem Boden sprießen würde und die Abnehmindustrie ersetzte: Aus Abnehmgruppen würden Zunehmgruppen, die Weight Boosters oder Fattening World heißen, Millionen Wundermittel für mehr Pfunde für einen kleinen Monatsbeitrag würden den Markt überfluten. Promis würden chemisch verbesserten, extrafettigen Schmalz als Geheimnis ihrer begehrten Figur bewerben und Pharmakonzerne Milliarden in Dickmachpillen investieren und allen dünnen Patienten Broschüren aushändigen, selbst wenn die Pillen gefährliche, ja teils tödliche Nebenwirkungen hätten.

- Vorurteile gegen das Dünnsein und eine Schlankheitsphobie die Gesellschaft ergriffen: Klischees über Dünne, die sie als unzuverlässig, unhygienisch, faul und dumm porträtieren, würden sich wie ein Lauffeuer verbreiten, jede Frau mit einer Kleidergröße unter 44 würde beschimpft und schikaniert, mit Zunehmtipps bombardiert und mit Witzen über Zahnstocher verhöhnt. Dünne Mitarbeiter würden gemobbt, sie erhielten weniger Gehalt, und man würde bei gleicher Qualifikation lieber Dicke einstellen. Öffentliche Einrichtungen würden ausschließlich auf die Bedürfnisse dicker Menschen umgerüstet, wodurch sich Dünne überall unerwünscht fühlen würden.

○ Mediziner das neue Fettideal unterstützen würden. Sie würden uns alle überzeugen, dass nicht dicke Körper krank seien und jede Minute tot umfallen müssen: Die Zunehmindustrie würde Milliarden für Studien ausgeben, die beweisen, dass Fettleibigkeit der Schlüssel zu Gesundheit ist. Die Massenmedien würden in jeder Schlagzeile verkünden: »Dünnsein tötet!« Dünne hätten genug davon, dass ihre Ärzte ihnen immer nur zum Zunehmen rieten, statt sie zu behandeln. Überall würden Zunehmkampagnen aus dem Boden sprießen, die das Schlankheitsproblem bei Jugendlichen binnen einer Generation lösen wollen.

○ die Idee, nur Fettsein garantiere Glück, Schönheit und Liebe, sich in unserem kulturellen Bewusstsein festsetzen und zur Tatsache würde: Zeitschriften würden wöchentliche Vorhernachher-Zunehmgeschichten veröffentlichen, in denen Menschen ihr Leben zurückgewonnen haben, Dünne würden keine Dates mehr abkriegen und bekämen Angst, ihr Gewicht im Dating-Profil anzugeben. Langsam, aber sicher würden Millionen von Menschen ihr Leben nicht mehr leben, weil sie glaubten, mit einem dünnen Körper kein Glück verdient zu haben.

Denn das kommt dabei heraus, wenn eine Gesellschaft nur einen Körpertyp vergöttert und fördert. Derzeit ist dies Dünnsein, in unterschiedlichem Ausmaß etwa seit einem Jahrhundert. Wer also glaubt, Body Positivity würde Fettleibigkeit fördern, den muss ich enttäuschen! Für eine solche gesellschaftliche Umwälzung würde es viel mehr bedürfen als ein paar fetter Mädels, die sich selbst lieben (ich finde es aber toll, dass ihr fetten Babes uns so viel Macht zutraut!).

Sollte all das oben Aufgeführte eintreten, dürfen Sie gern zurückkommen und mit mir über die Förderung von Fettleibigkeit diskutieren. Denn das würde mir genauso viel Angst machen wie Ihnen – aber nicht aus irgendwelchen schwachsinnigen Gesundheitsbedenken heraus, sondern weil kein Körpertyp allen anderen vorgezogen werden sollte. Das ist keine Body Positivity.

Was Body Positivity »aktiv unterstützt« und »verbessern« will, ist die bedingungslose Selbstliebe und Glück für alle Menschen, unabhängig von Umfang, Form, Farbe, Alter, Fähigkeiten oder geschlechtlicher Orientierung.

Body Positivity fördert, sich selbst zu akzeptieren und sich von den repressiven Idealen zu lösen, mit denen wir bombardiert werden. Sie stemmt sich gegen die Kräfte, die uns einreden, nur bestimmte Körper seien es wert, in den Medien gezeigt zu werden, und sie ermutigt alle Menschen, glücklich zu sein, wie sie sind, und nicht erst, wenn sie dem Schönheitsideal entsprechen. Body Positivity bewirbt aber auf keinen Fall irgendeinen Körpertyp als Schlüssel dazu.

Jes Baker fasst es in *Things No One Will Tell Fat Girls* wunderbar zusammen: »Ich glaube daran, alle Körper zu vergöttern. Wirklich alle. Denn jeder Mensch auf der Welt verdient es, sich wohlzufühlen und sich selbst zu lieben … und wissen Sie, was ich noch vergöttere? GLÜCK! Was gäbe es sonst noch zu sagen?«

Das beste Argument gegen Vorwürfe, wir würden Fettsein fördern, ist natürlich, zu sagen, dass auch fette Menschen gesund sein können – das zeigen all die Beispiele in diesem Kapitel. Wir wissen jetzt, dass »fett« nicht »ungesund« bedeutet, und können dieses Wissen nutzen, wenn wir angefeindet werden. Aber wir müssen auch vorsichtig sein, Gesundheit nicht als Argument für Body Positivity zu nutzen. Denn das Argument »Fette Menschen können auch gesund sein!« klingt fast, als wären nur gesunde Menschen es wert, sich selbst zu lieben. Doch Eigenliebe ist etwas, das wir alle verdienen, egal, wie gesund oder krank wir sind.

Solange ihr gesund seid

Seit Body Positivity zum Schlagwort in den Medien wurde, gibt es täglich mehr Menschen, die die Bewegung unterstützen. Leider bieten viele ihre Unterstützung unter einer Bedingung an: »Solange ihr gesund seid«.

Die Anforderung, gesund zu sein, taucht oft in Kommentaren auf wie: »Weiter so, Mädel! Es kommt nur darauf an, dass du gesund bist!«, oder: »Ich bin absolut für Body Positivity – solange du gesund bist!« Irgendwann hat sich das Gesundheitsargument fest mit dem, was Menschen für Body Positivity halten, verknüpft. Dadurch aber wird der Sinn der gesamten Bewegung entstellt.

Das Problem mit »Ich bin absolut für Body Positivity – solange du gesund bist!« ist, dass es immer noch vorgibt, wer sich wohlfühlen darf und wer nicht, und die Grundlage für diese Bewertung ist immer noch der Körper. Aber genau das ist das Denken, das wir loswerden wollen!

Es ist ironisch, dass Menschen, die eine Bewegung unterstützen, die Menschen nicht nach ihrem Aussehen beurteilt sehen möchte, immer noch ein Wertesystem unterstützen würden, das Menschen nach der Funktionstüchtigkeit ihres Körpers beurteilt. Als ob das besser wäre.

Wenn wir eine positive Einstellung zum eigenen Körper nur Menschen zugestehen, die nach unseren Standards körperlich gesund sind, schließen wir Menschen aus und diskriminieren sie. Hier ein paar Beispiele, welche Menschen durch unser Raster fallen würden, wäre Gesundheit ein Kriterium:

Menschen mit chronischen Erkrankungen wie Krebs, Herz-Kreislauf-Schwäche, Diabetes oder Asthma, Menschen mit Autoimmunerkrankungen wie Colitis ulcerosa, Morbus Crohn oder Zöliakie, Menschen mit degenerativen Nervenerkrankungen wie Alzheimer oder Parkinson, Menschen, deren Körper durch Essstörungen geschädigt wurden, Menschen mit Behinderungen, Menschen, die mit einer Sucht kämpfen, Menschen mit chronischen Schmerzen und eigentlich jeder, der je ein körperliches Leiden gehabt hat – aus welchem Grund auch immer.

Ich weiß nicht, was Sie denken, aber ich glaube, dass niemand, der diese Dinge erleidet, es weniger wert ist, sich selbst zu lieben, als ein gesunder Mensch.

Wenn Sie jetzt sagen, dass Dicksein anders ist, weil man seine Gesundheit dabei durch zu viel Essen und zu wenig Sport selbst zerstört, dann möchte ich Ihnen empfehlen: 1. dieses Kapitel noch einmal zu lesen und 2. darüber nachzudenken, ob Sie so auch über einen Raucher denken, der Lungenkrebs bekommt. Sollte er sich im eigenen Körper noch wohlfühlen dürfen? Sollten Sie unsicher sein: Die Antwort lautet ja! Menschen verdienen Eigenliebe, egal, wie krank sie sind und wie es dazu gekommen ist.

Wenn wir an Gesundheit als Voraussetzung glauben, verschreiben wir uns einer Gesundheitsdiktatur, die den Wert eines Menschen nach seinem Gesundheitszustand bemisst. Wer also nicht perfekt ist, ist moralisch korrupt, eine Last, eine Bürde, nutzlos, bedauernswert oder einfach wertlos.

Aufgepasst: Sie sind es wert, egal, wie gesund Sie sind – allein, weil es Sie gibt. Auch wenn Sie krank sind, auch wenn Sie fett und krank sind. Niemand sollte wegen seines Umfangs oder seiner Gesundheit schikaniert, gemobbt oder seiner Menschenwürde beraubt werden. Wir sind mehr als BMIs. Wie viele Kilometer wir rennen oder wie viel Gemüse wir essen, definiert uns nicht. Unser Blutdruck sagt nicht, ob wir ein netter Mensch sind. Unsere Krankenakte bestimmt nicht, ob wir uns selbst lieben dürfen.

Wenn Sie dieses Kapitel ganz gelesen haben und sich fragen, ob Ihr Gesundheitszustand Sie von der wunderbaren Welt der Body Positivity ausschließt: Nein, das tut er nicht! Wenn Sie zu denjenigen gehören, die normalerweise sagen: »Solange du gesund bist«, hoffe ich, dass Sie das noch einmal überdenken. Hier ist genug Platz für uns alle, aber für Ausgrenzung aus Gesundheitsgründen gibt es hier keinen.

#bodygoals

Fitspo vergessen und sich einfach wieder bewegen

»Unsere Gesellschaft legt höchsten Wert auf einen Körper, der schreit: GESUNDHEIT. STRAHLENDE GESUNDHEIT UND WELLNESS – DAS VERKÖRPERE ICH.«
– Jes Baker, *Things No One Will Tell Fat Girls*

#strongnotskinny

Ein cleverer neuer Trick soll unser Körperbild verändern. Die Zauberer wollen unsere Unsicherheit verschwinden lassen. Sie werfen alle Zutaten in den Zauberhut: unsere großen Hoffnungen auf das Dünnsein, unsere Besessenheit, Gewicht zu verlieren, unsere Kalorienzählerei. Dann schwenken sie den Zauberstab, und – voilà – wir wollen nicht mehr so dünn wie möglich sein, sondern nur gesund und stark aussehen! Das klingt doch vielversprechend. Nur leider sind die Regeln für »gesund und stark« genauso eng gefasst wie die fürs Dünnsein.

Jetzt wollen wir also nicht nur abnehmen, nein, wir wollen auch noch mager und muskulös und fest sein. Jetzt zählen wir nicht nur Kalorien, sondern auch Hauptnährelemente, essen möglichst »rein«, notieren jedes Gramm Proteine und überwachen genau, dass wir jedes Gramm Fett gegen Muskeln austauschen. Wir mögen uns sogar glauben, dass die Zahl auf der Waage egal ist – aber nur, solange die Ergebnisse auch sichtbar sind, wenn wir vor dem Spiegel die Muskeln spielen lassen.

Klar dürfen wir etwas Gewicht zulegen, es darf halt nur nicht weich und beweglich sein. Es muss an der richtigen Stelle und wie bei einer Marmorstatue sitzen. Und weil man uns erzählt hat, dieses neue Körperbild sei gesund, wollen wir nicht sehen, dass es uns weiterhin verletzt. Wir glauben, dieses Körperziel sei anders, es drehe sich nicht nur um Mode und Eitelkeit! Es geht doch darum, länger zu leben und sich besser zu fühlen!

Nur leider tut es das nicht. Es geht weiterhin zu 100 Prozent ausschließlich darum, wie unser Körper aussieht. Man hat uns nur weisgemacht, dass das nicht alles sei.

Wer sich in den sozialen Medien rumtreibt, hat bestimmt schon den Geruch von Elastan in der Nase und Sprüche gelesen, dass man den Arsch, den man haben will, nicht durchs Rumsitzen bekommt und keine Ausrede mehr hat, nicht ins Studio zu gehen. Vermutlich ist Ihnen auch aufgefallen (Überraschung!), dass ein Schönheitsideal diese Fitness-Inspiration-Bilder alias Fitspo dominiert.

Die Bilder zeigen meist einen kopflosen Frauentorso mit definiertem Sixpack, in perlenden Schweiß gehüllt, perfekt ausgeleuchtet und in Bodybuilder-Pose. Die Botschaft ist laut und deutlich: So sieht ein fitter Körper aus. Deshalb sollten Sie trainieren. Das ist Ihr Ziel. Vergessen Sie Bewegung, um sich wohlzufühlen. Laut Fitspo zählt nur, wie körperliche Bewegung den Körper aussehen lässt.

Das ist alles nicht neu. Jane Fonda ist schon 1981 mit diesen Trikots mit hohem Beinausschnitt rumgelaufen. Seit Jahrzehnten lancieren Zeitschriften Schlagzeilen wie: »So werden auch Sie fit, schlank und muskulös«. Drinnen finden Sie dann endlose Trainingstipps, von denen jeder natürlich der »einfachste und schnellste Work-out mit Erfolgsgarantie« ist, der Ihnen einen Körper beschert, wie ihn die unbeschwerten Models mit ihrer Yogamatte haben, die für das Foto jeden Muskel anspannen (die Muskeln werden natürlich hinterher in der Bildbearbeitung vergrößert). Fitspo ist nicht neu, aber die Verherrlichung der Fitspo-Körper in den sozialen Medien ist es – und sie ist gefährlich.

Verstehen Sie mich nicht falsch, eine neue Bewegung, bei der es wirklich darum geht, sich besser zu fühlen und durch Bewegung wieder zum eigenen Körper zu finden, wäre wunderbar. Aber Fitspo ist nur ein weiteres Lockmittel der Diätindustrie in sportlicher Verkleidung.

Plötzlich gibt es überall neue Regeln für Gesundheit, Schönheit und Glück. Manche von uns richten sich danach und denken, sie würden ihrer Gesundheit etwas Gutes tun. Wie könnte das auch schlecht sein? Aber plötzlich wird der Sport, mit dem wir unsere Ausdauer und unsere Kraft verbessern wollten, zur unabdingbaren Verpflichtung. Die durchtrainierten, glänzenden Körper, die für Fitness stehen, verfolgen uns überall – in den sozialen Medien, in Zeitschriften, auf den Bildschirmen und im Hinterkopf, wann immer wir in den Spiegel schauen.

Da wir trotzdem nicht so aussehen, sind wir wohl noch nicht gesund genug. Also weg mit den Kohlenhydraten, mehr Workout, Clean Eating, knallhartes Training. Reden Sie sich ruhig ein, es ginge nur um Gesundheit, während Sie alles tun, um das Körperfett weiter runterzutreiben. Suchen Sie weiter im Netz nach Bildern, die Sie anspornen, hören Sie auf die Menschen, die Ihnen sagen, wie entschlossen Sie an Ihrer Fitness arbeiten und wie bewundernswert das ist. Gesund und immer gesünder – aber vor allem: gesund aussehen!

Es ist nichts falsch daran, gesund leben und fitter werden zu wollen. Es wird aber zum Problem, wenn wir glauben, dass Fitness zu einer ganz bestimmten Körperform führt. Denn dann erschaffen wir ein weiteres exklusives Körperideal, und wenn wir ihm nicht entsprechen, fühlen wir uns als Versager. Aber Fitness hat Millionen verschiedene Gestalten. Es sollte darum gehen, wie man sich in seinem Körper fühlt, nicht darum, wie er aussieht. Dank Fitspo vergessen wir das leider.

Bewegung hat so viele Vorteile für unseren Körper: Sport kann uns selbstbestimmt und stark machen. Er kann uns daran erinnern, wozu wir in der Lage sind, und uns helfen, wieder zum eigenen Körper zu finden. Er kann uns helfen, Stress abzubauen, uns Energie verleihen, unsere Ausdauer verbessern, und vor allem kann er Spaß machen!

Körperliche Bewegung hat viele positive Effekte, die nichts damit zu tun haben, wie unser Körper aussieht. Der Fitspo-Trend lässt uns vergessen, dass Bewegung die Fähigkeiten unseres Körpers feiert. Stattdessen redet er uns ein, bei Fitness ginge es ausschließlich um Waschbrettbäuche und knallharte Pobacken.

Als ich meine Tage mit Fitness-DVDs in meinem Zimmer verbrachte, fiel mir auf, dass keiner der Trainer Spaß an der Bewegung vermittelte. Es ging immer nur darum, schmaler und fester auszusehen, Fett zu verbrennen, enge Klamotten tragen zu können oder endlich diese wunderschönen Ballerinaarme zu haben, wenn der Sommer kommt. Sport ist schon lange nicht mehr Spaß an Bewegung, sondern nur noch Mittel, um abzunehmen und unseren Körper zu modellieren. Work-out ist die Strafe dafür, dass unser Körper nicht dem Fitnessideal entspricht, und damit haben wir unsere Beziehung zum Sport völlig vergiftet.

Erinnern Sie sich, wie es sich als Kind anfühlte, sich zu bewegen? Wie Sie rannten, weil es sich anfühlte, als könnten Sie fliegen? Es gab keinen Zwang, es fühlte sich nur gut an, und Sie fühlten sich frei. An Sommertagen wurde in der Sonne gehüpft, man hat Bälle geworfen, geschlagen oder getreten, bis man vor Erschöpfung fast umgefallen wäre, aber das war egal, denn es machte einfach glücklich.

Stundenlang haben wir Purzelbäume im Gras oder Handstand an der Zimmerwand geübt. Wenn ein Freund im Schwimmbad Geburtstag feierte, ging derjenige stolzerfüllt nach Hause, der am schnellsten oder am weitesten schwimmen konnte. Regentage konnte man am besten überbrücken, indem man auf dem Bett herumhüpfte und zum Lieblingssong tanzte. Glücklich und erschöpft fiel man ins Bett und wachte am nächsten Morgen gespannt auf, was der neue Tag bringen würde.

Wir haben nicht darüber nachgedacht, wie viele Kalorien wir verbrennen, oder versucht, das Dessert abzutrainieren oder uns das nächste Essen zu verdienen. Wir haben nicht versucht, unseren Körper eine Größe kleiner zu schrumpfen, und die Minuten der Trainingseinheit gezählt. Wir haben uns nur daran gefreut, was unser Körper alles kann. Wie wäre es, wenn wir wieder so fühlen könnten?

Was wäre, wenn wir Schuldgefühle und Verpflichtungen hinter uns ließen und einfach wieder Spaß an Bewegung hätten? Es wäre nicht nur mental eine Befreiung, wir würden auch körperlich immens davon profitieren, denn wir würden uns wieder auf Sport freuen und viel eher bei der Stange bleiben. Dafür müssen wir aber den Gedanken ablegen, es ginge darum, unseren Körper zu verändern.

Derzeit gibt es allein auf Instagram unter dem Hashtag »#fitspo« 38 Millionen Posts, 1,5 Millionen davon sind mit »#bodygoals« getaggt und 4 Millionen mit »#strongnotskinny«. Unmengen glänzender Muskeln, kalorienarmer Gerichte, photogeshoppter Körper und Vorher-nachher-Bilder – das ist die vergiftete Seite der Geschichte. Ein Klick, und man ist in einem Teufelskreis von Körpervergleichen, Diätkultur und Scham gefangen. Kein Wunder, dass Studien belegen, dass die sozialen Medien das Selbstwertgefühl zerstören können.[1]

Wir müssen Fitspo die Fitness wieder entreißen. Denn Menschen zu ermutigen, ihre psychische Gesundheit zu ignorieren und Sport als Folter zur Perfektion zu nutzen, ist kein bisschen gesund.

Verbrennen

Sportsucht? Moment mal. Ich dachte, Sport ist gesund.

Ab wann ist körperliche Fitness nicht mehr gesund? Wenn wir anfangen, zu viel darüber nachzudenken? Wenn sie zum Ablenkungsmanöver wird? Wenn sie zur Obsession wird? Wenn sich das gesamte Leben plötzlich nur noch um Fitness dreht? Wenn man auf alles andere verzichtet? Wenn jeder Gedanke nur noch damit endet, dass man berechnet, wie viele Kalorien man verbrannt, wie viele Wiederholungen man gemacht und wie viele Kilometer man hinter sich gebracht hat?

Den Unterschied zwischen Fitness als Leidenschaft und Fitness als Sucht macht die psychische Gesundheit aus. Sobald sie durch das Streben nach körperlicher Fitness gefährdet ist, ist der ach so tolle neue Körper alles andere als gesund.

Jedes Mal, wenn ich stark abgenommen habe, war dies begleitet von einer ordentlichen Portion Besessenheit – meist von Sport. Und jedes Mal, wenn mein Körper sich wandelte, kam das Lob: »Du siehst so viel besser aus, wie machst du das nur?«, »Toll, ich wünschte, ich hätte so viel Willenskraft!«, »Du bist so diszipliniert, wie machst du das?« Ich antwortete stets mit einer lapidaren Bemerkung wie »immer dranbleiben« und dass das jeder könne und so einfach wäre, wenn man mal wüsste, wie! In Wahrheit war ich süchtig nach Sport, und das Lob feuerte mich weiter an.

Die Sucht begann während meiner Magersucht, als ich heimlich schwitzte und jede Minute möglichst viele Kalorien verbrannte. Damals lernte ich, dass ich meinen Körper fast zu allem zwingen konnte. Ich konnte leise Runden durchs Haus laufen, obwohl ich tagelang nicht gegessen hatte, konnte die Treppe zwei-, drei- oder viermal rauf- und runterlaufen, bevor es jemand merkte. Ich konnte Bewegung nutzen, um meinen Körper so zu formen, wie er sein sollte, und dieses Wissen allein war genug, um mich jahrelang in eine Zwangsstörung zu schicken.

Die Sportsucht habe ich nie wirklich aufgegeben. Wenn ich zunehmen musste, konnte ich sie unterdrücken, aber sie blieb. Ein konstantes Kribbeln, eine tiefe Vibration in meinen Knochen, die mir sagte: Beweg dich, auf, spring, verbrenne Kalorien! Sobald genügend Zeit vergangen und genug Gewicht wieder drauf war, ließ ich sie für die nächste Diätphase wieder aus dem Käfig.

Egal, wie restriktiv die Diät war, das Training stand nie zur Debatte. Ich trainierte täglich Stunde um Stunde, ohne Pause, ohne Ausflüchte, ohne auch nur eine Minute nachzulassen. Jede Übung musste höchste Intensität haben, jede Bewegung perfekt ausgeführt sein. Alles, was ich tat, ja jeder Schritt, war eine Gelegenheit, Kalorien zu verbrennen.

Wenn ich nicht ans Essen dachte, dachte ich an Sport. Ich sagte jeden privaten Termin, der meinen Work-out gefährdete, sofort ab. Jede Verletzung ignorierte ich. Alles drehte sich nur noch um weniger essen und noch mehr verbrennen, und niemand fragte sich, ob vielleicht nicht doch mehr dahintersteckte als nur Willenskraft.

Dabei gab es da so viel mehr. Ich konnte es auch nicht abstellen. Ich war nicht nur vom Sport abhängig, sondern davon, mich als »die Fitte« überlegen fühlen zu können. Ich galt als Beispiel für Gesundheit und konsequentes Training. Ich war der Beweis, dass harte Arbeit sich auszahlt. Dass ich dadurch meine geistige Gesundheit zerstörte, bemerkte niemand.

Als ich auf die Body-Positivity-Bewegung stieß, traf ich Menschen, die ebenso sportsüchtig gewesen waren wie ich und die dies nicht unbeschadet überstanden hatten. Meine Freundin Blair, die noch lange Zeit während der Genesung trainierte, erzählte mir von den Langzeitfolgen:

Sechs Jahre lang trainierte ich mehrfach pro Tag. Ich dachte, das wäre gesund. Man hört nie davon, dass das negative Auswirkungen haben und was es mit dem Körper anrichten kann.

Am Ende meines ersten Jahres im College verletzte ich mich. Ich bekam enorme Knieschmerzen. Später wurde für beide Knie die Diagnose Läuferknie (ITBS) gestellt. Hörte ich auf? Hörte ich auf meinen Körper? Nein! Es heißt doch, man muss sich schinden.

Also trainierte ich weiter, obwohl mein Körper »Stopp« rief. Ich trieb mich noch mehr an, bis ich mir auch die Schultern verletzte. Es dauerte ein paar Jahre, bis man herausfand, dass das Labrum in beiden Schultergelenken gerissen war.

Irgendwann wurde ich an beiden Schultergelenken operiert. Man sollte meinen, damit sei alles wieder okay. Aber das war es nicht. Ich hatte immer noch überall Schmerzen, auch in den Schultern. Alles tat weh. Ich wusste nicht, warum, also rannte ich von Arzt zu Arzt. Niemand fand etwas. 2016 wurde dann Fibromyalgie diagnostiziert.
Heute kann ich nicht mehr trainieren, an manchen Tagen kann ich kaum laufen. Ich schaffe es nur selten aus dem Bett. Ich bin ein Beispiel dafür, dass man nie übertrainieren sollte.

Heute teilt Blair ihre Erfahrungen online, um anderen zu helfen, wieder ein normales Verhältnis zum Sport zu finden und Frieden mit ihrem Körper zu schließen, egal, ob sie fit sind:

Sport sollte nicht wehtun, er sollte Spaß machen und sich gut anfühlen. Die Gesellschaft ist aber inzwischen von fanatischem Training besessen. Tappen Sie nicht in die Falle. Hören Sie auf Ihren Körper. Bewegen Sie sich so, dass es Freude macht.
Übrigens ist es auch völlig okay, wenn Sie keinen Sport treiben können. Sport ist nicht für jeden gemacht. Auch Sie dürfen sich und andere lieben. Sie sind auch ohne Work-out wertvoll.
Es hat mich Jahre gekostet, Sport nicht mehr nur als etwas zu sehen, das mich schlanker macht. Wieder ein normales Verhältnis zu Bewegung zu erlangen war der wichtigste Schritt meiner Genesung von der Essstörung. Dass Sport als Strafe für körperliche Mängel angesehen wird, richtet so viel mehr Schaden an, als uns klar ist.

Wenn es der Gesellschaft beim Sportwahn wirklich um Gesundheit geht, sollten wir anerkennen, wie ungesund, ja gefährlich das werden kann. Bei Gesundheit sollte es immer auch um psychische Gesundheit und das allgemeine Wohlbefinden gehen, nicht nur darum, wie lange jemand rennen kann und ob er ein Sixpack hat. Solange aber Fitspo die Regeln macht, gefährden wir jeden Tag Menschen.

Thinspo im Sport-BH

Derzeit ist Fitspo der Trend in Online-Selbsthilfegruppen für Menschen mit Essstörungen. Die Botschaft lautet: Es ist okay, wenn man während der Genesung von einer Essstörung zunimmt, solange man Muskelmasse zunimmt.

Vorher-nachher-Bilder zeigen die typischen ausgemergelten Figuren, die durch Training und proteinreiche Nahrung zu starken, gestählten Fitness-Häschen wurden. Den Genesenden wird vermittelt, hartes Training und »saubere« Ernährung seien der Schlüssel, ihre Krankheit zu überwinden. Wenn aber Sportsucht schon Teil ihrer Essstörung war, wie sollen sie gesund werden, wenn diese Sucht weiter gefördert wird?

Jede Heilung verläuft anders. Der Körper sieht hinterher anders aus. Manche Menschen können Sport auf gesunde Weise für ihre Genesung nutzen, aber viele können es eben nicht.

Fitspo ist in vielen Punkten kontraproduktiv für die Genesung von einer Essstörung: Erstens konzentriert es sich weiterhin auf den Körper und sein Aussehen. Es schreibt ein ideales Körperbild vor und legt ebenso viel Wert auf Gewicht und Form wie Diäten. Statt sich von Vorschriften zu trennen, wie der Körper aussehen sollte, nimmt man nur neue an – die Muskeln vorschreiben.

Und auch das Zählen geht weiter, jetzt zwar nicht mehr in Bezug auf verlorene Pfunde oder eingesparte Kalorien, sondern die gelaufenen Minuten, gestemmten Gewichte und die Übungswiederholungen. Der Zwang, die Welt mit Zahlen zu beherrschen, hat sich nicht geändert, nur verlagert. Außerdem kommt Fitspo häufig mit denselben restriktiven Ernährungsempfehlungen daher wie die übliche Diätkultur. Einen Sport-BH zu tragen ändert daran wenig. Die Fitness-Foren sind häufig von

Konkurrenz und Gegenüberstellung geprägt, beides Dinge, die das Denken bei einer Essstörung eh schon zu stark beherrschen.

Das größte Problem ist, dass eine Gesundung, die nur eine Zunahme von Muskelmasse erlaubt, die panische Angst vor Fett, die so viele Essgestörte umtreibt, völlig ignoriert. Bevor aber dieses Problem nicht gelöst wird, werden Menschen, die an Essstörungen leiden, immer nur halb genesen. Fitspo gestattet ihnen zwar, zuzunehmen (aber nur Muskelmasse) und mehr zu essen (aber nur »das Richtige«) und sich weniger aufs Abnehmen zu konzentrieren – aber nie, die Körperproportionen aus dem Auge zu verlieren.

Amalie Lee schreibt in ihrem beliebten Essstörungs-Blog *Lets Recover:* »Die Menschen, die mich am meisten inspirieren, sind die, die nicht eine Obsession durch die nächste ersetzt haben. Mich inspirieren freie Menschen. Mutige Menschen, die sich selbst annehmen und ein Leben beginnen, das sich nicht zu 90 % um Essen und den Körper dreht – Genesen bedeutet nicht, sich in #strongnotskinny zu stürzen, sondern es bedeutet, frei zu sein.«

Bei der Genesung müssen wir uns fragen: »Hilft mir das, frei zu werden? Oder legt mir das erneut Ketten an, die nur anders aussehen?« Wenn Sport Ihnen hilft, Frieden mit sich zu finden, dann hauen Sie rein, bis der Schweiß nur so tropft. Aber allen, die meinen, ihre Genesung funktioniere nicht, weil sie nicht den Fitspo-Idealen entsprechen, möchte ich Folgendes an die Hand geben:

Sie dürfen stillsitzen. Sie dürfen sich Zeit nehmen und ruhen, um gesund zu werden. Ich weiß, dass Sie manchmal das Gefühl haben, Sie müssten explodieren, wenn Sie sich nicht bewegen und keine Kalorien verbrennen, aber achten Sie darauf, wo dieses Gefühl herkommt. Denken Sie daran: Hören Sie, was Ihre Essstörung Ihnen sagt, und tun Sie dann das genaue Gegenteil. Sagt Ihnen die Stimme, Sie müssen jeden Tag Sport machen, damit Ihr Körper sich nicht verändert, dann sitzen Sie still. Das ist nicht einfach und nicht angenehm. Doch es ist es wert, das verspreche ich Ihnen.

Aber vergessen wir einmal unseren Körper. Was immer die Genesung mit ihm macht, ist okay. All die Veränderungen, die passieren, wenn man am glücklichsten und am freiesten ist, sollen passieren. Vielleicht nehmen Sie mehr zu, als Sie gedacht haben, oder sehen ganz anders aus, als Sie es sich vorgestellt haben – dann lösen Sie sich von der Vorstellung. Vertrauen Sie Ihrem Körper, dass er seine Set-Point-Spanne und sein Wohlfühlgewicht besser kennt, als es die Stimme Ihrer Essstörung tut.

Ihre mentale Gesundheit ist wichtiger als ein Waschbrettbauch, straffe Arme, eine Thigh Gap oder irgendein anderes Körpermerkmal. Ein gesunder Geist zählt mehr als jedes Schönheitsideal, Gewichtsziel oder Fitspo-Ideal. Und wer Sport nicht in sein Leben integrieren kann, ohne dabei seine psychische Gesundheit zu schädigen, sollte es lassen. Wenn Sie dann irgendwann Bewegung wieder auf gesunde Weise angehen können …

Gehen Sie behutsam mit sich um. Als ich wieder mit dem Sport anfing, wusste ich, ich musste langsam beginnen, sonst wäre ich ganz schnell wieder bei der Alles-oder-nichts-Haltung, die meine Sportsucht beherrscht hatte. Jahrelang hatte ich an die Fitnessbotschaft geglaubt, die uns einredet, dass alles unter 100 km/h nicht gut genug ist – was uns nicht umbringt, macht uns härter, so ein bisschen Muskelkater hat noch keinen umgebracht, nur keine Ausflüchte!

Diese Botschaften sind Schwachsinn. Hören Sie auf Ihren Körper und hören Sie auf, wenn Sie es wollen. Sie sind nicht schwach, nur weil Sie nicht schwitzen.

Mein größter Trainingserfolg war kein neuer Sit-up-Rekord und auch kein gestemmtes Gewicht. Es war, endlich entspannt mit meinem Hund spazieren gehen zu können, ohne über verbrauchte Kalorien und Laufgeschwindigkeit nachdenken zu müssen. Was für ein Gefühl! Bewegung ist so viel mehr, als Fitspo uns weismachen will. Vergessen Sie die Regeln, und seien Sie stattdessen gut zu sich selbst.

Das muss wehtun!

Ist schon einmal jemandem aufgefallen, wie aggressiv die heutige Fitnesskultur ist? Es scheint mehr um Tortur, Schmerz und Bestrafung zu gehen als um Wohlbefinden. Alle Welt scheint zu glauben, dass wir etwas falsch machen, wenn der Work-out nicht wehtut – und ich meine nicht nur das Ziehen, das bei intensivem, befriedigendem Training entsteht. Ich meine echten Schmerz.

Nichts fasst diese »Das muss wehtun«-Haltung besser zusammen als der Ausspruch von Fitnesskönigin Jillian Michaels: »Solange du nicht kotzt, umkippst oder stirbst, mach weiter!« Und wir fragen uns, woher Sportsucht wohl kommt.

Betrachten wir einmal die Sprache in Artikeln über Fitness. Wenn es darum geht, unsere »Problemzonen« mit Training zu bearbeiten, wird die Sprache brutal. Da wird Fett verbrannt oder ausgemerzt, Pfunde werden geschmolzen. Das klingt fast, als hielte man sich einen Schweißbrenner an den Bauch. Dem Fett muss der Garaus gemacht werden, unsere Körper müssen sich schinden, das Training muss einen hinrichten. Klingt das für Sie auch gewalttätig?

Wenn wir uns den Fitspo-Grundsatz, Schmerz sei gut, zu eigen machen, erklären wir unseren Körper zum Feind. Es entfremdet uns noch weiter von ihm, statt uns spüren zu lassen, zu welch wunderbaren Dingen er fähig ist. Wir glauben, Sport sei die angemessene Strafe dafür, dass wir nicht dem Fitspo-Ideal entsprechen.

Der Work-out ist dann eine Frage der Moral: Wenn wir uns schinden, bis wir Schmerzen haben, sind wir gut, wenn nicht, sind wir Versager. Und solange wir nicht aussehen wie die Coverboys und -girls der Fitnessmagazine, sind wir nie gut genug, und die Quälerei geht weiter. Verpassen wir das Training, müssen wir uns beim nächsten Mal doppelt bestrafen.

In *Losing It* schreibt Laura Fraser: »Für viele Frauen ist der Sinn des Sports nicht Gesundheit, sondern ein perfekt disziplinierter, schlanker Körper.« Aber warum müssen wir unseren Körper disziplinieren? Man diszipliniert jemanden, der die Regeln bricht, dem man eine Lehre erteilen will. Das Fitspo-Image hat also einen weiteren Weg gefunden, uns glauben zu machen, unsere Körper seien falsch. Sie haben die Regeln gebrochen, weil sie nicht dem Ideal entsprechen. Man muss ihnen mit hartem Work-out eine Lehre erteilen, damit sie sich anpassen. Haben wir unsere Körper nicht schon genug gestraft?

Wir wurden bereits darauf dressiert, unsere Urinstinkte zu leugnen und unseren Appetit als Feind zu behandeln. Trinken Sie Wasser, wenn Sie Heißhunger haben, oder machen Sie Bauchpressen, wenn der Hunger kneift! (Man könnte natürlich auch darauf hören, dass der Körper uns sagt, er braucht mehr Nährstoffe – was für ein radikaler Gedanke!) Wir haben uns lange genug für jeden Genuss beim Essen geschämt, uns mit Verzicht diszipliniert, um das Verbrechen des Essens (und, Gott behüte!, des Genusses) zu sühnen.

Wir haben unseren Körper immer wieder mit der nächsten Blitzdiät oder Entschlackungskur ausgehungert – ganz zu schweigen von den Versuchen, ihn von außen mit Korsetts, Taillentrainern und schmerzhaft einschnürenden Bauchweggürteln zu manipulieren.

Wir haben potenziell gefährliche Chemikalien geschluckt, uns die Kiefer mit Draht verschlossen und unseren Körper selbst mit Elektroschocks zum Gehorsam zwingen wollen. Funktioniert die Selbstbestrafung nicht, lassen wir Chirurgen unsere Knochen brechen, uns aufschneiden, uns aussaugen und diverse Eingriffe vornehmen, um den Kampf gegen die Röllchen zu gewinnen.

Selbst unsere Schönheitsrituale, die wir für harmlos halten, sind nie ganz schmerzfrei. Das Enthaaren – ob Zupfen, Wachsen oder Lasern – bleibt unangenehm. Wir tragen Unterwäsche, die rote Striemen hinterlässt und uns nie ganz entspannt gehen lässt. Ich höre schon, wie einige sagen: »Ach komm, so weh tut das doch gar nicht!« Aber warum muss es überhaupt wehtun?

Warum müssen Schönheitsstandards für alles, was weiblich ist, mit Schmerzen verbunden sein?

Warum muss, wer schön sein will, leiden? Sind unsere Köper so verachtenswert, weil sie irgendwelchen Schönheitsregeln nicht folgen, dass sie so viel Schmerz verdienen? Täglich tut unser Körper sein Bestes, uns am Leben zu erhalten. Er strengt sich an, möglichst perfekt zu funktionieren, damit wir leben können. Er hat aber keine Ahnung, dass er dabei auch noch irgendwelchen ästhetischen Idealen entsprechen soll.

Unser Bauch kennt nur seine biologische Rolle als Teil des Verdauungssystems. Er weiß nicht, dass er stets möglichst flach auszusehen hat. Unser Körper versteht nicht, dass wir ihm Nährstoffe vorenthalten, damit er in eine kleinere Kleidergröße passt. Er denkt nur, er verhungert. Fettpolster waren einst Zeichen dafür, dass der Körper effizient war und Hungersnöte besser überstehen konnte. Keiner hat unserem Stoffwechsel gesagt, dass die Zeiten sich geändert haben und er jetzt aufhören kann, dieses lästige Fett zu speichern! Das ist keine Hungersnot, nur eine Entschlackungskur! Wir bestrafen unseren Körper buchstäblich dafür, dass er seinem Programm folgt und unser Überleben sicherstellt.

In *Der Mythos Schönheit* schreibt Naomi Wolf: »Solange sich Frauen erinnern können, hat am Frausein immer etwas wehgetan ... Heute schmerzt die Schönheit.« Fitspo hat Sport in eine weitere Methode verwandelt, uns im Namen der Schönheit wehzutun, statt uns dadurch gesund und wohl zu fühlen. Für so viele von uns ist er nur ein weiteres Ritual, mit dem wir unseren Körper strafen, weil er nicht den Schönheitsregeln gehorcht.

Lassen Sie es mich noch einmal laut und deutlich sagen: Wir müssen unseren Körper nicht strafen! Wir müssen nicht rennen, bis uns schlecht ist, nicht hungern, bis wir umfallen. Wir müssen uns nicht selbst zerfleischen. Scheiß auf: »Wer schön sein will, muss leiden!« Wir haben genug gelitten!

Wir müssen nicht jedes Gramm Fett verbrennen, um fit zu

sein. Wir müssen uns nicht auf einen Strich in der Landschaft zusammenschmelzen, um von Sport zu profitieren. Schmerz ist nicht Schwäche, sondern ein Warnzeichen des Körpers. Und bevor Sie kotzen, umfallen oder sterben, hören Sie bitte auf.

Es ist Zeit, mit unserem Körper Frieden zu schließen und Bewegung wieder als etwas Schönes anzunehmen, nicht als Strafe. Was immer wir mit unserem Körper tun, sollte nicht aus Hass oder Abscheu geschehen. Wir verdienen etwas Besseres.

#transformationtuesday

Einer der derzeit größten Online-Trends ist das allmächtige Vorher-nachher-Foto. Auf einer Seite steht ein trauriger, sich selbst hassender Mensch, gebeugt und aus Scham zur Seite schauend. Die andere zeigt seine Transformation! Glück! Gesundheit! Stolz! Und ihn natürlich viel, viel schlanker.

Vorher-nachher-Bilder gibt es schon, seit aus Frauenzeitschriften Handbücher zum Abnehmen wurden und Diätfirmen Produkte verkaufen, mit denen wir uns dünn schrumpfen sollen. Normalerweise prangt darüber eine Überschrift wie: »Frau verliert 50 Pfund und gewinnt neues Leben«, oder: »Endlich wieder dünn! (beliebiger Promi-Name) besiegt die Pfunde und fühlt sich besser denn je!« Die Story liefert all die Details, wie auch wir unseren Körper verwandeln und das Leben leben können, von dem wir träumen – hurra! Und dank täglich neuer Vorher-nachher-Bilder in den sozialen Medien lässt die Inspiration nie nach! Seufz!

Was ist an diesen Vorher-nachher-Abnehmbildern so problematisch? Zunächst sind sie die wirksamste Propaganda der Diätkultur. In einem Bild werden uns gleich mehrere Lügen über Gewicht und Wert verkauft, wie die Idee, dass ein Körpertyp immer der überlegene ist, dass das Glück in der kleineren Kleidergröße liegt und dass der Körper immer optimiert werden muss. Schaut man aber einmal hinter die perfekte Pose, stellt sich heraus, dass die Geschichte unseres Abnehm-Aschenputtels nicht das Märchen ist, für das wir sie halten.

Hier ein paar Wahrheiten, die die Hochglanzmagazine uns nicht verraten: Abnehmen löst nicht sofort all unsere Probleme. Unser Liebesleben wird nicht zur romantischen Komödie, und auch unsere finanziellen Sorgen verschwinden nicht. Es heilt keine psychischen Erkrankungen und auch nicht den Selbsthass.

Glauben Sie jemandem, der mehrfach auf beiden Seiten des Vorher-nachher-Bilds gestanden hat. Wer sich selbst so sehr hasst, findet auch mit 10, 50 oder sogar 100 Pfund weniger immer etwas zu hassen. Abnehmen macht auch nicht wie durch Zauber intelligenter, kreativer, liebevoller, geliebter, freundlicher, erfolgreicher oder erfüllter. Es macht nur schlanker. All die anderen Dinge, die Sie an sich selbst nicht mögen, bleiben gleich, inklusive Ihres Unglücklichseins.

Natürlich werden Menschen, die an den Zauber des Vorher-nachher-Bilds glauben, das nicht akzeptieren, vor allem wenn sie schon so lange nach ihrem Traumkörper streben.

Jes Baker erklärt in *Things No One Will Tell Fat Girls,* dass wir alle an ein System der »Körperwährung« glauben, bei dem wir alles investieren, was wir haben, und all unsere Hoffnungen darauf setzen, den idealen Körper zu bekommen. Das ist einer der Gründe, warum Menschen fette Mädels, die sich selbst lieben, so hassen – sie haben eine unerlaubte Abkürzung zu dem Glück genommen, für das sich andere ein Leben lang abrackern. Es ist auch der Grund, warum wir uns so an die Hoffnung auf das Nachher-Foto klammern und uns bedroht fühlen, wenn Menschen sagen, es sei eine Illusion. Es muss echt sein, wir haben doch so viel investiert.

Denn was wäre, wenn die Blase des idealen Körpers platzte und wir mit der bitteren Realität leben müssten, dass all unsere Probleme von »vorher« auch »nachher« noch da sind? Dann müssten wir uns jetzt mit ihnen auseinandersetzen und könnten nicht hoffen, dass sie sich in Luft auflösen, sobald wir unser zukünftiges, ach so glückliches Ich erreichen! Deshalb sind diese Bilder so mächtig. Sie verstärken unser Wunschdenken und versichern uns, dass wir belohnt werden, wenn wir mit der Körperwährung bezahlen. Ein Segen für die Diätindustrie!

Aber sie sind auch unheimlich trügerisch. Mit guter Beleuchtung, einer tollen Pose und professioneller Fotografie lässt sich Glücklichsein wunderbar vortäuschen. Das Nachher-Foto zeigt uns nur einen eindimensionalen Ausschnitt aus dem Leben der Person, nur ein Bild aus der Highlight-Sammlung ohne einen Blick hinter die Kulissen.

Vor der Kamera lassen sich Emotionen leicht spielen. Die glücklich lächelnde Person auf dem Nachher-Foto kann im nächsten Moment schon wieder mit dem Partner streiten, mit Depressionen kämpfen oder mit drei Jobs jonglieren, um sich über Wasser zu halten, sobald das Bild gepostet ist. Es gibt auch nachher keine Glücksgarantie.

Auch Körper lassen sich manipulieren. In letzter Zeit nehmen viele Menschen die Verwandlungsfotos auf die Schippe und zeigen anhand von Zehn-Sekunden-Transformationen die Macht der richtigen Pose. Links nehmen sie die (gebotene) Haltung der traurigen »Vorher-Person« ein, zusammengesackt und elend, rechts verbiegen und spannen sie ihren Körper so an, dass er nach monatelanger, erfolgreicher Arbeit an der »Nachher-Figur« aussieht.

Auf den ersten Blick könnte man meinen, sie bewerben die neueste Wunderdiät. Tatsächlich aber beweisen sie, dass erstaunliche Verwandlungen nicht immer sind, was sie zu sein scheinen. Das fällt besonders bei den Bildern auf, die die Wirkung von Detox-Tees belegen sollen. Die meisten sehen so aus, als wäre der Unterschied schlicht, dass man entweder aufrecht steht und den Bauch einzieht oder sich entspannt Raum zum Atmen lässt.

Außerdem sollte man daran denken, dass der gerade abgespeckte »Nachher-Körper« vermutlich nicht von Dauer ist, da ja das Gewicht mit 95-prozentiger Chance nach kurzer Auszeit im Jo-Jo-Land wieder nach Hause geflogen kommt und man wieder beim Vorher-Bild landet (oder ein neues Bild machen muss).

Letztens war ich mit einer Freundin essen, die mir von einer Bekannten erzählte, die an einem Diät-Schneeballsystem teilnahm. Dabei verdient man als Vertreter Geld, indem man Diätprodukte an seine Freunde verkauft. Anscheinend hatte ihre Bekannte ein Vorher-nachher-Bild erstellt, um ihre Verkäufe zu steigern. Meine Freundin kannte das Nachher-Bild aber aus einem Urlaubsalbum, das die Bekannte schon vor Jahren ins Netz gestellt hatte – so sah sie definitiv nicht mehr aus. Das Foto war also eine Lüge. Nachher-Bilder bleiben ewig erhalten – der Abnehmerfolg nicht.

Was mich auch immer wieder verwundert, sind die extrem positiven Reaktionen, die diese Bilder ernten. Wir scheinen Abnehmerfolgen bedingungslos zu applaudieren. Abnehmen ist in unseren Augen immer gut, wünschenswert und gesund. Dabei gibt es Millionen Gründe, warum jemand Gewicht verlieren könnte, und vielen davon sollten wir nicht applaudieren.

Als ich in die Essstörung abgerutscht bin, haben mir die Leute auch applaudiert, bis ich die Grenze zwischen »schick dünn« und »beängstigend dünn« überschritt. Neidisch sahen sie mir zu und fragten, wie ich so schnell abgenommen hätte. Ich war erst 14, und all meine Freunde wussten bereits, dass Abnehmen immer etwas Gutes ist. Ich habe so unendlich viele Transformationsbilder gesehen, die sich als Folge von Essstörungen oder Sportsucht erwiesen.

Wenn wir diesen Nachher-Bildern applaudieren, ermutigen wir Menschen, ihre psychische Gesundheit für einen Körper zu opfern, der dem derzeitigen Schönheitsideal besser entspricht. Wir ermutigen sie, sich für ein Image selbst zu zerstören. Und wie gesagt, wir wissen nie, was hinter der Kamera vor sich geht. Deshalb ist es wichtig, mit Applaus vorsichtig zu sein. Abnehmen vorbehaltlos zu loben kann schlicht gefährlich sein.

Menschen können aus verschiedenen negativen Gründen abnehmen, wie etwa eine Erkrankung, bei der der Körper all seine

Fettreserven aufzehrt, um dagegen anzukämpfen. Oder sie ringen mit Panikattacken oder Depressionen und schaffen es nicht mehr aus dem Bett – und schon gar nicht, sich etwas zu kochen. Wenn wir dann applaudieren, verstärkt das nur den Eindruck, dass Abnehmen wichtiger ist als unsere körperliche und psychische Gesundheit. Und das passiert mit jedem Vorher-nachher-Bild, das ein Titelblatt ziert oder im Netz viral geht.

Selbst wenn wir beim Transformierten kein ernsthaftes Problem verstärken, tragen wir mit unserem bedingungslosen Applaus zu der Kultur bei, die uns lehrt, dass wir mehr wert sind, wenn wir weniger sind – genau zu der Kultur also, die dafür verantwortlich ist, dass wir alle unseren Körper so hassen.

Vorher-nachher-Bilder verkünden laut die Botschaft, dass unser Körper moralisch beurteilt und gegen andere aufgewogen werden muss. Diese Seite ist gut, die andere ist schlecht, diese ist es wert, geliebt zu werden, die andere nicht, diese arbeitet hart an sich und ist willensstark, die andere ist faul und verachtenswert.

Diese Bilder bringen die schlimmsten Klischees über dicke Menschen ans Licht – meist, wenn die Transformierten sich abfällig darüber äußern, wie sie vorher ausgesehen haben. Aber auch vorher waren sie es wert, sich selbst zu lieben, waren wertvolle Menschen. Selbst wenn man gezielt abgenommen hat und stolz auf seinen »neuen« Körper ist, muss man den »alten« nicht verachten. Bodyshaming ist Bodyshaming, auch wenn man nicht mehr so aussieht – und übrigens: Viele, die das Foto ansehen, sehen noch so aus.

Aber vor allem sind diese Bilder aus einem bestimmten Grund problematisch: Sie machen uns glauben, dass wir alle »Vorher-Körper« sind, die umgeformt gehören. Ich weiß nicht, wie es Ihnen geht, aber ich bin kein »Vorher-Foto«. Ich warte nicht darauf, dass ein neuer Körper mir das Glück bringt und mich meiner Selbstliebe wert macht. Ich nehme mir mein Glück und meine Selbstliebe jetzt sofort, vielen Dank!

Bewegung aus Freude

Das Ironischste an Fitspo ist wahrscheinlich, dass es Menschen abschreckt, sich körperlich zu betätigen. All diese Sprüche, dass Schweiß unser Fett zum Schmelzen bringt, und die Fotos glänzender Muskeln sollen uns zum Sport motivieren. Tatsächlich aber überzeugen sie viele davon, dass der Sportbody nie passen wird, also warum sollte man sich die Mühe machen.

Wenn es bei Fitness nur um das Erreichen eines bestimmten Körperbilds geht, landen diejenigen von uns im Abseits, die das Ziel nicht erreichen können. Fitness wird etwas für die Elite, und jeder, der ein Fitnessstudio betritt und nicht entsprechend aussieht, bekommt diese Botschaft auch deutlich vermittelt (fragen Sie einen Dicken mal nach seiner Erfahrung mit Fitnessstudios). Marilyn Wann schreibt dazu in *Fat! So?:* »Wo Menschen sich nicht willkommen fühlen, gehen sie nicht hin ... Wenn wir nicht dazu passen, verzichten wir halt auf Fitness.«

Das bedeutet aber auch, dass viele von uns die Vorteile körperlicher Betätigung nicht nutzen, weil man uns klargemacht hat, dass diese Vorteile nur für Menschen sind, deren Körper ins Schema passt. Die Fitspo-Mentalität hat uns deutlich gesagt, dass es bei Sport nur »Alles oder nichts« heißen kann. Wenn wir also nicht alles erreichen können, müssen wir uns mit nichts begnügen.

Fitspo nimmt damit dem Sport jegliche Freude. Wer vermittelt, der einzige Sinn des Sports sei, den Körper zu verändern, der verleidet Menschen den Sport. Ich erinnere mich gut daran, wie sich in der Pubertät meine Einstellung zum Sport änderte. Im einen Jahr rannte ich noch umher, hüpfte, planschte, tanzte und genoss, was mein Körper alles konnte. Im nächsten ging es nur noch ums Kalorienzählen und Umformen meines Körpers – ich wusste ja genau, wie ich auszusehen hatte. Ich hatte den Spaß am Sport verloren.

Diese Haltung ist nicht nur schlecht für die Psyche, sondern bewirkt auch, dass wir uns weniger bewegen. Studien zeigen, dass Menschen, die sich bewegen, um ihren Körper zu schrumpfen und zu stählen, körperlich wesentlich weniger aktiv sind als Menschen, bei denen Sport nichts mit ihrer Körperform zu tun hat.[2]

Was wäre, wenn wir einfach wieder Spaß am Sport haben könnten? Wenn wir den Sport vom Transformieren, von Schuldgefühlen, Scham und Selbstbestrafung loslösen könnten? Erinnern Sie sich noch an Steven Blairs Studie, die zeigte, dass Fitness unabhängig vom Körperumfang der Schlüssel zu körperlicher Gesundheit ist? Ich glaube, es ist an der Zeit, Sport aus den Klauen von Fitspo zu befreien und ihn uns zurückzuholen. Denn auch wir sind es wert, von den körperlichen und psychischen Vorteilen regelmäßiger Bewegung zu profitieren, egal, wie wir aussehen oder wie fit wir sind. Hanne Blank schreibt treffend in *The Unapologetic Fat Girl's Guide to Exercise and Other Incendiary Acts:*

> Wenn wir uns rein aus Spaß an der Bewegung bewegen und um uns wohlzufühlen und nicht, weil wir ein bestimmtes Aussehen erlangen oder uns für das Fettsein bestrafen wollen, ist das eine ziemliche Revolution.

Bereit zu rebellieren?

Wie? Fangen wir damit an, all die lächerlichen Regeln zu vergessen, die sagen, Sport sei nur zum Abnehmen da. Vergessen wir die Artikel darüber, welche Bauchmuskelübungen das meiste Fett verbrennen. Vergessen wir die fürchterlichen Tabellen, die uns erzählen, wie viele Kilometer wir für einen Donut rennen müssen. (Die korrekte Antwort lautet übrigens: keinen. Denn wir müssen nicht jeden Krümel abtrainieren, den wir essen.) Vergessen wir, uns den »Traumkörper« vorzustellen, während wir uns durch all die verhassten Übungen quälen. Solange die Diätkultur bestimmt, wann, wo und wie wir uns bewegen, liegt die Chance, wirklich Spaß am Sport zu haben, etwa bei null.

Finden Sie einen Sport, der Ihnen Spaß macht. Ich weiß, das klingt seltsam, wenn Sport ewig nur eine schmerzhafte, langweilige Pflicht war, aber Sie werden sich wundern, wie sehr eine andere Einstellung das ändern kann.

Probieren Sie doch etwas aus, was Ihnen als Kind Spaß gemacht hat, oder etwas ganz Neues. Wie wäre es mit Schwimmen, Aerobic, Walken, Wandern, Zumba, Salsa, Basketball, Fußball, Kampfsport, Jogging, Gymnastik, Kickboxen, Ballett, Bauchtanz, Tennis, Cricket, Volleyball, Badminton, Skifahren, Surfen, Reiten, Rudern, Rugby oder Ringen? Es gibt endlose Möglichkeiten. Es ist auch okay, wenn etwas so gar nichts für Sie ist. Dann finden Sie eben etwas anderes.

Und wo wir schon beim Überbordschmeißen sind, kann die Alles-oder-nichts-Fitspo-Haltung ebenso weg wie die blödsinnigen Trainingsregeln. Sie müssen nicht wie ein Leistungssportler trainieren. Immer daran denken: Es geht nicht darum, uns für unseren Körper zu bestrafen. Also gibt es auch kein »Das reicht nicht«. Jedes Tempo ist in Ordnung.

Als ich vom Fitspo-Zug abgesprungen bin, habe ich zum ersten Mal Yoga ausprobiert. Das hatte ich mir früher immer verboten, da es so langsam war und kaum nennenswert Kalorien verbrannte. Ich bin bestimmt keine begabte Yogini, aber wenn ich auf die Matte gehe, erinnere ich mich daran, dass ich das für mich tue, mir etwas Gutes tue, mich pflege. Manchmal übe ich so hart, dass ich mich frage, wie ich je denken konnte, Yoga sei kein Sport. An anderen Tagen gehe ich es langsam an und sage mir, es gibt keine vorgeschriebene Geschwindigkeit. Solange es mir guttut, ist es genug.

Auf der anderen Seite werde ich an einer Aerobic-DVD für die Bauchmuskeln bestimmt nie mehr Spaß haben! Viel zu viele Jahre meines Lebens habe ich darauf verschwendet, mich damit zu quälen – ewig bin ich im Wohnzimmer auf und ab gesprungen und habe auf denselben Tapetenfleck gestarrt, weil der nächste Wiegetermin drohte. Da bin ich raus, ich zwinge mich nicht mehr zu Dingen, die mich unglücklich machen.

Nehmen Sie dies als meinen Freibrief für Sie: Sie müssen sich nicht mehr mit Dingen quälen, die Sie hassen.

Oder, wenn Sport so gar nichts für Sie ist oder keine Option ist, probieren Sie doch einmal, was Linda Bacon in *Health at Every Size* »aktives Leben« nennt. Sie regt an, mit ganz einfachen Mitteln mehr Bewegung in den Alltag zu bringen: etwas weiter weg parken und den Weg zügig gehen, öfter mal die Treppe nehmen, häufiger mit den Kindern oder dem Haustier spielen und – wenn man bei der Arbeit dauernd sitzt – öfter mal aufstehen und umhergehen.

Nicht um abzunehmen oder Kalorien zu verbrennen, nur um den Körper wieder zu spüren und sich etwas Gutes zu tun. Und wem das zu lahm ist, der kann natürlich auch ein wenig Sex haben oder in Unterwäsche durchs Haus tanzen (#donthatetheshake).

Und wissen Sie, was das Beste daran ist, Fitspo zu verbannen? Keine Schuldgefühle mehr, wenn man den Sport mal verpasst, den Plan nicht einhält oder es langsam angeht. Es mal nicht zur neuen Tanzgruppe zu schaffen bedeutet nicht, dass man ein Versager ist, der nichts in der Gruppe verloren hat.

Nicht regelmäßig Sport zu machen bedeutet nicht, dass Sie sich als faule Schlampe beschimpfen müssen. Jegliche Bewegung, die Sie schaffen, ist klasse, und Sie müssen sich nicht wegen Dingen zerfleischen, die Sie nicht können. Denn sobald sich Schuldgefühle breitmachen, wird aus Spaß Pflicht. Dann halten Sie inne und erinnern sich daran, dass Bewegung Spaß machen soll.

Wenn Sie sich Ihr Leben lang gezwungen haben, Fett zu verbrennen, Pfunde zu schmelzen, ist es nicht ganz einfach, wieder Spaß an Bewegung zu haben. Haben Sie Geduld mit sich, und überprüfen Sie immer wieder Ihre Motivation. Wenn es keinen Spaß macht, wenn wieder ein zwanghaftes Zahlenspiel daraus wird, hören Sie auf! Nehmen Sie sich alle Zeit der Welt zum Stillsitzen. Machen Sie erst wieder Sport, wenn Sie Body Positivity wirklich verinnerlicht haben.

Wie Sie Ihr schwitzendes Selbst mehr lieben können

Anna, Plus-Size-Sportlerin und Schöpferin von
@glitterandlazers

Sie müssen nicht das unrealistische Medienideal eines »fitten Körpers« erfüllen, um Spaß an Bewegung zu haben. Hier drei Tipps, wie Sie das Fitnessstudio zu Ihrem Zuhause machen statt zum Kriegsschauplatz gegen Ihren Körper:

1. **Dress for Success.** Machen Sie das Studio zu einem Lieblingsort. Gehen Sie nicht in abgerissenen Fetzen, sondern kaufen Sie sich ein Hammer-Outfit, in dem Sie sich wohl und heiß fühlen. Das sorgt zudem dafür, dass es Ihnen nach dem Work-out besser geht. Denn mit den falschen Klamotten scheuern Sie sich wund, bekommen Gelenkprobleme oder Ausschlag. Investieren Sie in gute Ausrüstung, in der Bewegung angenehm ist und somit mehr Spaß macht. Wenn Sie unsicher sind, was Sie brauchen, empfehle ich einen guten, stützenden Sportschuh, Bodyforming-Leggins, einen Sport-BH, ein atmungsaktives Shirt und Socken.

2. **Langsam anfangen.** Heute verlangt die Welt anscheinend immer, dass man von Anfang an top ist. Beim Sport ist das nicht anders. Viele gehen das Training am ersten Tag so heftig an, dass Tag zwei nie stattfindet, weil alles wehtut. Ein wenig Muskelkater ist ganz normal, aber wenn nach dem Sport der Alltag wehtut, sollten Sie langsamer tun. Ich habe mit Walken angefangen – leicht, gelenkschonend und einfach zu steigern. Je weiter ich walkte, desto weitere Ziele steckte ich mir. Diese

natürliche Steigerung ist das ultimative Ziel: Sport, um sich zu steigern, nicht für den perfekten Körper.

3. **Egoistisch, nicht verschämt!** Einmal habe ich nach dem Training etwas Schräges gemacht. Ich habe wahllos Fremde angesprochen und gefragt, ob sie mich beim Laufen gesehen haben. Sie sahen mich alle an, als sei ich ein bisschen gaga. Wir Menschen konzentrieren uns ganz natürlich auf uns selbst, auch beim Sport. Auch da sind die meisten eher an ihrer eigenen Fitness als an Ihnen interessiert. Machen Sie es genauso. Statt sich um andere zu kümmern, konzentrieren Sie sich auf sich. Wie ist Ihr Atem? Haben Sie einen guten Rhythmus? Wie fühlt sich Ihr Körper an? Was könnte die nächste Herausforderung, das nächste Ziel sein? Der Einstieg ist hart, und Sie müssen Ihr größter Cheerleader sein. Aber das geht nur, wenn Sie voll auf sich selbst konzentriert sind. Also nicht verschämt sein, sondern egoistisch. Sie haben es verdient!

Ich weiß, das hier geht gegen jede Diät und jeden Fitnessplan, den Sie je ausprobiert haben. Aber denken Sie daran: Wir opfern nicht länger unsere Seele für den perfekten Körper. Unsere psychische Gesundheit ist wichtiger als unser Aussehen.

Zudem: Wenn Sie aus körperlichen Gründen keinen Sport machen können oder schlicht keine Lust auf Sport haben, sind Sie es immer noch 100-prozentig wert, sich selbst zu lieben. Sport ist keine moralische Pflicht, und körperliche Gesundheit hat nichts damit zu tun, ob Sie sich in sich selbst wohlfühlen dürfen. Das dürfen Sie immer!

FAQs

KANN ICH SPORT MACHEN UND TROTZDEM BODY-POSITIVE SEIN?

Aber klar! Wenn Bewegung Spaß macht (selbst das unablässige, stets nach neuen Zielen suchende Training), dann machen Sie weiter. Fitness widerspricht Body Positivity nur, wenn Selbsthass uns antreibt und wir uns lediglich bewegen, um unseren Körper in eine andere Form zu zwingen. Solange der Sport nicht Strafe für Ihr Aussehen ist, können Sie auch ein body-positiver Fitnessfanatiker sein!

HEISST DAS, ES IST SCHLECHT, INS STUDIO ZU GEHEN?

Nein! Man kann wunderbar ins Fitnessstudio gehen und nicht dem Fitspo-Wahn verfallen. Wichtig ist, aus welchem Grund Sie ins Studio gehen.

WAS IST MIT MUSKULÖSEN MENSCHEN? KÖNNEN SIE BODY-POSITIVE SEIN?

Muskulöse Körper sind schön, weiche Körper sind schön. Jeder Körper ist Selbstliebe wert, jede Form, jeder Umfang ist richtig.

ICH HABE ZU VIEL ANGST, ETWAS NEUES AUSZUPROBIEREN. WAS IST, WENN ICH DA VÖLLIG FALSCH AUSSEHE?

Sie verdienen es, sich an den Fähigkeiten Ihres Körpers zu erfreuen, egal, wie Sie aussehen. Wenn aber schon der Gedanke daran, etwas Neues auszuprobieren, Sie in Panik versetzt, nehmen Sie einen Freund oder eine Freundin mit oder sprechen Sie vorher mit dem Anbieter, um das Eis zu brechen.

Außerdem gibt es keinen Körper, der falsch aussieht. Unser Körper ist nicht falsch, falsch ist nur, wie wir ihn zu sehen gelernt haben. Unsere Vorstellung von Sport wird schon so lange von einem Körpertyp beherrscht, dass es Zeit wird, hier ein paar Grenzen zu sprengen.

WAS IST, WENN SICH DIE LEUTE ÜBER MICH LUSTIG MACHEN?

Leider ist die Botschaft, dass Bodyshaming nicht in Ordnung ist, bei den meisten Menschen noch nicht angekommen. Sie können also auf Idioten treffen, die meinen, im Fitnessstudio hätten nicht alle etwas verloren. Denken Sie daran: Fitspo und Diätkultur haben denen eine Gehirnwäsche verpasst. Sie wissen es aber jetzt besser.

Denken Sie daran, dass Sie für sich und nicht für andere da sind. Ihr Körper hat nicht die Aufgabe, anderen zu gefallen, und Sie brauchen schon gar nicht deren Genehmigung. Sie sind da, um neue Erfahrungen zu machen, Ihren Körper zu feiern und den Spaß zu haben, den Sie verdienen.

Wenn Sie ständig schikaniert werden, können Sie auch versuchen, die Mobber über Body Positivity aufzuklären, und sie dann verdutzt stehen lassen, wenn Sie in Glitter und Selbstsicherheit gehüllt davonschreiten.

Oder Sie informieren die Trainer, dass Sie schikaniert werden, und bestehen darauf, dass etwas dagegen unternommen wird. Passiert nichts, geht Ihre psychische Gesundheit vor. Sie müssen nirgends bleiben, wo Sie sich unwohl fühlen. Aber behalten Sie Ihre Erfahrung nicht für sich und sprechen Sie offen darüber, wenn ein Fitnessstudio Bodyshaming offensichtlich okay findet. Wer uns nicht respektiert, soll auch nicht an uns verdienen.

HILFE, ICH HABE IMMER WIEDER FITSPO-RÜCKFÄLLE!

Erstens: MACHEN SIE SICH DESWEGEN KEINE VORWÜRFE! Machen Sie sich NIE Vorwürfe, wenn Ihnen Body Positivity nicht von Anfang an gelingt. Sie kämpfen gegen eine lebenslange Konditionierung durch die Diätkultur, die weiterhin täglich bestärkt wird. Das ist verdammt hart. Wenn Sie sich deswegen Vorwürfe machen, wirft Sie das nur weiter zurück. Sie sind aber jeden Tag einzigartig, an dem Sie versuchen, mit Ihrem Körper Frieden zu schließen.

Wenn Zwang und Schuldgefühle sich wieder in Ihren Sport einschleichen, halten Sie inne und gönnen Sie sich Ruhe. Wenn Sie das Gefühl haben, alles bricht zusammen und Sie seien ein schlechter Mensch, wenn Sie das Training verpassen, stellen Sie sich die Aufgabe, nicht hinzugehen! Was passiert? Nichts. Absolut nichts! Es ist alles gut, und Sie sind es immer noch wert, sich selbst zu lieben!

Weiterhin gilt: Psychische Gesundheit ist wichtiger, als es zum Sport zu schaffen, und wenn Sie den Spaß am Sport verlieren, warum sollten Sie dann hingehen? Seien Sie sich selbst gegenüber ehrlich, was Ihre Motivation betrifft, und achten Sie auf sich. Sie geben Ihr Bestes!

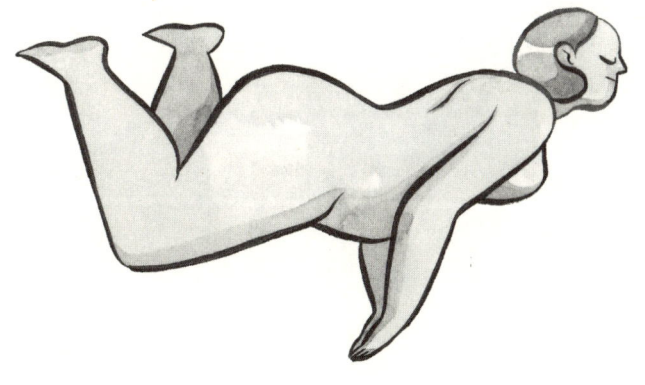

Wie geht's weiter?

Ein Leitfaden

»Dieser Body-Positivity-Kram ist sicher gut, aber nichts für mich.«
– Ich, 2014

Wenn Sie bis hierher gelesen haben, SIND SIE DIE GRÖSS-TE, UND ICH MÖCHTE SIE IN DEN ARM NEHMEN! Ich hoffe, dass Sie hier ein paar Dinge gelesen haben, die Ihnen helfen zu verstehen, wo Ihr gestörtes Selbstbild herkommt. Ich hoffe, Sie hinterfragen bereits die Lügen, die man uns über unsere Körper erzählt hat, und beginnen, den Schaden, den sie angerichtet haben, zu heilen. Vielleicht fühlen Sie sich aber auch ein bisschen verloren, schließlich habe ich Sie mit einer Fülle von Gedanken überschüttet, die gegen alles gehen, was man Ihnen bisher über Körper, Schönheit und Wert erzählt hat.

Möglicherweise sind Sie noch unsicher, was Sie jetzt konkret tun können, um Ihren Weg zu Body Positivity zu beginnen. Deshalb möchte ich Ihnen in diesem Kapitel einen Leitfaden mit Schritten an die Hand geben, die Sie heute, diesen Monat und immer wieder gehen können. Wenn Sie auf der letzten Seite angelangt sind, werden Sie bereit sein, sich Ihr neues, uneingeschränkt positives Selbst zu erobern.

Bevor wir anfangen, möchte ich unbedingt noch etwas loswerden. Ich weiß, dass sich manche von Ihnen so fühlen werden wie ich, als ich auf Body Positivity stieß, und denken: All diese Selbstliebe ist toll für die anderen! Ich nehme jetzt nur noch ein bisschen ab und probiere es dann mal. Ich mache einfach mal so weiter wie bisher, weil es diesmal klappen könnte. Ich muss meinen Körper weiter hassen, denn wenn ich damit aufhöre, ändere ich mich niemals genug, um glücklich zu werden. Ich bin die Ausnahme, jeder darf seinen Körper lieben, aber ich nicht. Klingt das vertraut? Dann lesen Sie das hier sehr aufmerksam:

Sie dürfen das auch!

Keine Ausnahmen, kein Aber, keine Abnehm-Klauseln. Sie verdienen es. Sie hassen Ihren Körper schon viel zu lange, jetzt ist es Zeit, das zu ändern. Es spielt keine Rolle, wie schwer Sie sind – Body Positivity hat keine Gewichtsgrenzen. Es spielt auch keine Rolle, wie Sie an diesen Punkt gelangt sind, ob durch Essstörungen, Mobbing oder Jo-Jo-Diäten, ob Sie Ihr Spiegelbild ablehnen oder ob Sie sich schon Ihr ganzes Leben lang nicht gut genug vorgekommen sind.

Body Positivity ist für Sie, für jeden von Ihnen. Gewicht, Figur, Hautfarbe, Alter, Geschlecht, sexuelle Orientierung, körperliche und geistige Fähigkeiten spielen keine Rolle. Egal, was man Ihnen Negatives über Ihren Körper eingetrichtert hat: Auch Sie verdienen Body Positivity.

Hören Sie auf zu glauben, Sie dürften als die oder der Einzige keinen Frieden mit Ihrem Körper schließen. Sie sollten und Sie können es. Das verspreche ich Ihnen.

Dinge, die Sie heute tun können

WERDEN SIE WÜTEND

Das trennt die Einstellung »Body Positivity ist toll, aber nichts für mich« von der Haltung »Ich weigere mich, mich auch nur eine Sekunde länger selbst zu hassen«. Als Frau hat man Ihnen wahrscheinlich irgendwann beigebracht, dass Wut bei Frauen unattraktiv ist. Wir dürfen nicht wütend werden. Wir sollen immer schön passiv, ruhig und gesittet bleiben. Aber wissen Sie was? Wir sind Menschen mit Emotionen, die stark genug sind, um Berge zu versetzen. Man lehrt uns nur, unsere Emotionen zu unterdrücken und im Zaum zu halten, damit wir niemals merken, wie viel Macht wir haben, sobald wir uns ihrer bedienen. Wenn ich ein Ding wirklich glaube, dann, dass eine zornige Frau die Welt verändern kann.

Wenn Sie wie ich sind, sind Sie wahrscheinlich schon im ersten Kapitel dieses Buchs wütend geworden. Am Ende des Kapitels über die Diätindustrie werden Sie vermutlich vor Wut geschäumt haben. Eines sollte nämlich an diesem Punkt klar geworden sein: Man hat uns von Anfang an darauf konditioniert, unseren Körper zu hassen. Von dem Moment, als wir in diese Kultur hineingeboren wurden, die bereit ist, die geistige Gesundheit der Hälfte der Bevölkerung dem Profit zu opfern, waren wir angeschmiert. Wir konnten diesem gestörten Körperbild niemals entkommen. Denken Sie gründlich darüber nach und darüber, wie Sie sich dabei fühlen, damit Sie diese Emotion zum Widerstand nutzen können.

Werden Sie wütend. Über das erste Mal, als man Ihnen negative Gefühle gegenüber Ihrem Körper eingeredet hat. Über den Umstand, dass das Durchschnittsalter für die erste Diät bei Mädchen bei acht Jahren liegt. Über all die verschwendete Zeit. Darüber, dass Fernsehen, Zeitschriften und Werbetafeln Sie unablässig mit der Botschaft bombardieren, dass Ihr Körper mangelhaft sei.

Werden Sie wütend, dass Menschen sich in einer Welt zu Tode hungern, die unablässig das Ideal vergöttert, für das sie sich selbst umbringen. Werden Sie wütend für all die außergewöhnlichen Frauen, die sich niemals wirklich selbst gesehen haben. Keine von uns hat darum gebeten.

Sammeln Sie all die Wut, all den Schmerz und weigern Sie sich. Weigern Sie sich, sich selbst für eine falsche Hoffnung zu zerreißen. Weigern Sie sich, Ihr Leben an den Glauben zu verschwenden, dass Ihr Aussehen das Wichtigste an Ihnen sei. Bündeln Sie Ihre Wut, und nutzen Sie sie für eine Veränderung.

UNTERZEICHNEN SIE DEN KEINE-DIÄT-SCHWUR

Schwören Sie sich selbst, Ihrem Körper nicht mehr die Nahrung vorzuenthalten, die er braucht, bloß um schlanker zu werden. Denken Sie an alles, was Sie jetzt über Diäten wissen:

○ Sie funktionieren nicht.
○ Sie sind Gift für die psychische Gesundheit.
○ Sie sind schädlich und gefährlich für die körperliche Gesundheit.
○ Sie verschwenden unser Geld.
○ Sie verschwenden unsere Zeit.
○ Sie sind das Produkt einer milliardenschweren Industrie, die an unserem Selbsthass verdient.
○ Sie halten uns klein, besessen und hungrig.
○ Sie hindern uns daran, uns zu entfalten und unsere gewaltigen Kräfte zu nutzen.

Lesen Sie im Zweifelsfall noch einmal das Kapitel »Endlich schlank – für nur 29,99 im Monat!«. Tun Sie das jetzt.

ENTGIFTEN SIE SICH VON DER DIÄTKULTUR

Das ist eine Detox-Kur, die tatsächlich mal funktioniert. Sie müssen noch nicht einmal Cayennepfeffer trinken! Sie müssen nur alles in Ihrem Leben entrümpeln, das Sie sich ungenügend fühlen lässt. So eine Art Frühlingsputz für das Selbstwertgefühl.

○ Öffnen Sie Ihre Schubladen, und holen Sie die Cellulite-Creme heraus, die nichts gebracht hat, das straffende Serum, das Ihnen ein tolles Dekolleté in zehn Tagen versprach. Suchen Sie all das Schlangenöl zusammen, das wir über die Jahre gekauft haben und das nichts gestrafft hat außer Ihrem Kontostand, und schmeißen Sie das alles weg.
○ Gehen Sie in die Küche und vernichten Sie all die Diätsachen, die Sie hassen, sich aber zu essen zwingen. (Ich bin dabei auf einen drei Jahre alten, kalorienfreien Sirup gestoßen. Wissen

Sie, welche Nahrung null Kalorien hat? Genau: keine! Ich weiß nicht, ob man das überhaupt Nahrung nennen darf.) Natürlich dürfen Sie alle klassischen »Diät-Lebensmittel«, die Sie mögen, wie Joghurt oder Quark, behalten, daran ist nichts falsch! Es geht nur darum, nichts mehr zu essen, was wir nicht mögen und uns nur als Strafe für unser Gewicht reinzwingen. Das müssen Sie nicht mehr tun.

O Haben Sie etwa noch Diätpillen oder Detox-Tee? Dann weg damit, sofort! Sie können sich in der Apotheke immer noch normales Abführmittel besorgen, sollten Sie irgendwann Verdauungsprobleme bekommen, die das erfordern.

O Nächster Stopp: das Bücherregal! Wie viele Diätbücher haben Ihnen die Wunderheilung Ihrer Gewichtsprobleme versprochen? Haben sie gewirkt? (Kleine Gedächtnisstütze: Wenn Sie erst ab- und dann wieder zugenommen haben, haben nicht Sie versagt, sondern die Diät! Nicht vergessen!) Ab in die Tonne mit den Büchern. Weiter zu den Zeitschriften.

O Wenn Sie Frauenzeitschriften lesen können, ohne hinterher Ihr Leben abfackeln zu wollen, behalten Sie sie! Aber Vorsicht vor Magazinen, die nur einen Körpertyp abbilden und alle sechs Monate mal eine Alibi-Größe 40. Wie wäre es stattdessen mit einer feministischen oder Body-Positivity-Zeitschrift? Sie sind nicht ganz einfach zu finden, aber Ihr Selbstwertgefühl wird es Ihnen danken.

O Und nun Ihr Telefon. Schmeißen Sie alle Apps weg, die Ihre Kalorien zählen, Ihnen Diätpläne schicken oder Sie dazu anregen, Ihren Körper als »unfertige Skulptur« zu betrachten. Sie sind bereits ein Meisterwerk. All diese Apps entfremden Sie nur von Ihrem natürlichen Hungerempfinden und machen Sie zahlenverrückt. Da Sie nun lernen, intuitiv zu essen, brauchen Sie keine Zahlen mehr.

Jetzt kommt der beste Teil: Ihre sozialen Medien. Es ist Zeit, einen sicheren Online-Raum zu schaffen, in dem Sie sich geschätzt fühlen! Seien Sie skrupellos und tippen Sie auf den Entfolgen-Button. Fangen Sie mit Ihren Facebook-Freunden an, die Ihnen Herbalife andrehen wollen. Dann entfolgen Sie allen Fitspo-Modellen, die »Was ist deine Ausrede«-Zitate posten – Sie brauchen keine Ausrede, um sich zu akzeptieren. Und nun der Promi, dem Sie als »Körperziel« folgen. Den brauchen Sie nicht mehr, Sie sind Ihr eigenes Körperziel.

Nun durchsuchen Sie die Lifestyle-Seiten, die Bilder von Sonnenuntergängen und Açai-Schalen posten. Posten die etwas anderes als dünne, weiße, junge, sportliche Körper? Genau das ist das Problem. Wenn Sie damit durch sind, entfreunden sie gleich noch die Freundin, mit der Sie sieben Jahre nicht gesprochen haben, die aber immer noch ihre Abnehmerfolge verbreitet und sagt, wenn sie das kann, kann das jeder!

Entschlacken Sie alles, was Ihnen negative Vergleiche liefert. Wenn die genannten Dinge Sie nie an sich und Ihrem Körper zweifeln ließen, dann musste nur ich mich persönlich von ihnen entgiften. Aber seien Sie ehrlich gegen sich und die Gefühle, die die Dinge, denen Sie sich täglich im Netz aussetzen, bei Ihnen hinterlassen. Und denken Sie daran: Ihre psychische Gesundheit ist wichtiger, als zu einem fast komplett Fremden höflich zu sein und ihn als »Freund« zu behalten.

Sendet ein/e engere/r Freund/Freundin Ihnen Diätkultur-Nachrichten, können Sie ihm/ihr erklären, dass diese Nachrichten Ihr Selbstwertgefühl zerstören, und darum bitten, dies doch in Zukunft zu bedenken. Ist das für Sie zu viel Konfrontation, können Sie immer noch einen neuen Online-Account nur für die positiven Dinge einrichten. Das bringt uns zu …

ERÖFFNEN SIE EINEN BODY-POSITIVITY-FEED

Sie sind nun ein unbeschriebenes Blatt. Es ist also Zeit, es mit echter Vielfalt zu füllen. Wir mögen nicht alle Bilder mit idealen Körpern kontrollieren können, aber wir können unseren Raum in den sozialen Medien bestimmen und das, was wir in unseren Feeds sehen.

Folgen Sie Menschen aller Formen und Umfänge. Folgen Sie Body-Positivity- und Fat-Acceptance-Aktivisten. Lesen Sie ihre Blogs und lernen Sie von ihnen. Achten Sie darauf, dass Ihr Feed in allem vielfältig ist, ob Hautfarbe, Kleidergröße oder Alter. Folgen Sie Behinderten und hören Sie Ihnen zu. Folgen Sie Menschen, die den Geschlechterdualismus durchbrechen, all den Menschen, die wir in den Massenmedien nie positiv repräsentiert sehen. Denn sie sind der beste Beweis, dass wir – egal, wie wir aussehen – ein ausgefülltes, buntes, stilvolles, bedeutendes Leben führen und GLÜCKLICH sein können.

Was wir täglich vor Augen haben, bestimmt, wie wir uns selbst sehen. Je mehr verschiedene Körpertypen wir sehen und als schön und wertvoll erkennen, desto einfacher wird es, sie auch für sich selbst anzuerkennen.

Dinge, die Sie diesen Monat tun können

MISTEN SIE IHRE GARDEROBE AUS

Wie viele Kleidungsstücke besitzen Sie, die nicht passen? Ja, genau von den »Wenn ich zehn Pfund los bin«-Jeans spreche ich, von der »Vor fünf Jahren passte die«-Jacke, dem Kleid, das Sie nie getragen haben, aber immer mal herausholen, um sich zu zeigen, wie ekelhaft Sie sind, da es immer noch nicht passt. Es ist Zeit, sich davon zu trennen. Es sind nur Erinnerungen an die Unsicherheit, die Sie jedes Mal verspüren, wenn Sie sich anziehen.

Ich hatte einen schwarzen Hosenanzug, in dem ich mich fühlte wie in einem Musikvideo. Er hat mir aber nur einmal wirklich gepasst, und das war nach einer Magen-Darm-Grippe zu Weihnachten. Wenn ich ihn später anprobierte, schnürte er mich ein, kniff enorm im Schritt oder ließ sich erst gar nicht zumachen.

Ich habe ihn ewig behalten, er war mein »Wenn ich da wieder reinpasse, ist alles okay«-Anzug. Fast die Hälfte meiner Garderobe bestand aus Klamotten, die eine, zwei oder drei

Größen zu klein waren. Ich konnte mich einfach nicht von ihnen trennen, denn das hieße ja aufgeben.

Ich erkannte nicht, dass ich mit jeder zu engen Hose, in die ich mich presste, mit jedem Shirt, in dem ich die Arme nicht heben konnte, den Glauben verstärkte, mein Wohlbefinden würde erst zählen, wenn ich weniger sei, ich verdiente es nicht, weil ich zu dick war. Aber wir alle verdienen es, uns in unserer Kleidung wohlzufühlen. Es ist wichtig, wie wir uns täglich beim Anziehen fühlen. Und unser Selbstwertgefühl ist viel mehr wert als die Zahl auf irgendeinem blöden Etikett.

Drehen Sie also Ihre Lieblingsmusik auf, laden Sie Freunde als moralische Stützen ein, falls das hilft, und werfen Sie diese Geister der Vergangenheit raus. Sie können Sie im Netz verkaufen und mit dem Erlös etwas Neues kaufen oder ihn spenden! Sie werden staunen, wie viel leichter Sie sich fühlen werden, wenn diese Klamotten Sie nicht mehr anklagend aus dem Schrank heraus anstarren.

Liebe deinen Bauch – TIPP 4

Nie mehr verstecken!
Tragen Sie die Kleider, die Sie mögen, und nicht die, die Ihre Figur verstecken. Wenn Sie eine Kamera sehen, verdrehen Sie Ihren Körper nicht, nur damit Ihr Bauch vielleicht etwas flacher aussieht. Zeigen Sie sich der Welt, wie Sie sind. Wenn Sie merken, dass Sie den Bauch einziehen, holen Sie tief Luft und lassen Sie ihn sacken.
Sie müssen Sich für Ihren Bauch nicht mehr schämen.
Denken Sie daran, dass nichts an Ihrem Umfang, Ihrer Form und Ihrem Bauch falsch ist. Falsch ist nur die Art, wie Sie gelernt haben, Ihren Körper zu sehen.

SCHREIEN SIE GEGEN NEGATIVE SELBSTBEZICHTIGUNGEN AN

Erinnern Sie sich an die Statistik aus dem ersten Kapitel, dass Frauen im Durchschnitt täglich 13 negative Gedanken über ihren Körper haben? Wie viele haben Sie? Wie lauten sie? Sagen Sie sich, dass Sie ekelhaft sind, hässlich oder wertlos? Wie zum Teufel sollen Sie irgendetwas Positives über sich fühlen, wenn jemand dauernd so fies zu Ihnen ist?

Wenn die innere Kritikerin wieder auftaucht und Sie in der Luft zerreißt, möchte ich, dass Sie sich ihr entgegenstellen. Wenn sie »fett« ruft, antworten Sie ihr, dass Fett nicht schlimm ist und Sie trotzdem wertvoll sind, egal, wie fett Sie sind. Sagt sie, niemand wird Sie je attraktiv finden, sagen Sie ihr, dass es Ihnen egal ist, wie attraktiv Sie für andere sind. Folgt eine Beschimpfungstirade, wann immer Sie in den Spiegel schauen, brüllen Sie zurück. Seien Sie lauter – so laut, dass sie versteht, wer hier wirklich das Sagen hat.

Sie werden diese negative Selbstbeurteilung langsam, aber sicher in positive Bestätigung verwandeln. Wenn Ihnen noch nichts Positives zu Ihrem Körper einfällt, habe ich hier ein paar Vorschläge, die Sie ausprobieren können:

- Ich mag meinen Körper vielleicht noch nicht, aber ich kämpfe darum, und darauf bin ich stolz.
- Ich bin dankbar für alles, was mein Körper mir zu tun erlaubt, und für all die Arten, wie er auf mich achtgibt.
- In diesem Outfit bin ich heißer als die Füllung einer Pop-Tart.
- Es gibt keine Problemzonen, mein Körper ist kein Problem, das gelöst werden müsste!
- Meine weichen Formen sind schön.
- Mein Bauch ist süß.
- Meine Cellulite ist wie eine Sternenkarte auf meinem Oberschenkel, und ich bin zauberhaft.
- Ich verdiene den Raum, den ich in der Welt einnehme.

○ Ich bin gut genug.
○ Mein Körper ist nicht mein Feind.

Die Bestätigung, die mir am meisten hilft, ist: Mein Körper ist
genau so, wie er sein soll. Wenn man ständig von allen Seiten
damit bombardiert wird, dass man anders aussehen sollte, bedarf es Stärke, um zu sagen: »Nein, ich soll so aussehen, wie ich
aussehe. Mein Körper ist genau richtig!« Schließlich soll Ihr
Körper nicht aussehen wie der eines anderen. Es ist nun einmal
Ihr Körper, und zwar nur Ihrer.

Mit der Zeit wird die Stimme der Kritikerin leiser werden,
und irgendwann können Sie sie verstummen lassen, bevor sie
anfängt. Vielleicht verschwindet sie sogar ganz, aber sie über-
fällt selbst die positivsten Menschen, wenn sie sich verletzlich
fühlen. Wichtig ist zu wissen, wie man sich wehrt. Positive Ver-
stärkung ist die Waffe der Wahl. Mag sein, dass Sie sich anfangs
all die positiven Dinge gar nicht glauben, aber mit jedem Mal
werden Sie sich ein wenig mehr glauben. Probieren Sie es gleich
aus. Sagen Sie etwas Nettes über Ihren Körper. Na los, sagen Sie
es laut!

LESEN SIE!

Es gibt viele interessante Body-Positivity-Bücher, und ich hätte
dieses bestimmt nicht ohne sie schreiben können. Einige habe
ich Ihnen vorgestellt. Nutzen auch Sie all dieses Wissen!

VERABSCHIEDEN SIE SICH VON IHRER WAAGE

Wenn Ihnen schon bei dem Gedanken schlecht wird, hören Sie
mich an. Ich weiß, wie beängstigend das klingt. Wie kann man
sich von diesem Zahlengeber verabschieden, von etwas, das so
lange unseren Wert bestimmt hat? Ich verstehe Ihre Angst.

Wenn man jeden Tag aufwacht und noch vor dem Frühstück
auf die Waage hüpft, wird man schnell abhängig von den damit

verbundenen Gefühlen. Der Rausch, eine niedrigere Zahl als am Vortag zu sehen, der Stolz, der den ganzen Tag anhält, aber auch das zerschmetternde Gefühl, wenn die Zahl einmal anders als gehofft aussieht. Dann fühlt man plötzlich Scham statt Stolz.

Alle Kleidungsstücke fühlen sich dann enger an als am Vortag. Man ist sich sicher, dass jeder um einen herum den Unterschied sieht. Man ertrinkt den ganzen Tag in Selbstvorwürfen, fühlt sich für jeden Bissen schuldig und betet für ein besseres Ergebnis am nächsten Tag. Das tägliche Wiegen beherrscht das ganze Sein. Und genau das ist das Problem.

Jedes Mal, wenn wir auf die Waage steigen und diese magische Zahl zu sehen hoffen, bestimmt ein Stück Metall, Plastik oder Glas über unser Glück. Wir überlassen es Zahlen zu bestimmen, wie wir uns den ganzen Tag lang fühlen. Wir glauben, dass diese Zahl uns definiert. Deshalb muss die Waage weg, denn unser Glück ist viel wichtiger, als es eine Zahl je sein könnte.

Statt uns also weiterhin von einem unbelebten Objekt sagen zu lassen, was wir wert sind, entscheiden wir das nun selbst. Und statt unseren Körper zu zwingen, eine Zahl zu erreichen, von der wir glauben, sie mache uns glücklich, beginnen wir nun zu vertrauen, dass unser Körper sein Gewicht kennt, und akzeptieren, dass Schwankungen normal sind. Wir geben der Waage keine Macht mehr über uns.*

*Hinweis: Wenn Sie sich gerade von einer Essstörung erholen und wieder an Gewicht zulegen müssen, können Sie Ihrer Waage im Moment noch nicht den Laufpass geben. Aber Sie können ihren Gebrauch einschränken und sie nur noch nutzen, wenn es medizinisch notwendig ist. Ansonsten sollten Sie versuchen, sich von den Zahlen zu befreien. Wenn sich Ihr Gewicht wieder normalisiert hat und Sie sich besser fühlen, können Sie die Waage ganz aus Ihrem Leben verbannen. Also weiter so!

Dinge, die Sie ständig üben können

INTUITIVES ESSEN UND LUSTVOLLE BEWEGUNG

Nehmen Sie sich die Kapitel »Jeden verdammten Tag Dessert« und »#bodygoals« immer mal wieder vor, wenn Sie Hilfe brauchen, um Ihr Verhältnis zum Essen und zum Sport wieder in den Griff zu bekommen. Denken Sie daran: Sie dürfen ohne Schuldgefühle essen, Ihr Körper verdient Nahrung, und Sie verdienen es, Spaß an Bewegung zu haben. Und wenn Ihre körperliche Bewegungsfähigkeit eingeschränkt ist, Sie nicht die Möglichkeit oder einfach keine Lust auf intuitives Essen oder Sport haben, sind Sie es trotzdem wert, sich selbst zu lieben. Sie sind in jedem Fall auf die Body-Positivity-Party eingeladen!

WEHREN SIE SICH GEGEN BODYSHAMING

Ich wette, jeder von uns hat es schon erlebt. Vielleicht kam es von einem Fremden auf der Straße, oder es war ein zweischneidiges Kompliment eines Freundes. Vielleicht kam es von jemandem aus der Familie, der Sie immer wegen Ihrer Figur fertigmacht. Oder vielleicht von einem Internettroll. Wo immer es herkam und was immer derjenige gesagt hat: Bodyshaming ist nie okay!

Wenn es von einem Fremden kommt
Fakt: Jeder, der meint, er müsse das Aussehen eines absolut Fremden kritisieren – ob online oder persönlich –, ist mit sich selbst unzufrieden. Häufig meinen diese Leute, sie könnten ihr Selbstwertgefühl steigern, indem sie andere runtermachen. Manchmal sind sie einfach nur sauer, weil sie sich ihr Leben lang abgerackert haben, um den idealen Körper zu bekommen, und nun entwertet Ihre Existenz in einem deutlich nicht konformen Körper diese Anstrengung (diese Menschen sind dann doppelt sauer, wenn man es auch noch wagt, damit glücklich zu

sein!). Oder derjenige ist einfach ein erstklassiger Dreckskerl, der besser mal die Luft anhalten und sein Leben überdenken sollte.

Fällt Ihnen auf, was all diese Szenarien gemeinsam haben? SIE SIND NICHT DAS PROBLEM! Es geht nicht einmal um Sie. Es geht immer um die anderen und all das Gift, das man ihnen über die Körper anderer Menschen beigebracht hat. Die sind das Problem, und was sie sagen, sagt viel mehr über die anderen aus als über Sie. Wenn Sie das im Hinterkopf behalten, können Sie besser reagieren:

○ Sie können beschließen, Ihre wertvolle Energie nicht darauf zu verschwenden, das auch nur zu beachten. Denken Sie daran: Niemand hat die Macht zu entscheiden, wie Sie sich mit sich fühlen, die haben nur Sie. Einfach ignorieren, blocken etc.

○ Wenn Sie sich streitsüchtig fühlen, können Sie denjenigen bitten, Ihnen doch genau zu erklären, was genau Ihr Körper ihn angeht. (Antwort: Absolut nichts! Egal, wie sehr der andere Ihnen das Gegenteil einreden will.)

○ Am häufigsten ist die einfache Beleidigung. Wenn also mal wieder jemand ruft: »He, du bist fett«, überraschen Sie ihn mit: »Ich weiß! Ist das nicht toll?« Seitdem wir das F-Wort für uns reklamiert haben, müssen »die« sich schon was Besseres einfallen lassen.

○ Wenn Ihnen das alles nicht zusagt, kann es durchaus mal helfen, ihnen zu sagen, sie könnten Sie einmal kreuzweise!

Wenn es von einem Freund kommt
Manchmal kippen Freundschaften, und man merkt es zunächst nicht. Man fühlt sich plötzlich wie bei einem Wettbewerb, bekommt zweischneidige Komplimente, und auf einmal wird Bodyshaming normal. Das kommt häufig in Frauengruppen vor, da man uns beigebracht hat, uns als Konkurrentinnen zu sehen (gleich noch mehr dazu, wie man dem entgeht).

Wenn Bodyshaming in einer Freundschaft passiert, ob Ihnen

oder einer/einem anderen, sprechen Sie es an. Machen Sie deutlich, wie viel Schaden das anrichten kann. Sagen Sie demjenigen, dass es schwer genug fällt, sich im eigenen Körper wohlzufühlen, ohne dass Freunde einen runtermachen. Echte Freunde werden sich dann entschuldigen und damit aufhören. Wenn derjenige aber weitermacht, ist es vielleicht Zeit zu erkennen, dass er/sie Ihrer Freundschaft nicht wert ist. Sie verdienen Freunde, die Sie unterstützen und sich wie eine Königin fühlen lassen!

Wenn es aus der Familie kommt
Das ist die Frage, die man mir am häufigsten stellt. Was mache ich, wenn ein Familienmitglied nicht aufhört, mich für meinen Körper zu kritisieren? Wie macht man demjenigen klar, was das mit uns macht, ohne gleich die ganze Familie zu entzweien – vor allem, wenn man dieses Familienmitglied täglich sieht, mit ihm lebt?

Eines sollen Sie vorweg wissen: Egal, wie schwer es für denjenigen sein mag, das zu verstehen, auch Ihre Familie darf Ihnen nicht vorschreiben, was Sie mit Ihrem Körper tun und wie er aussehen sollte. Sie sollten nicht mit jemandem leben müssen, der ständig auf Ihrem Selbstwertgefühl herumtrampelt. So können Sie sich wehren:

O **Schritt 1:** Bitten Sie denjenigen um ein Gespräch unter vier Augen. Erklären Sie ihr/ihm, wie schwer es Ihnen fällt, sich ein positiveres Körperbild zu erarbeiten, und dass Ihnen diese Kommentare wehtun. Argumentiert derjenige, er sorge sich nur um Ihre Gesundheit und wolle nur helfen, sagen Sie ihm, dass sich im eigenen Körper wohlzufühlen das Beste für Ihre körperliche und psychische Gesundheit ist und dass er bitte mit den negativen Sticheleien aufhören soll, denn sie helfen nicht. So unangenehm dieses Gespräch sein mag, setzen Sie sich durch, denn Sie haben ein Recht, zu Hause ohne Schikane zu leben.

O **Schritt 2:** Kritisiert derjenige Sie schon seit Langem, müssen Sie ihn vermutlich daran erinnern, dass Sie sich diesen Mist nicht mehr gefallen lassen. Bleiben Sie hart und sagen Sie z.B.: »Kannst du bitte aufhören, meinen Körper immer schlechtzumachen?«, »Ich hab dich gebeten, so etwas nicht mehr zu sagen«, oder: »He, wir haben doch darüber gesprochen, also lass das bitte, das tut mir weh.« Wie oft Sie gewillt sind, das zu tun, liegt ganz in Ihrem Ermessen. Hilft alles nicht, ist es Zeit für den nächsten Schritt.

O **Schritt 3:** Brechen Sie solche Gespräche sofort ab. Sie dürfen Ihre eigenen Grenzen setzen. Ihre psychische Gesundheit geht vor. Wenn Sie Ihren Standpunkt klargemacht haben und jemand weiterhin Ihre Gefühle ignoriert, müssen Sie sich das nicht antun. Unterbrechen Sie das Gespräch, verlassen Sie das Zimmer, das Haus. Schaffen Sie sich Raum, setzen Sie Grenzen und denken Sie daran, was Sie wert sind: alles – und zwar so, wie Sie sind.

ENTZIEHEN SIE SICH DEM DIÄTGEREDE

Es wird mit Sicherheit passieren, dass Sie mit Freunden, Verwandten oder Kollegen zusammensitzen und darüber gesprochen wird, wer wie viel abnehmen will oder dass jemand noch (schluck!) Nachtisch bestellen möchte. Oder auch, wie man Brokkoli am besten zubereitet, um die magischen Fettverbrennungskräfte im Strunk freizusetzen (ich warte nur auf diese nächste tolle Diät mit dem dazugehörigen Buch *Die Strunk-Diät. Mit Brokkoli zu Ihrem neuen Selbst!*).

Was ich damit sagen will: Sie können dem Diätgerede nicht entgehen. Das ist ein gesellschaftlich einprogrammiertes Small-Talk-Thema. Wenn Sie aber gerade dabei sind, sich von der Diätkultur zu befreien oder sich von einer Essstörung zu erholen, können solche Gespräche gefährlich für Ihre psychische Gesundheit sein, und Sie sind nicht verpflichtet zuzuhören. Wenn Sie das nicht wollen, können Sie sich einfach zurückziehen und diese Leute ihrer Selbstverachtung überlassen oder auch das Thema wechseln. Je nach Ihrer Beziehung zu den anderen können Sie zum Beispiel sagen:

O Ich weiß ja nicht, ob ihr von meiner Erfahrung mit Essstörungen/gestörter Selbstwahrnehmung wisst, aber ich versuche wirklich hart, mich davon zu erholen, und all dieses Gerede tut mir einfach nicht gut. Es wäre lieb, wenn ihr daran denken könntet, solange ich dabei bin.

O Ist es nicht eine Schande, dass eine Gruppe cooler, intelligenter Frauen zusammensitzt und über nichts anderes reden kann als über ihre Körper? Was wir heute gegessen haben, ist doch nun wirklich nicht das Interessanteste an uns.

O Habt ihr schon von Body Positivity gehört? Dabei geht es darum, sich selbst so zu akzeptieren, wie man ist, und sich nicht von Essen, Kalorien und Gewicht verrückt machen zu lassen. Mir hilft es wirklich, und es wäre schön, wenn ihr auch mitmacht.

O Oh, Mann, dieses Diätgerede ist so langweilig! Was denkt ihr, passiert in der neuen Staffel von *Orange Is the New Black*?

O Jemand: Ich habe am Wochenende vielleicht gesündigt! Ich habe 3000 Kalorien gegessen! Sie: Was lässt dich glauben, dass die Kalorien etwas mit deinem moralischen Wert zu tun haben? Du bist doch kein schlechter Mensch, bloß weil du essen magst. Hör auf, dich selbst fertigzumachen.

ZIEHEN SIE KEINE VERGLEICHE

Wir wurden darauf konditioniert, uns gegenseitig als Konkurrenz zu sehen. Da es nach den Regeln der Idealfigur nur eine Art von Schönheit gibt, müssen wir uns beständig an anderen messen, um den großen Preis abzuräumen. Wenn wir eine Frau sehen, die wir für schön halten, denkt unser Gehirn sofort, dass sie wohl schöner ist als wir. Ihr Haar glänzt mehr, ihre Haut ist glatter, ihre Beine sind besser definiert, ihr Lächeln ist strahlender. Und schon sind wir mittendrin in den negativen Vergleichen.

Plötzlich ist die Wildfremde mit dem glänzenden Haar unsere schlimmste Rivalin, und wir beginnen sofort zu planen, wie wir uns optimieren können, um sie zu übertrumpfen. Das entfremdet uns nicht nur vom freundlichen Kontakt zu anderen, sondern wir investieren auch jedes Mal, wenn wir ausgehen, Unmengen an mentaler Energie in den Vergleich mit jedem, den wir sehen. Das kostet viel Kraft und ist absolut unnötig.

Das nächste Mal, wenn Sie einen schönen Menschen sehen, zählen Sie nicht auf, in wie vielen Punkten Sie ihm unterlegen sind, sondern denken Sie darüber nach, dass dieser Mensch noch so perfekt aussehen mag, aber möglicherweise genauso viele Probleme mit sich selbst hat wie Sie.

Vielleicht kämpft er mit einer Essstörung, hält zwanghaft Diät und trainiert zu viel oder hat eine gestörte Selbstwahrnehmung. Für Sie wirkt er makellos, aber es ist ausgesprochen wahrscheinlich, dass er mit sich selbst alles andere als zufrieden ist.

Statt ihn also als Konkurrenz zu sehen, betrachten Sie ihn als jemanden, der den gleichen unrealistischen Schönheitsidealen und dem gleichen Bockmist der Fett fürchtenden Diätkultur ausgesetzt ist wie wir alle. Statt uns ständig mit anderen zu vergleichen, wird es Zeit zu erkennen, dass da Platz für uns alle ist. Dass ein anderer schön ist, heißt nicht, dass Sie es nicht sind.

Noch eins zum Schluss ...

Bevor ich ende, möchte ich Ihnen mein Lieblingszitat aus Naomi Wolfs *Der Mythos Schönheit* mit auf den Weg geben:

> Es gewinnt die Frau, die sich selbst schön nennt und die Welt herausfordert, sie endlich mit offenen Augen zu sehen.

Also, meine Lieben, fordert die Welt heraus, sich zu ändern, und denkt immer daran, dass ihr viel stärker seid, als ihr glaubt.

Anmerkungen

Nimm ab oder stirb!

1 https://www.pacey.org.uk/news-and-views/news/children-as-young-as-3-unhappy-with-their-bodies/
2 http://www.glamour.com/story/shocking-body-image-news-97-percent-of-women-will-be-cruel-to-their-bodies-today
3 http://news.bbc.co.uk/1/hi/health/2402363.stm
4 http://www.bbc.co.uk/news/health-16430142
5 Laura Fraser: *Losing It: America's Obsession with Weight and the Industry that Feeds on It*
6 https://www.dosomething.org/us/facts/11-facts-about-body-image
7 Alexandra Hendriks: »Examining the Effects of Hegemonic Depictions of Female Bodies on Television: A Call for Theory and Programmatic Research«, in: *Critical Studies in Media Communication*, 9. November 2010.
8 http://www.refinery29.uk/2016/07/117341/victoria-secret-photoshopping-tricks-interview
9 http://www.isaps.org/Media/Default/global-statistics/2014%20ISAPS%20Global%20Stat%20Results.pdf
10 http://jezebel.com/5335022/self-editors-explain-covers-arent-supposed-to-look-realistic
11 https://www.sciencedaily.com/releases/2009/03/090302115755.htm
12 http://www.livestrong.com/article/287441-is-it-normal-to-have-a-flat-stomach/
13 http://www.smithsonianmag.com/history/why-footbinding-persisted-china-millennium-180953971/?page=1
14 https://en.wikipedia.org/wiki/Foot_binding
15 Laura Fraser: *Losing It: America's Obsession with Weight and the Industry that Feeds on It*
16 Becker, Anne E., Burwell, Rebecca A., Gilman, Stephen E., Herzog, David B., Hamberg, Paul (2002): »Eating Behaviours and Attitudes Following Prolonged Exposure to Television Among Ethnic Fijian Adolescent Girls«, in: *British Journal of Psychiatry* 180(6), 509–514.
17 http://news.bbc.co.uk/1/hi/health/347637.stm

Endlich schlank – für nur 29,99 im Monat!

1 http://www.bbc.co.uk/news/magazine-35670446
2 http://www.slate.com/blogs/xx_factor/2016/01/28/little_girls_reactions_to_curvy_barbie_prove_why_we_need_curvy_barbie.html
3 http://www.mintel.com/press-centre/social-and-lifestyle/dieting-in-2014-you-are-not-alone
4 Glenn A. Gaesser: *Big Fat Lies: The Truth About Your Weight and Your Health*

5 https://i-d.vice.com/en_us/article/how-the-fashion-industry-affects-the-bodies-of-young-women
6 http://www.refinery29.com/2015/01/81288/children-dieting-body-image
7 The U.S. Weight Loss Market: 2014 Status Report & Forecast, www.marketresearch.com/Marketdata-Enterprises-Inc-v416/Weight-Loss-Status-Forecast-8016030/
8 http://www.marketsandmarkets.com/PressReleases/weight-loss-obesity-management.asp
9 Laura Fraser: *Losing It: America's Obsession with Weight and the Industry that Feeds on It*
10 Vogue, 1. Juli 1918.
11 Laut American Medical Association Adult Weight Conference, 1926, New York, beherrschten Flapper »die Kunst, ihren Kuchen zu essen und doch nicht zu essen«, und zwar durch Erbrechen einer Mahlzeit mittels Drogen oder mechanischer Einwirkung.
12 Laura Fraser: *Losing It*
13 Roberta Pollack Seid: *Never Too Thin: Why Women Are at War with Their Bodies*
14 https://www.sec.gov/Archives/edgar/data/105319/000119312514069945/d644264d10k.htm, https://www.sec.gov/Archives/edgar/data/105319/000119312515076854/d856122d10k.htm
15 David M. Garner: »Ineffectiveness of Weight Loss and the Exaggeration of Health Risks Associated with Obesity«, 1990.
16 http://nymag.com/scienceofus/2015/10/why-weight-watchers-doesnt-work.html
17 https://www.allianceforeatingdisorders.com/portal/laxatives
18 http://www.dietpillswatchdog.com/skinny-mint/
19 http://metro.co.uk/2014/03/24/the-detox-myth-trust-your-body-and-stop-wasting-money-on-juices-4675501/
20 http://newsroom.ucla.edu/releases/Dieting-Does-Not-Work-UCLA-Researchers-7832
21 Traci Mann et al.: »Medicare's Search for Effective Obesity Treatments: Diets Are Not the Answer«, in: *American Psychologist* 62, 2007. Glenn A. Gaesser: *Big Fat Lies: The Truth About Your Weight and Your Health.*
22 https://www.nationaleatingdisorders.org/get-facts-eating-disorders
23 Laura Fraser: *Losing It*
24 Siehe http://jn.nutrition.org/content/135/6/1347 und auch Em Farrell: *A Is for Anorexia*

Jeden verdammten Tag Dessert

1 Roberta Pollack Seid: *Too »Close to the Bone«: The Historical Context for Women's Obsession with Slenderness, Feminist Perspectives on Eating Disorders*, 1996.
2 Susan Bordo: *Unbearable Weight: Feminism, Western Culture, and the Body*, 1993.
3 Laura Fraser, *Losing It*, 1997
4 Linda Bacon: *Health at Every Size: The Surprising Truth About Your Weight*

5   Traci Mann: *Secrets from the Eating Lab: The Science of Weight Loss, the Myth of Willpower, and Why You Should Never Diet Again*
6   Leif Hallberg et al.: »Iron Absorption from Southeast Asian Diets, II. Role of Various Factors That Might Explain Low Absorption«, in: *American Journal of Clinical Nutrition* 30(4), 1977. Linda Bacon: *Health at Every Size.*

Das mache ich nach den nächsten zehn Pfund
1   www.zionmarketresearch.com/news/global-anti-aging-market

Nicht wirklich krank
1   http://www.anorexiabulimiacare.org.uk/about/statistics
2   https://www.b-eat.co.uk/about-beat/media-centre/information-and-statistics-about-eating-disorders
3   http://www.anorexiabulimiacare.org.uk/about/statistics
4   https://www.nationaleatingdisorders.org/get-facts-eating-disorders
5   http://www.eatingdisorders.org.au/key-research-a-statistics#4
6   Susan Bordo: *Unbearable Weight: Feminism, Western Culture, and the Body*
7   https://www.b-eat.co.uk/about-beat/media-centre/information-and-statistics-about-eating-disorders
8   https://www.nice.org.uk/guidance/cg9/evidence/full-guideline-243824221

»Übergewicht ist genauso ungesund wie Magersucht«
1   Kitta MacPherson, Edward R. Silverman: »Fat's Overlap: Many of the experts who decide you need to shed pounds work for the industry that profit from their declarations«, in: *Newark Star-Ledger*, 1997.
2   Laura Fraser: *Losing It*
3   Kate Harding, Marianne Kirby: *Lessons from the Fat-O-Sphere*
4   Pat Lyons: »Prescription for Harm«, in: *The Fat Studies Reader*
5   Harriet Brown: *Body of Truth*
6   https://www.consumerfreedom.com/2005/03/2768-life-expectancy-another-obesity-myth-debunked/ Es muss darauf hingewiesen werden, dass CCF keine völlig unvoreingenommene Quelle ist. Die Organisation wird von der Gastronomie finanziert, die ein Interesse daran hat, dass Menschen weiterhin zum Essen ausgehen und sich dabei keine Sorgen um Fettleibigkeit machen.
7   https://www.scientificamerican.com/article/obesity-an-overblown-epidemic-2006-12/
8   http://www.bmj.com/content/342/bmj.d772
9   http://www.washingtonpost.com/wp-dyn/content/article/2005/03/26/AR2005032601561.html
10 http://www.cbsnews.com/news/obesity-bigger-threat-than-terrorism/
11 Cathryn M. Delude: »Time to Take a Vacation from Television as School Ends: Keep Kids Healthy by Limiting TV Time«, in: *The Boston Globe, 10. Juni 2003.*
12 K. M. Flegal et al.: »Association of All-Cause Mortality with Overweight and Obesity Using Standard Body Mass Index Categories: A Systematic Review and Meta-Analysis«, in: *JAMA, 2013.*

13 Dr. Reubin Andres entdeckte als Klinischer Direktor des National Institute on Aging eine ähnliche u-förmige Kurve, als er Adipositas und Sterblichkeit in Bezug auf das Altern untersuchte. Er fand heraus, dass Gewichtszunahme im Alter die Sterblichkeit verringert.

14 http://www.nature.com/news/the-big-fat-truth-1.13039#/obesity

15 http://exerciseiq.com.au/fit-vs-fat-an-expert-opinion/

16 Linda Bacon: *Health at Every Size*

17 Eine der anrührendsten Geschichten über Fettshaming im Internet ist die von Sean O'Brien. Sean wurde online verhöhnt, weil er als dicker Mann in der Öffentlichkeit getanzt hatte. Der Post ging 2015 viral. Das Internet stellte sich gegen diese Schikane und organisierte eine Tanzparty in Los Angeles mit vielen Stars, die freies Tanzen für alle Körpergrößen propagierte. Sean wurde als »Dancing Man« zum Internet-Star.

18 Mehr hierzu finden Sie in *Flying While Fat,* eine kurze animierte Dokumentation von Stacy Bias.

19 R. Puhl, K. D. Brownell: »Bias, Discrimination and Obesity«, in: *Obesity Research* 9, 2001, http://www.telegraph.co.uk/finance/jobs/11522021/Nearly-half-of-employers-unlikely-to-hire-overweight-workers.html

20 T. A. Judge, D. M. Cable: »When It Comes to Pay, Do the Thin Win? The Effect of Weight on Pay for Men and Women«, in: *Journal of Applied Psychology*, 2011.

21 L. Angrisani et al.: »Bariatric Surgery Worldwide 2013«, in: *Obesity Surgery*, 2015.

22 American Society for Metabolic and Bariatric Surgery: »Gastric Bypass and Laparoscopic Gastric Bypass«. Linda Bacon: *Health at Every Size.*

23 https://fathealth.wordpress.com/

24 First, Do No Harm: Real Stories of Fat Prejudice in Health Care

25 http://friskyfairy.com/wp/blog/2015/06/24/my-cancer-pt-ii-medical-fat-shaming-could-have-killed-me/

26 N. K. Amy et al.: »Barriers to Routine Gynecological Cancer Screening for White and African-American Obese Women«, in: *International Journal of Obesity*, 2006.

27 https://www.theguardian.com/society/2012/apr/28/doctors-treatment-denial-smokers-obese

28 Rebecca Puhl, Chelsea A. Heuer: »The Stigma of Obesity: A Review and Update«, in: *Obesity* 17, 2009

29 National Association of Anorexia Nervosa and Eating Disorders (ANAD): *Eating Disorder Statistics*

#bodygoals

1 http://www.educationworld.com/a_news/report-social-media-blame-low-self-esteem-young-women-2903645

2 M. Segar et al.: »Go Figure? Body Shape Motives are Associated with Decreased Physical Activity Participation Among Midlife Women«, in: *Sex Roles*, 2006.

Leseliste

Bacon, Linda & Aphramor, Lucy: *Body Respect* (Dallas, BenBella Books, 2014)

Bacon, Linda: *Health at Every Size: The Surprising Truth About Your Weight*

Baker, Jes: *Things No One Will Tell Fat Girls: A Handbook for Unapologetic Living*

Bordo, Susan: *Unbearable Weight: Feminism, Western Culture, and the Body*

Brown, Harriet: *Body of Truth: How Science, History, and Culture Drive Our Obsession with Weight – and What We Can Do About It*

Campos, Paul F.: *The Diet Myth: Why America's Obsession with Weight Is Hazardous to Your Health*

Chernin, Kim: *The Obsession: Reflections on the Tyranny of Slenderness*

Erdman Farrell, Amy: *Fat Shame: Stigma and the Fat Body in American Culture*

Fraser, Laura: *Losing It: America's Obsession with Weight and the Industry That Feeds on It*

Gaesser, Glenn A.: *Big Fat Lies: The Truth About Your Weight and Your Health*

Greenhalgh, Susan: *Fat-Talk Nation: The Human Cost of America's War on Fat*

Harding, Kate & Kirby, Marianne: *Lessons from the Fat-O-Sphere: Quit Dieting and Declare a Truce with Your Body*

Innanen, Summer: *Body Image Remix: Embrace Your Body and Unleash the Fierce, Confident Woman Within*

Poulton, Terry: *No Fat Chicks: How Women are Brainwashed to Hate Their Bodies and Spend Their Money*

Rothblum, Esther & Solovay, Sondra (Eds.): *The Fat Studies Reader*

Saguy, Abigail C.: *What's Wrong with Fat?*

Tebbel, Cyndi: *The Body Snatchers: How the Media Shapes Women*

Wann, Marilyn: *Fat! So?: Because You Don't Have to Apologize for Your Size*

Folgende Bücher sind auch auf Deutsch erschienen:

Brumberg, Joan Jacobs: *Todeshunger: Die Geschichte der Anorexia nervosa vom Mittelalter bis heute* (Campus Verlag, 1994)

Hirschmann, Jane R. & Munter, Carol H.: *Schluss mit den Diätkuren: So überwinden Sie die Esssucht in einer Welt des Überflusses* (Kabel, 1989)

Resch, Elyse & Tribole, Evelyn: *Intuitiv abnehmen: Zurück zu natürlichem Essverhalten* (Goldmann Verlag, 2013)

Wolf, Naomi: *Der Mythos Schönheit* (Rowohlt, 1991)

Ich, _____, schwöre hiermit, mit Diäten aufzuhören.

Ich verspreche, nicht mehr jeden Bissen und jede Kalorie zwanghaft zu zählen.

Ich verspreche, mir nicht mehr von der Waage erzählen zu lassen, wie schön, wertvoll oder geliebt ich bin.

Ich verspreche, keine Wunder-Abnehmmittel mehr zu kaufen, die eh nicht helfen.

Ich verspreche, nicht länger Unternehmen Geld in den Rachen zu werfen, die darauf angewiesen sind, dass ich meinen Körper als falsch empfinde.

Ich verspreche, auf das Hungergefühl meines Körpers zu hören.

Ich verspreche, Sport nicht länger als Strafe zu nutzen, wenn ich gegessen habe.

Ich verspreche, mich nicht mehr an selbstzerfleischenden Diät-Gesprächen zu beteiligen.

Ich verspreche, dass ich versuchen werde, all den Müll, den die Diätkultur mich über meinen Körper glauben ließ, wieder zu vergessen.

Ich verspreche, keine Diät mehr zu machen und stattdessen zu leben.

Unterschrift: _____